THÉRAPIE ANTICOMPLOTISTE

11590 Cuxac d'Aude, France

estelas.editions@gmail.com
www.estelaseditions.com
wwwJaimeLaLecture.fr
ISBN : 9791097406189

Gaspard Bonucci

THÉRAPIE ANTICOMPLOTISTE

Estelas Editions

14h, après une bonne entrecôte, des frites et de la salade en accompagnement, son plat préféré depuis l'adolescence, Aymé Tullipot sortit le manuscrit que lui avait remis son dernier patient, un certain Gaspard Bonucci, par envoi postal (Tullipot exigeait presque systématiquement de ses patients cet effort, qui faisait partie intégrante de la cure, selon lui). Depuis le début de l'épidémie de Covid qui frappait la France et le monde, 3 mois désormais, il ne pouvait plus exercer son travail de psychothérapeute en présentiel.

Pour continuer à gagner sa vie et ne pas avoir à vivre sur les confortables réserves d'argent qu'il avait accumulées depuis 30 ans qu'il exerçait sa profession à Nancy, dans l'est de la France, il avait recouru à la technique du visioentretien, louant les progrès considérables qu'apportait Internet dans cette crise. Grâce à cette invention géniale, il pouvait maintenir son aide si nécessaire au bien-être des malheureux atteints de souffrances psychologiques ! En parallèle, il avait accentué sa pratique du travail écrit, auquel il recourait déjà avant l'épidémie, estimant que l'écriture était la rampe de lancement idéale pour bien fonder la cure par visio.

Dans le cas de Bonucci, il avait d'autant moins hésité à lui réclamer ce genre d'exercice que celui-ci était un patient d'un genre nouveau. C'était un Gilet jaune qui avait été condamné, en décembre 2019, après une manifestation ayant mal tourné à Nancy, par le Tribunal de Grande Instance en comparution immédiate et exceptionnelle, à 6 mois de prison ferme. Sa faute : avoir accusé le maire de Nancy, le jeune radical de droite David Radiguet, d'être le commanditaire de la répression violente intentée par les forces de l'ordre contre les manifestants, qui avait provoqué six blessés suite à des jets de grenades à fragmentation et des coups de matraque portés au visage. Le lendemain, un scandale avait éclaté dans les médias locaux, certains Gilets jaunes dénonçant l'usage disproportionné de la force pour disperser les manifestants.

Sur le fond, l'affaire était entendue pour Tullipot. Il pensait pis que pendre des Gilets jaunes depuis leur apparition dans l'espace public en novembre 2018 et les assimilait à des fainéants et des violents, voire à des terroristes d'un genre nouveau. Dès lors, il ne pouvait à ses yeux qu'être inacceptable que cette engeance de marginaux et de cas sociaux, sans autre espoir de salut que le chaos, trouble l'ordre public. Et s'ils objectaient qu'ils rencontraient des difficultés pour se nourrir et travailler, sa réponse était toute prête : ils n'avaient qu'à voter aux élections, au lieu de s'abstenir, ce qui était le cas de la plupart d'entre eux.

Satisfait de son raisonnement et plus encore de sa conclusion, qu'il pensait définitive, Tullipot avait refermé le chapitre Gilets jaunes pour revenir à son mode de vie, sa patientèle et les problèmes, tous bourgeois, qu'elle soulevait. Autant dire qu'il ne fut pas peu surpris d'apprendre par le journal local la décision du Tribunal de Grande Instance de Nancy, qui s'était engagé à commuer la peine ferme en sursis si, en guise de travaux d'intérêt général, Bonucci se faisait suivre par un psychothérapeute.

Il ne s'attendait pas à ce qu'on considère les Gilets Jaunes comme des cas pathologiques, alors qu'il les avait rangés spontanément et sans trop y réfléchir dans le rayon des extrémistes politiques. Mais, après réflexion, il avait fort bien accueilli cette décision, car elle allait dans le sens de sa conception de la psychothérapie, qu'il estimait être la plus sûre des démarches pour se libérer de la violence intérieure qui habitait l'individu.

Plus encore, il avait été carrément éberlué que ledit Tribunal le retienne comme le psychothérapeute de référence auquel Bonucci devait s'adresser. Peut-être était-ce pour son travail réalisé en prison auprès des psychopathes et des pervers qu'il avait été retenu, peut-être aussi pour les livres qu'il avait écrits à partir de ces expériences ? On ne le lui avait pas expliqué et il n'avait osé le demander. En tout cas, lorsqu'il avait reçu la notification issue du jugement et dûment étayée, il avait été agréablement surpris de constater que la décision du tribunal n'avait pas été prise à la légère. Dans les motivations qu'avait fournies le juge, Bonucci était assimilé à un complotiste souffrant de troubles paranoïaques sévères, qui, pour cette raison, nécessitait d'être considéré comme un malade à soigner de toute urgence.

Encore fallait-il qu'il accepte ce suivi, ce qui pour Tullipot n'était pas gagné d'avance. Au vu de son pedigree, un tel margoulin ne pouvait qu'être rétif à l'autorité et devait, à n'en pas douter, se prendre pour un militant politique victime du délit d'opinion et du harcèlement judiciaire à son endroit. Si Tullipot était sceptique concernant l'efficacité d'une telle thérapie, au niveau des institutions locales, les conclusions du Tribunal de Nancy avaient été unanimement célébrées. Toutes les huiles du milieu nancéien s'étaient félicitées de cette décision avant-gardiste, qui faisait taire les critiques contre le fonctionnement démocratique de l'État.

Le maire de Nancy s'était empressé de se targuer dans les médias, à l'intention de son électorat composé principalement des bourgeois de la ville, d'avoir obtenu gain de cause contre les diffamations d'un de ces égarés de Gilets jaunes, ce qui légitimait sa posture de défenseur de l'ordre et de la morale à la tête de la cité. Le Procureur avait souligné que la Justice avait donné d'elle-même un visage à la fois ferme et compréhensif à l'intention des habitants de Nancy, de nature à les persuader qu'elle était capable de faire face au soulèvement de certaines couches marginales parmi le peuple, en essayant de réhabiliter, au lieu d'enfermer les citoyens qui troublaient la paix sociale et démocratique.

Démentant la méfiance de Tullipot, Bonucci n'avait pas tardé à le contacter et, gage de son sérieux, n'avait pas manqué d'envoyer par la poste, comme il était convenu, le manuscrit que Tullipot lui avait commandé. L'exercice avait pour but de récapituler en quelques pages la vision du monde du patient, de telle sorte que ce dernier arrive plus facilement à conscientiser son problème (selon l'expression préférée de Tullipot). Bonucci s'était montré enchanté par cette proposition. Il faut dire qu'elle le valorisait, en lui permettant de rendre publiques ses révoltes intérieures.

Mais Tullipot n'était pas au bout de ses surprises. Il se trouvait à mille lieues de constater que le profil de son client ne correspondait pas au portrait-robot du Gilet jaune qu'on dressait dans les médias. Il n'était pas ce beauf inculte qui confondait les revendications politiques avec la violence irréfléchie du haineux en furie. Au contraire, il avait suivi des études en philosophie jusqu'au Master, où il avait consacré le mémoire à la démocratie directe chez Rousseau. Si depuis lors, il refusait de travailler, c'était par principe : le travail représentait selon lui l'aliénation suprême et l'émanation archétypale de l'ordre bourgeois, à renverser de toute urgence.

Tullipot, qui considérait au contraire le travail comme le meilleur moyen de sortir de l'aliénation, avait jugé que le plus avisé n'était pas de polémiquer inutilement avec son patient, alors que la seule chose qui comptait était que le verdict de la Justice soit respecté. Dans le cas de Bonucci, le résultat serait concluant s'il était confirmé qu'il avait pris conscience de son complotisme et qu'il le rejetait. La Justice pourrait alors faire savoir *urbi et orbi* que le complotisme était un mal guérissable, ce qui rassurerait les bourgeois, qui commençaient à s'inquiéter de la persistance de cette maladie du siècle rongeant la société de son venin suspicieux.

Quant à Tullipot, il escomptait retirer de sa participation à une expérience aussi en pointe la reconnaissance médiatique, lui qui était déjà reconnu sur le plan professionnel à Nancy, mais aussi en France. Il attendait notamment que les journaux le présentent comme le psychothérapeute le plus engagé sur le plan politique. Il en profiterait pour expliquer dans les séminaires que la psychothérapie était une pratique assez performante pour obtenir avec le complotisme des résultats aussi concluants qu'en matière de névroses ou de tocs.

Il se servit un bon scotch whisky, son péché mignon quand il lisait les travaux de ses patients. Il sentit qu'il allait entrer dans un monde qui lui répugnait, où la mentalité qui sévissait était acoquinée avec le révisionnisme. Mais c'était son travail, il devait en accepter les affres, et, s'il avait réussi à alléger en prison les souffrances de psychopathes ou de pédophiles qui avaient commis les crimes les plus atroces, il serait capable d'obtenir avec un complotiste des résultats aussi concluants.

Preuve qu'il se sentait intellectuellement prêt pour engager la thérapie de Bonucci, il s'avisa à sa grande surprise qu'il avait inconsciemment effectué le travail de distinction entre le psychopathe et le complotiste. Il s'était empressé de noter ce résultat, en le considérant comme potentiellement fécond pour un travail de réflexion ultérieur, dont il convenait encore de codifier la forme éventuelle qu'il prendrait. Il remarqua que dans le second cas, le crime n'était pas moins grave que dans le premier, mais qu'il portait alors sur une catégorie différente, la violence sociale, qu'on avait tendance à minorer, parce qu'elle était moins reconnue que la violence physique.

À ses yeux, il était entendu que la violence sociale n'émanait pas du pouvoir, mais des extrémistes qui se révoltaient, puisqu'en démocratie, le pouvoir appartenait au peuple. De ce fait, oser contester la nature démocratique et morale du pouvoir en France constituait le crime le plus odieux et impardonnable qui fût.

Ayant le sentiment de maîtriser la situation qu'il appréhendait au départ, du fait de sa nouveauté, il eut envie de fumer le cigare. C'était son passe-temps préféré, presque fétiche, parce qu'il lui rappelait son modèle de vie quand il était étudiant, le mythique Lacan, dont le charisme et la célébrité internationale l'autorisaient à draguer les belles étudiantes sur les campus américains. Mais il n'était pas question de verser dans ces vices pour Tullipot car lui occupait une position sociale tout autre, dont il ne voulait surtout pas déchoir, celle de notable de province installé, qui se conforme aux règles de la bienséance bourgeoise et qui n'échangerait la légitimité qu'elle lui conférait pour aucun prétexte au monde.

D'autant qu'il avait épousé une neurologue, elle aussi reconnue dans sa profession et travaillant au CHRU de Nancy, où elle approchait de la retraite. Ils formaient un mariage paisible, d'où étaient issus deux enfants, qui étaient désormais adultes et qui commençaient leur vie professionnelle sous les meilleurs auspices. La première, comme avocate dans un cabinet d'affaires ; le second, en tant que violoniste soliste à l'Opéra de Nancy.

Tullipot n'était pas peu fier de leur réussite, et il attendait avec impatience le moment où ils le feraient grand-père pour considérer qu'il avait mené l'existence telle qu'il la rêvait. C'était un autre genre de gratification qu'être maître à penser, mais c'était tout bien considéré peut-être une satisfaction plus réconfortante, car plus le temps passait, plus il se sentait intimement convaincu que le secret d'une existence réussie tenait dans les plaisirs simples, plutôt que dans les reconnaissances officielles, un brin superfétatoires.

Le manuscrit bien en main, Tullipot s'allongea dans sa confortable chaise longue électrifiée en cuir de buffle marron clair, qu'il avait achetée une fortune, en la défrayant sur ses frais professionnels, au prétexte qu'il s'agissait d'un outil indispensable à la lecture thérapeutique. Chaque fois qu'il avait le bonheur de s'y étendre, il se répétait qu'il n'échangerait pour rien au monde la psychothérapie pour une autre profession, car il avait le privilège d'exercer sa passion, et non un simple métier.

Atout supplémentaire en ce jour décidément hors normes, il se trouvait seul, sa femme étant partie à un congrès qui portait sur les dégénérescences fronto-temporales (DFT) et autres maladies associées, qui avait lieu à Paris, dans le prestigieux hôpital de la Salpêtrière. Elle devait y prononcer une allocution concernant la prise en charge de la DFT chez les malades pouvant rester à leur domicile. Elle était en effet la référente à Nancy pour cette pathologie que l'on venait de découvrir depuis quelques années et qui était encore grandement méconnue.

C'est dire que Tullipot bénéficiait des conditions optimales de calme et de confort intellectuel pour se concentrer sur le travail de Bonucci. Il dut bien reconnaître que sa première impression fut positive, contrairement à ce qu'il attendait des agissements d'un olibrius aussi consternant. En feuilletant rapidement le contenu du mémoire rendu, il s'avisa que ce dernier ne s'était pas moqué du monde et qu'au contraire, il avait joué le jeu. En effet, le texte qu'il avait rendu se montait à plusieurs dizaines de pages, ce qui représentait un travail bien plus conséquent que ce que la plupart des patients produisaient.

Même si d'avance, Tullipot émettait des doutes plus que légitimes sur la qualité de cette production, vu l'identité de son auteur, il se promit de louer la bonne volonté de son patient auprès des autorités judiciaires. Il tenait à ce qu'on reconnaisse son impartialité, y compris pour les cas qu'il se sentait le plus enclin à condamner et à rejeter, comme c'était le cas avec Bonucci, d'autant que son crime en complotisme était redoublé de gilet-jaunisation carabinée.

En tournant les feuilles, Tullipot eut la bonne surprise supplémentaire de constater que Bonucci avait, qui plus est, eu l'égard de se fendre d'une mise en page soignée. Ainsi, l'écriture était aérée et, cerise sur le gâteau, le texte ne comportait pas de fautes d'orthographe nombreuses et inacceptables. Pour Tullipot, c'était un critère décisif de qualité, le signe qu'il avait affaire à un interlocuteur dont la pensée méritait d'être prise en considération. Ce qu'il fit en prenant une inspiration profonde et en abordant avec la concentration la plus cérémoniale les premières lignes de ce qu'il envisageait comme un témoignage édifiant, à défaut d'être pertinent.

« Si, après un procès des plus iniques, le Tribunal de Grande Instance de Nancy me demande de suivre auprès de M. Tullipot une psychothérapie dans le but de guérir du complotisme dont on m'accuse, c'est parce que, depuis peu de temps, un renversement historique s'est produit dans la mentalité qui caractérise la population française : désormais, la majorité n'a plus confiance dans les pouvoirs politiques. Conséquemment, elle se défie de l'Histoire officielle et considère qu'elle se trouve consciemment faussée par ceux qui la font.

Ce n'est pas que, fondamentalement, les choses aient changé depuis l'Antiquité. Ce sont toujours les plus forts du moment qui écrivent l'Histoire. C'est qu'à présent, nos élites utilisent des moyens plus sophistiqués de mystification que par le passé, avec le perfectionnement des médias et des techniques de communication (je ne mentionnerai que la principale, Internet, qui est apparue avec le troisième millénaire chrétien et qui a chamboulé le fonctionnement des sociétés dans le monde). Depuis la Seconde Guerre mondiale, les vainqueurs étant les atlantistes, nous savions qui faisaient et défaisaient l'histoire.

Le principal reproche que les populations adressaient à leurs dirigeants honnis, c'était qu'ils empêchaient la dénonciation des complots, en utilisant la démocratie comme prétexte pour interdire la remise en question du pouvoir en place. Le prétexte qu'ils invoquaient était que l'humanité avait franchi un cap décisif depuis les années 70 et que depuis lors, elle agissait forcément selon les normes de la Vérité et du Bien, ce qui constituait le mensonge tout trouvé pour agir de manière antidémocratique. Dès lors, je revendique d'être le complotiste dont m'accuse la Justice française.

C'est la grille de lecture complotiste qui permet au mieux de cerner la nature du régime qui est au pouvoir, parce que de prime abord, il cache, sous le masque de la démocratie, le visage grimaçant et sordide de l'oligarchie qu'il peine de plus en plus à masquer. Il s'en suit qu'il est à aborder comme le plus sûr critère d'interprétation de notre époque. Par conséquent, pour moi, il représente le seul moyen d'atteindre la vérité historique contemporaine, ce qui implique, en même temps, d'échapper à la désinformation officielle prodiguée par les médias et les universitaires. C'est dire que l'on ne peut comprendre les événements funestes qui arrivent depuis un demi-siècle en histoire si l'on ne raisonne pas de manière complotiste. On passe alors à côté de son temps et, au lieu de dévoiler les menées de l'oligarchie, on sombre dans la présentation consensuelle et officielle. »

Tullipot se gratta le crâne, qu'il avait intégralement dégarni. Il s'en accommodait fort bien, car il se rendait régulièrement chez une esthéticienne pour le rendre bronzé et brillant. Les soins lui conféraient l'allure chic et distinguée du *golden old boy*, ce dont il n'était pas peu fier, lui qui venait d'un milieu d'agriculteurs chiches et frustres de la Meuse barisienne. À son corps défendant, il dut bien avouer que l'introduction était réussie, bien qu'il en désapprouvât le contenu.

Bonucci avait eu le mérite, contrairement à certains patients, de ne pas se perdre en présentations ampoulées, oiseuses et témoignant du narcissisme sans recul. Au contraire, il avait su annoncer clairement sa problématique, qui plus est d'une manière ramassée. De ce fait, ce fut avec intérêt que Tullipot se replongea dans sa lecture, une réaction qu'il s'empressa de noter, afin qu'on constate qu'il demeurait le plus bienveillant possible dans l'évaluation de son patient pourtant honni.

« Inutile de préciser que je vais donner une version très différente de l'Histoire contemporaine de ces 50 dernières années par rapport à la version qu'on nous enseigne à l'école et que les médias relaient avec assurance, en faisant comme si la méthode historiographique actuelle prémunissait des erreurs et garantissait l'obtention de la vérité. Je sais bien que cette version sera surprenante, voire révoltante, pour M. Tullipot. Mais je suis persuadé de dire la vérité en l'exprimant, car pour moi, la version officielle s'oppose à la vérité, tout comme, selon Pascal, la morale officielle n'est pas la morale véritable. »

Tullipot s'arrêta de nouveau, tant le révisionnisme historique dont témoignait d'emblée son patient le révulsait. Il se demanda s'il allait réussir à soigner une personnalité aussi pervertie par sa conception à contre-courant de l'histoire et de la politique. Il risquait de ne rien pouvoir faire d'autre que de le lire poliment (même s'il jouait le jeu institutionnel et annonçait au grand public avoir réussi sa guérison clinique). Il s'interrogea. N'était-il pas plus facile d'obtenir des avancées avec les psychopathes et les pervers qu'avec un complotiste ?

Mais il eut beau chercher, il ne trouva pas la raison qui lui permettrait d'expliquer la gravité insoupçonnée qui caractérisait le complotisme par rapport aux déviances cliniques les plus sérieuses et les plus graves qu'il avait rencontrées au cours de sa longue pratique de la psychothérapie. C'est alors que lui vint l'idée de composer un ouvrage d'analyse qui permettrait au lectorat d'y voir plus clair sur un sujet aussi épineux et mal appréhendé. Il n'alla pas plus loin dans ses réflexions, car il se dit que le travail de Bonucci allait modifier la conception qu'il se faisait du complotisme.

« Officiellement, depuis la Seconde Guerre mondiale, tout va pour le mieux dans le meilleur des mondes. Les dirigeants occidentaux ont retenu la leçon du nazisme et du fascisme. Ils ont compris que ce qu'il fallait empêcher plus que tout de revenir, c'était la dictature. Pour ce faire, ils ont promu la démocratie comme la quintessence de son antidote radical. Ils lui ont adjoint le capitalisme sur le plan économique, en estimant qu'il était la méthode la plus efficace pour que la démocratie prospère, car il engendrait la hausse du niveau de vie des peuples. La potion a fonctionné, l'Occident est devenu prospère en moins de 20 ans, au point qu'on a nommé cette période les Trente Glorieuses. De ce fait, encouragés par leur succès, les dirigeants ont nourri l'ambition d'étendre la formule au monde entier, afin que l'humanité entière accède à la même réussite que l'Occident.

Mais au lieu du progrès tant attendu, à partir des années 70, c'est la crise que ces mesures ont engendrée. Les peuples en Occident ont commencé à s'émouvoir de la situation et à se demander si la stratégie qui avait été retenue était bien valable. Leurs dirigeants ont juré que la crise devait être comprise comme une perturbation transitoire, nécessaire pour l'essor de la démocratie dans le monde. Mais ensuite, celle-ci s'imposerait et la crise ne serait alors plus qu'un mauvais souvenir. »

Tullipot se sentit fasciné par la propension de Bonucci à proposer une interprétation à la fois cohérente et délirante de l'histoire. Il était clair que le pouvoir maléfique qu'il prêtait aux dirigeants occidentaux était exagéré. C'était bien la preuve, constat qu'il avait maintes fois opéré au cours de sa carrière, que l'erreur et l'irrationalité surgissaient au milieu de la raison, et non de la confusion, comme on le pensait trop vite.

Satisfait de la pénétration interprétative dont il avait témoigné avec sa remarque inopinée, il fronça les sourcils, prêt à guetter le moment où la prose de Bonucci sombrerait de nouveau dans le délire complotiste.

« Nous allons voir que c'est tout l'inverse qui s'est produit. La crise n'a jamais cessé, parce qu'en réalité, la démocratie capitaliste a peu à peu été vampirisée par les libéraux. Or ceux-ci n'œuvrent qu'en apparence pour le développement de la démocratie. Leur véritable intention est de la remplacer par la dictature. Il s'ensuit que la crise qui s'est produite n'était pas un passage obligé dans le processus démocratique causé par la mondialisation, mais une tactique sciemment planifiée, nourrie dès le départ par le mensonge le plus délibéré, pour imposer la dictature. Justement, nous sommes arrivés au moment de la crise où la démocratie doit être remplacée par la dictature.

Dès lors, ma ligne de défense sera claire : je reconnais être complotiste. Je ne cherche pas à exhiber mon positionnement comme un titre de gloire. Je pense, grâce à ce biais interprétatif, réussir à retrouver la vérité. Si l'on s'en tient à la ligne officielle et académique, on ne peut que passer à côté de la véritable identité du libéralisme, dont je prétends qu'il nous dirige en nous faisant croire qu'il est l'expression de la liberté et de la démocratie ?

On atteint alors le véritable visage du libéralisme, qui est à entendre comme la programmation par une petite élite, issue du monde anglo-saxon, d'une stratégie ayant pour fin d'asservir l'homme de manière éternelle. L'originalité de ce projet ne tient pas dans la volonté d'instaurer la dictature de manière durable, les tentatives précédentes ayant toujours échoué jusqu'à présent, depuis le mythe de la tour de Babel jusqu'aux fascismes du 20ᵉ siècle. Mais c'est la première fois dans l'histoire que la dictature tient l'occasion d'intervenir au niveau mondial. »

« Planification », Tullipot ne manqua pas de relever le terme, tant il représentait l'indice irréfragable qu'il se trouvait en présence d'un discours à tendance complotiste grossièrement travesti en analyse à prétention philosophique. Il se demanda si l'explication qu'il cherchait tant à l'importance que prenait le complotisme à l'heure actuelle ne tenait pas à cette planification. Et si celle-ci constituait le thème de son projet de livre sur le complotisme ?

Il eut bien conscience du caractère confus des questions qui l'assaillaient suite au bouillonnement des réflexions qu'avait générées sa lecture, mais à cette heure, il se sentit bien en peine de voir clair dans la nature fondamentale du complotisme. Il se dit que le meilleur moyen de gagner en pénétration était de chercher à saisir la mentalité qui affectait Bonucci. Nanti de cet objectif, il se promit de venir rapidement à bout du travail de son patient.

« Commençons notre rétrospective en partant des accords de Yalta, qui a engendré la partition du monde en deux blocs rivaux et irréconciliables, les USA d'un côté, l'URSS de l'autre, l'Ouest et l'Est. On se trompe en validant cette présentation officielle, car elle défend la thèse selon laquelle l'opposition intervient entre les capitalistes et les communistes. C'est oublier que le libéralisme a été considéré comme réductible au capitalisme, parce qu'il en faisait partie, alors que c'est tout l'inverse qui est vrai. Il est fondamentalement l'ennemi du capitalisme.

Alors que le capitalisme désigne une certaine organisation de l'entreprise aux fins de développer la croissance économique et de promouvoir le niveau de vie des peuples, il est capital de comprendre que le libéralisme use de la liberté comme d'un cheval de Troie pour imposer l'oligarchie de forme financière. Nous voyons ainsi que l'opposition entre communisme et capitalisme n'est pertinente que si l'on ajoute que le capitalisme comprend en son sein une idéologie qui lui est fondamentalement divergente, le libéralisme. Autrement dit, le libéralisme est à entendre comme l'ennemi intérieur du capitalisme, et non comme une de ses principales variantes, bien qu'il se présente comme tel.

Certes, après la Seconde Guerre mondiale, il se garde de se présenter à visage découvert. Il a trop besoin des bienfaits que le capitalisme lui prodigue pour s'en démarquer. Il préfère s'employer à accroître son influence en son sein, en s'attachant à promouvoir l'idée de la liberté dérégulée comme le complément idéologique à la démarche capitaliste, qui elle s'en tient au terrain économique. Nous tenons avec ces précisions l'indication qui nous explique comment le libéralisme en est venu à s'imposer comme l'expression la plus performante du capitalisme. Dès lors, ma revendication d'utiliser le complotisme comme technique d'interprétation historique prend tout son sens. En effet, il est le seul à permettre de comprendre notre époque, parce qu'il est le seul qui interprète le libéralisme en ces termes. Voyons comment il s'y est pris pour réussir son coup de force masqué, puisque c'est l'objectif auquel nous parvenons.

À la Libération, les capitalistes profitent du rejet unanime de la dictature, après les dégâts catastrophiques occasionnés par les fascismes, dont sa forme la plus virulente le nazisme, pour imposer la décolonisation au nom de la démocratie. Les libéraux s'étranglent, eux qui sont l'expression idéologique de l'Empire britannique depuis au moins le 18e siècle. Mais ils sont contraints de faire profil bas vu le contexte. La meilleure ruse qu'ils trouvent consiste à remplacer leur empire politique en force financière et monétaire centrée autour de la City de Londres. Grâce à ce stratagème, l'impérialisme existe sous une forme qui ne risquera plus d'être condamnée par les capitalistes favorables à la démocratie, car elle n'est plus détectée par leurs radars inquisiteurs.

Mais les libéraux savent qu'ils ne peuvent rester indéfiniment tapis dans l'ombre du capitalisme et qu'ils devront tôt ou tard en prendre le contrôle s'ils veulent dominer le monde. Pour ce faire, ils vont utiliser le communisme comme l'alibi qui leur permettra d'éteindre la méfiance que les capitalistes ne pourraient nourrir à leur égard. Forts de cette ruse, ils auront les coudées franches pour évincer les capitalistes sans que ceux-ci s'y attendent. »

À la lecture de ces lignes, Tullipot se rendit compte qu'il tenait peut-être le début de l'interprétation, qu'il cherchait depuis le départ, au succès croissant du raisonnement complotiste au sein de la société. C'était qu'il permettait de concevoir l'histoire selon un prisme général aussi simple que net, alors qu'officiellement, c'était le hasard et l'inconnu qui prévalaient, deux valeurs qui rendaient le grand public insatisfait. L'importance cardinale de la planification au cœur du dispositif complotiste prit alors à ses yeux toute sa dimension, alors qu'auparavant il l'ignorait.

« Paradoxalement, c'est au moment où les libéraux sont obligés de faire profil bas qu'ils connaissent leur apogée. Ce faisant, je ne cherche pas à jouer du paradoxe. Je ne dresse ce constat que parce qu'il met à jour le mode de fonctionnement du libéralisme. En effet, ce dernier ne peut subsister qu'en étant régulé par le capitalisme. Sans l'appui de celui-ci, il en vient immanquablement à détruire tout ce qu'il exploite, puis à se détruire lui-même. C'est dire que nous tenons son secret : il est de nature autophage, derrière sa vitrine dominatrice.

Ce qui implique que la doctrine libérale soit le principal danger qui guette l'humanité à l'heure actuelle, puisque depuis lors, elle a pris le pouvoir et que sa domination est assurée de mener à la catastrophe. Dans ces conditions, il convient de ne pas attacher trop d'importance au visage que se donne la théorie libérale, qui se vante d'expliquer le fonctionnement du commerce et plus largement de l'économie, car il ne s'agit de rien de plus que d'un prétexte à peine cohérent pour justifier l'oligarchie et l'impérialisme traditionnels, revisités sous le format contemporain.

La main invisible, la dérégulation, la liberté, ces concepts centraux cachent mal le véritable appétit et le véritable dessein qui meuvent le libéralisme. Il faut ainsi, pour rétablir la vérité, dire que, quand il se montre bien compris, il dérégule l'ordre social en toute liberté pour détruire purement et simplement le domaine auquel il s'applique. De ce fait, il ne peut en aucun cas amener quelque pérennité que ce soit sur le plan social et politique.

On comprend alors que ce soit au sortir de la guerre, quand ils sont canalisés par les impératifs du conflit opposant les communistes aux capitalistes, que les libéraux connaissent leur âge d'or. De fait, pendant cette courte période qu'on nomme les Trente glorieuses, ils gagnent des sommes d'argent colossales, en opérant en particulier sur les continents qui ont été colonisés par les empires européens, dont l'Empire britannique au premier rang, l'Afrique, l'Asie et l'Amérique latine. Les capitalistes leur laissaient les coudées franches pour exploiter les matières premières en échange de leur appui de premier ordre dans la guerre dite froide contre l'ennemi communiste.

On comprend, à cette époque où l'on est trop heureux d'être sorti de la guerre, que personne dans les rangs capitalistes ne songe à distinguer le libéralisme du capitalisme et à remarquer que le libéralisme est dangereux pour la survie du capitalisme. On préfère se laisser happer par l'euphorie du renouveau qui a succédé à la Seconde Guerre mondiale, quitte à oublier que la période d'insouciance favorisée que l'Occident vit n'existe que parce qu'à court terme, les élites sont obligées d'agir, au moins partiellement et provisoirement, pour le bien commun. C'est la condition sine qua non si elles veulent reconstruire les sociétés détruites par la guerre. Autant dire qu'on est à mille lieues de se demander si ces lendemains d'essor collectif ne risquent pas d'être troublés par les contradictions entre le capitalisme et le libéralisme, jusqu'à dégénérer en guerre fratricide.

Mais on pourrait s'étonner que les capitalistes ne se soient pas rendu compte du danger que représentaient les libéraux pour leur propre compte. Il faut répondre qu'ils ont été aveuglés parce qu'ils étaient obnubilés par la menace que représentait l'URSS pour leurs intérêts stratégiques plus encore qu'économiques. Ils savaient certes que les libéraux avaient une approche antagoniste de la leur en matière d'impérialisme, mais ils ont pensé que, tant que le communisme existerait, ce serait entre eux l'union sacrée, un peu comme, pendant la Seconde Guerre mondiale, un pacte indéfectible liait les Américains aux Britanniques contre le nazisme. Ce n'est qu'après la Seconde Guerre mondiale que les deux courants ont réglé leurs comptes entre eux. Les Américains de la mentalité de Roosevelt exprimant le capitalisme social s'opposaient aux Britanniques et à leurs alliés américains. »

Tullipot faillit se lever de sa chaise longue, bouillonnant de rage, parce qu'il avait interprété l'analyse de Bonucci comme une tentative extrémiste et désaxée de réhabiliter le communisme défunt. Sa nature viscéralement antibolchévique ne tolérait pas la moindre indulgence avec cette idéologie mortifère, comme il n'aurait pu accepter qu'on critique l'écologie décroissante sans perdre là aussi son sang-froid.

Il s'empressa de noter les accointances coupables que le complotisme entretenait avec l'ennemi historique de la démocratie au 20e siècle. Pour un peu, et il aurait discerné les signes avant-coureurs de la peste brune dans ces amalgames douteux que Bonucci opérait, en mettant en évidence que le complotisme penchait furieusement du côté du fascisme.

« Peut-être aussi qu'en ces instants de lutte acharnée entre le communisme et le capitalisme, les cercles capitalistes pensent que l'argument de la démocratie, telle une formule magique, va réussir à raisonner le libéralisme. En tout cas, force est de constater qu'ils l'encouragent dans sa lutte contre le communisme et qu'ils se sentent ravis quand il se présente comme le chantre de la liberté. De ce fait, ils ne s'émeuvent pas lorsque les libéraux présentent leur idéologie comme la meilleure alliée de la démocratie et du capitalisme, bien que ce dernier ait pour conséquence d'abolir la justice sociale. Pour eux, il est évident qu'on se rendra compte plus tard qu'il s'agit d'une outrance et que le libéralisme rentrera dans le rang naturellement face à l'opposition qu'il suscitera.

C'est ainsi qu'ils empêchent la critique du libéralisme ou la combattent en la présentant sous les traits de la gauche anticapitaliste et collectiviste, qu'elle soit communiste ou socialiste, ce qui pour eux signifie à peu près la même abomination suprême. D'ailleurs, c'est à cette période qu'apparaît la fausse gauche, de façade collectiviste, mais en réalité compatible avec l'atlantisme. Promue par certains cercles inféodés au libéralisme, son rôle est de détruire la véritable gauche, celle qui elle est justement anticapitaliste et collectiviste et qui s'oppose au capitalisme. »

« Quel toupet, cet empaffé ! », pesta Tullipot, qui, quand il était étudiant, dans les années 70, avait été un fidèle compagnon de route de la deuxième gauche chère à Rocard, avant se rallier au socialisme de Mitterrand lors de son élection en 1981. Il eut envie de cesser son travail, mais il se reprit en se répétant qu'un bon psychothérapeute était un individu impartial, qui jugeait ses patients de manière objective, et non par rapport à ses propres positions. Rasséréné par le rappel de la ligne de conduite qui devait lui servir de déontologie, il recouvra ses esprits.

« Nous pouvons en venir à l'exposé de la manière suivant laquelle le libéralisme va s'y prendre pour opérer la destruction du capitalisme social. C'est lors du mandat d'Eisenhower que la structure capitaliste commence à vaciller. Ce n'est pas par hasard si celui-ci, lors de son dernier discours présidentiel, avertit le peuple américain contre les méfaits du complexe militaro-industriel. C'est bien plutôt le signe que ce vieux briscard des affaires militaires et politiques, nourri à la fibre patriotique, qui croit dans la démocratie, la liberté, le capitalisme et qui hait le communisme, sent qu'un dérèglement majeur est en train de s'ébaucher au sein des institutions américaines.

Certes, il n'identifie pas le libéralisme comme la cause du problème, lui qui n'est pas conscient de l'opposition qui sourd entre le capitalisme et le libéralisme Eisenhower ignore, je pense, l'histoire du système américain d'économie, pourtant propre à son pays et qui remonte au 19e siècle. Il ne s'oppose ainsi pas au libéralisme et ne voit pas le véritable danger se profiler. Pourtant, celui-ci est criant. Le libéralisme est arrivé au moment où il est obligé de dévorer le capitalisme s'il ne veut pas se désintégrer très rapidement. Or à cette époque, le capitalisme qui prime étant de forme sociale, la finance y est sévèrement encadrée par le développement de l'industrie. Dès lors, les libéraux n'ont d'autre choix que d'abolir ces freins pour survivre.

Mais un tel changement passe par un geste fort, de nature violente, afin de marquer les esprits, notamment ceux capitalistes, si d'aventure ils leur prenaient l'idée de s'opposer à la prise de pouvoir libérale. Reprenant le précédent des révolutionnaires français qui ont guillotiné Louis XVI pour indiquer aux monarchistes que tout retour en arrière serait dorénavant impossible, les libéraux décident d'assassiner le président de la République américaine, d'autant qu'il s'agit du personnage le plus puissant de la planète. À l'époque, c'est le désormais mythique JFK qui occupe le poste.

En le faisant liquider comme un malfrat victime d'un règlement de comptes, les financiers ne peuvent envoyer aux chancelleries dans le monde message plus clair. Désormais, le pouvoir leur appartient exclusivement. Les hommes politiques se retrouvent sous la coupe des marchés financiers, auxquels ils n'auront d'autre choix que d'obéir sans faille. La liquidation retentissante de JFK sonne comme la fin de l'ère de la prospérité dans la zone occidentale et du capitalisme de type social issu de la Seconde Guerre mondiale. »

Tullipot ne manqua pas de relever la référence à l'assassinat de JFK, car il s'agissait d'un des grands lieux communs du complotisme, qui y recourait pour arguer de sa pertinence envers ceux qui oseraient le remettre en question. Mais Bonucci était tellement complotiste qu'il versait dans un positionnement encore plus carabiné : il croyait si peu dans les versions officielles qu'il ne prenait même plus la peine de les mentionner. Pour lui, il était évident que JFK n'avait pas été assassiné par Lee Harvey Oswald et que la VO reposait sur le mensonge. Pour cette raison, il s'était contenté de donner son interprétation du plus célèbre meurtre politique du 20e siècle.

« Son révisionnisme confine à l'aliénation sociale, observa-t-il sèchement. »

Il fut frappé que la vision de l'histoire dont témoignait son patient soit à ce point en décalage avec ce que l'on apprenait à l'école et qu'il considérait pour cette raison comme la docte et inébranlable vérité.

« Une des raisons du succès du complotisme, inscrivit-il avec emphase. Il ressemble à s'y méprendre à un scénario de *thriller* hollywoodien ».

« On peut voir en France le pendant de l'assassinat de JFK avec la fausse révolution de Mai 68, orchestrée par les organes de déstabilisation libéraux issus du monde anglo-saxon sous couvert de révolution sociale et morale. Le libéralisme utilise ainsi la gauche pour dégager le général de Gaulle de la présidence de la République française, lui qui incarnait en France le capitalisme social. S'il n'est pas assassiné comme JFK, il est brutalement congédié (après avoir subi de nombreuses tentatives d'assassinat depuis 1958, il est vrai).

Il est étonnant de constater que lui non plus, bien que le destin de JFK eût pu lui servir de déclic, ne saisit pas l'identité des instigateurs de la contre-révolution qu'annonce Mai 68 sous ses faux airs de révolution morale autant que sociale, comme si le logiciel capitaliste n'était capable de prendre en compte que les ennemis historiques de la démocratie capitaliste, le nazisme et le communisme, mais était inapte à détecter l'ennemi intérieur libéral.

Le changement de gouvernance en faveur du libéralisme qui se produit en Occident a pour principal résultat de détruire l'économie réelle, ce qui induit la désindustrialisation de la société. En effet, il privilégie la finance sur l'industrie, puisque la finance est l'activité économique oligarchique par excellence, alors que l'industrie, bien qu'oligarchique elle aussi, demeure obligée de redistribuer aux employés pour continuer à exister. Mieux, la finance n'a pas besoin, pour fabriquer de l'argent artificiellement, des travailleurs, seulement d'ordinateurs, d'un minimum d'employés, de marchés financiers et de planches à billets.

Il est logique que le changement s'exprime en premier lieu aux USA, puisqu'il s'agit de la première puissance politique et de la première industrie mondiales à l'époque. Dans ces conditions, les Américains ne peuvent que posséder les classes moyennes les plus prospères. Mais le changement est plus vaste que pour le seul territoire américain. Il s'agit rien de moins que de mettre un terme aux Trente glorieuses avant qu'elles ne prennent la dimension mondiale qui a été programmée par Roosevelt avant sa disparition prématurée, et qui rendrait le programme libéral soudain inapplicable. Pour cette raison aussi, on comprend pourquoi les libéraux sont sortis du bois à cette période : pour ne pas perdre leur influence de manière irrémédiable.

Bien entendu, ils ne sont pas stupides au point de ne pas se rendre compte que, s'ils se contentent de financiariser l'économie en même temps qu'ils la désindustrialisent, celle-ci va s'effondrer très rapidement. Ils doivent en même temps s'employer à masquer le déclin qui s'empare des USA et de l'Occident, en faisant croire qu'ils ont inventé une nouvelle technique de développement plus performante que l'ancienne. Selon cette dernière, le seul moyen de développer l'économie était physique, alors que pour la nouvelle méthode, il suffit de faire exploser la spéculation financière et de produire de la monnaie à partir des banques centrales dédiées à cet effet. C'est la doctrine monétariste.

Avec cette nouvelle technique de calcul, dans un premier temps, les pays continuent à s'enrichir et croient ainsi avec ferveur en la valeur de cette théorie pourtant incohérente. Les peuples pensent même qu'il leur sera plus facile de s'enrichir désormais. Mais le monétarisme ne fonctionne qu'à court terme. Ensuite, il est inéluctable que l'ensemble des sociétés qui lui sont soumises s'appauvrissent, puis s'effondrent. C'est dire qu'il faudra trouver le moyen pour faire accepter le krach quand il surviendra, de telle sorte qu'il ne débouche pas sur de violentes révolutions de la part des peuples furieux d'avoir été trahis par leurs élites menteuses et incompétentes, elles qui sont incapables de proposer un autre programme que de foncer dans le mur.

Personne n'ose objecter qu'il n'est pas possible que cette stratégie soit viable, qu'elle ne peut qu'enrichir les plus riches et précariser la majorité. Pourtant, les gens auraient pu rapidement se rendre compte que le monétarisme était une erreur criante doublée d'un mensonge grossier. Car, passées les premières années de prospérité apparente, aux USA comme en Europe de l'Ouest, les inégalités ne tardent pas à exploser, le chômage et les travailleurs pauvres à apparaître, puis à progresser – une première depuis la Seconde Guerre mondiale.

Mais comme la plupart conservent leur pouvoir d'achat et que la paupérisation ne frappe qu'une minorité, certes grandissante, on ferme les yeux sur le problème, bien qu'il se montre inquiétant. Les médias aux ordres de leurs actionnaires les financiers légitiment cet état de fait, en prétendant que ceux qui perdent leur travail ou qui ont sombré dans la pauvreté sont les seuls coupables de leur situation.

On voit ainsi apparaître les discours légitimant la paupérisation d'une partie de la population et l'enrichissement d'une autre, au nom de la fameuse sélection naturelle. Le néodarwinisme social fait son apparition : la thèse selon laquelle ce sont les plus riches qui s'imposent socialement et qui rendent la société aisée, stable et pérenne. En toile de fond, l'idée qui sous-tend cette théorie, c'est que l'inégalitarisme est le meilleur des ordres politiques, économiques et sociaux, car il est celui qui se rapproche le plus à l'ordre naturel.

Mais comme les USA disposent de la première armée dans le monde, ils détiennent le moyen le plus efficace pour retarder leur effondrement. Par l'intimidation, ils peuvent imposer aux autres pays la politique qu'ils attendent d'eux, c'est-à-dire leur acheter les matières premières à prix coûtant et les leur vendre une fois transformées au prix fort. Personne n'osera contester le changement de stratégie qu'ils défendent et tous s'inclineront devant la loi du plus fort qu'ils promeuvent au nom des valeurs les plus sacrées de la démocratie.

La première réforme, au sens pervers du terme, qu'appelle leur stratégie vers le totalitarisme portera logiquement sur la désindexation du dollar avec l'or, afin d'instaurer le monétarisme en lieu et place de l'économie physique. Cette réforme s'avère facile à mettre en place, car le dollar est la monnaie de référence pour les échanges dans le monde. Encore convient-il de transformer la manière de l'évaluer.

C'est ce qui se produit en 1971, moins de 10 ans après l'assassinat de JFK, quand le système de Bretton Woods, installé par Roosevelt pour mettre un terme à la crise financière des années 20-30, est aboli. La valeur du dollar sera désormais jugée sur les échanges monétaires qui ont lieu dans le monde. Grâce à ce tour de passe-passe, les USA resteront le pays le plus riche de la planète, puisque, le dollar étant la monnaie de référence internationale, sa valeur sera forcément la première dans le monde. Quant aux financiers, on peut dire qu'ils ont réussi leur coup. Leur prise de contrôle sur la zone transatlantique est actée, en attendant qu'ils l'étendent au monde entier.

À partir de ce moment, on peut considérer que l'ordre de Yalta, qui s'était constitué sur les décombres de la Seconde Guerre mondiale, est enterré. Dans la zone ouest, le capitalisme a été vaincu. Et comme à l'est, le communisme est condamné à s'effondrer, le libéralisme est certain de dominer le monde dans les décennies qui viennent. Ce qui lui offre la garantie d'instaurer son objectif de dictature mondiale sans que des puissances, extérieures ou intérieures, soient en capacité de le contester. Mais le plan, savamment orchestré, veille aussi à ne pas répéter les erreurs qui par le passé ont empêché les prédécesseurs en oligarchie de rendre durable leur pouvoir. C'est ainsi que les stratèges libéraux ont remarqué que ces derniers se sont à chaque fois fait piéger par des alternatives qu'ils n'avaient pas vu venir. Dès lors, ils emploient les grands moyens afin d'empêcher que celles-ci adviennent.

Concrètement, il s'agit d'interdire à de nouveaux régimes politiques plus performants d'apparaître, contre lesquels les libéraux n'auraient d'autre choix que de céder la place. D'où les investissements colossaux qu'ils réalisent pour promouvoir de fausses alternatives, afin de contrôler les velléités de changement et d'être certains, ce faisant, de ne subir que des contestations stériles. De ce fait, les officines sous fausse bannière fleurissent aux fins de subvertir les alternatives déjà existantes. Le collectivisme étant la principale forme de contestation du libéralisme depuis la Seconde Guerre mondiale, les libéraux incrustent ses formes dissidentes, afin de susciter des alternatives corrompues.

1) Le trotskisme représente la plus influente expression de communisme soviétique non établie. De ce fait, les libéraux s'empressent d'en

contrôler les acteurs, puisque ces derniers se trouvent engagés dans une lutte à mort contre le stalinisme. L'opération s'avérera une réussite, puisque le stalinisme commence à décliner dès le début des années 70, c'est-à-dire 20 ans environ avant la chute du Mur de Berlin. À noter que le néoconservatisme, la nouvelle forme d'impérialisme prête à prendre le pouvoir aux USA et en Occident après le 11-Septembre, sortira du trotskisme à la fin des années 90.

2) À la même époque, le socialisme est infiltré à son tour, de telle sorte qu'il ne tarde pas à se montrer compatible avec les lois du marché, c'est-à-dire avec l'ultralibéralisme de Friedmann&Cie. Par exemple, en France, dans les années 70, l'ancien cagoulard, synarchiste, vichyste et anti-gaulliste Mitterrand prend le pouvoir au sein de la SFIO, qu'il transforme en prenant bien soin de la renommer Parti socialiste, afin que son rôle objectif, la destruction du PCF, passe pour une menée de la gauche la plus vénérable. Une fois élu en 1981, il s'empresse, dès 1983, avec ce qu'il nommera le tournant de la rigueur, de rendre le socialisme à la française conciliable avec l'ultralibéralisme promu par Thatcher. Ceux qui tenteront de contester cette entreprise seront discrédités quand leur contestation est modérée

comme Rocard, voire assassinés lorsqu'ils entravent la subversion du socialisme par le libéralisme, comme ce fut le cas de Bérégovoy en 1993.

3) Concernant la troisième branche du communisme, le maoïsme, il est mis hors d'état de nuire suite à des accords secrets que les libéraux nouent avec le Parti communiste chinois après la fin des accords de Bretton Woods, toujours dans les années 70 (ce faisant, on se rend compte que les libéraux ont anticipé la chute du communisme). La Chine accepte de produire les biens des entreprises occidentales et de se transformer en une idéologie nationaliste, capitaliste et dictatoriale. En contrepartie, les Chinois s'enrichissent, nourrissant l'ambition de représenter, dans les décennies qui viennent, la plus grande économie dans le monde.

Bien que ce bouleversement économique ruine les classes moyennes et détruise le prolétariat en Occident, personne dans les médias n'en conteste le caractère scandaleux, car les grands gagnants de l'opération sont les actionnaires occidentaux, le faible coût de la main-d'œuvre chinoise faisant exploser leurs bénéfices. On peut mentionner une troisième raison, à plus long terme : les libéraux ont encouragé un modèle de société totalitaire, dont ils escomptent qu'il sera, le moment venu, un modèle pour leur projet de dictature mondiale.

4) La dernière fausse alternative n'est pas issue du communisme, mais concerne l'avenir, car l'intérêt stratégique pour les libéraux est d'anticiper les contestations à venir, le communisme étant condamné. Ils se portent sur l'écologie, en estimant que cette dernière incarnera le principal visage de la contestation à court terme et que, pour cette raison, elle prendra la place des collectivismes. Or, ils se rendent compte qu'à y regarder de plus près, elle est aisée à subvertir, son anticapitalisme n'étant pas antilibéral, comme c'est le cas avec le communisme. Alors que celui-ci était anticapitaliste au nom de l'égalitarisme, l'écologie l'est au nom de la décroissance. Dans ces conditions, l'anticapitalisme communiste ne s'oppose pas à la croissance et ne pourra pas être utilisé par le libéralisme quand il se retournera contre le capitalisme.

En revanche, l'écologie décroissante sera compatible avec le libéralisme contre le capitalisme, même si elle entend consciemment lier la décroissance avec l'égalité sociale. À partir du moment où elle est décroissante et où la décroissance est pour elle son terme paroxystique, sa revendication d'égalité est faillible et peut être pervertie. C'est à cet objectif que les libéraux vont s'employer, en subventionnant massivement les mouvements décroissants dans le monde au moment où ils se trouvent en plein développement et sont encore mal définis. Tirant parti de ce caractère embryonnaire et mal défini, ils estiment possible d'utiliser l'écologie dans un usage exclusivement décroissant et de faire oublier le thème connexe de l'égalité.

Encore fallait-il que les militants écologistes, pour qu'ils ne se rendent pas compte de l'entourloupe, soient aveuglés par un danger qu'ils ne pourraient remettre en question, sans quoi ils ne tarderaient pas à s'apercevoir de l'entreprise de subversion menée contre eux, qui plus est par les libéraux, c'est-à-dire par leurs ennemis travestis en alliés. Ces derniers envisagèrent ainsi de développer la forme la plus difficile à critiquer. Ils furent d'avis qu'il s'agissait de la démarche scientifique, car la plupart des gens dans le monde, en particulier quand ils avaient mené des études et qu'ils étaient des notables, étaient persuadés, non sans hâte, ni préjugé, qu'elle personnifiait l'expression de la vérité. Dès lors, si la décroissance devenait une science plutôt qu'une idéologie, personne ne songerait plus à contester qu'elle ne se soucie pas d'égalité sociale, la science passant pour plus vraie que l'idéologie.

C'est tout naturellement que les libéraux ciblèrent la climatologie comme le domaine qui serait le plus pertinent pour leur objectif au sein de la science, car le climat était le phénomène écologique le plus universel, touchant l'ensemble de la planète. Si l'on réussissait à faire croire qu'il rencontrait un danger grave et urgent à cause de l'homme, les populations adhéreraient à la décroissance comme phénomène scientifique. Pour manipuler, le choix était simple : soit le climat se réchauffait, soit il se refroidissait. Les libéraux optèrent pour le premier péril, à cause de ses résonances fortes avec le mythe universel de l'enfer. Celui-ci représentait le feu moral et surnaturel, ce qui permettrait de faire croire dans l'inconscient collectif que, si l'homme avait réchauffé le climat par sa faute, il avait commis une faute morale en plus de la faute écologique. Morale et écologie seraient alors liées au niveau physique, et non plus surnaturel.

Les libéraux pourraient ainsi se servir de l'écologie comme de leur cheval de Troie attitré pour mener à bien leur entreprise de dictature définitive sur l'ensemble de l'humanité, sans que les hommes protestent, victimes de leur croyance en la science comme expression de la vérité et du réel. De ce fait, ils accélérèrent la fondation de la climatologie, alors que c'était la météorologie qui prenait traditionnellement en charge les problèmes liés au climat, afin que les nouveaux scientifiques qui s'occuperaient de cette cause sacrée soient sous la coupe du discours réchauffiste et adhèrent à la fable du consensus scientifique sur le sujet.

Puis ils montèrent un groupe de *lobbying* constitué au tiers de climatologues et aux deux tiers de diplomates, le GIEC, afin que les conclusions scientifiques aient une application politique aussi rapide qu'internationale. Ils donnèrent pour consigne impérieuse aux médias sous leur contrôle dans le monde de terroriser les populations, en leur faisant croire qu'il était urgent d'adopter les politiques de décroissance qu'ils préconisaient au niveau mondial sous peine de disparaître dans un avenir proche. Bien que la base scientifique fût grossièrement frauduleuse, jamais le grand public ne soupçonnerait, du moins à court terme, que les résultats scientifiques étaient manipulés aussi facilement qu'on le faisait dans les domaines politique ou économique. »

Tullipot était tellement abasourdi par les élucubrations qu'il venait de découvrir qu'il en avait oublié de prendre des notes. Il avait vraiment l'impression que le monde que dépeignait Bonucci n'était pas le réel qui lui était familier, mais une dimension parallèle, dont le propre serait de se montrer aussi délirante qu'anxiogène. Dictature reliée à des complots maléfiques fomentés par l'hydre libérale, la vision du monde qu'il manifestait versait dans l'outrance à chaque phrase, au point que la raison vacillait dangereusement, tanguant entre paranoïa et déréalisation.

Tullipot s'en félicita paradoxalement, car la mission dont l'avait chargé le tribunal s'en trouvait d'autant plus justifiée. Cependant, il craignit de ne pas réussir à faire accéder Bonucci au caractère délirant de sa mentalité, tant il était patent qu'il avait affaire à un cas particulièrement rétif de forclusion, où le patient tient son déni comme le principal moteur à la découverte de la vérité.

« À court terme, il était impérieux que les populations ne découvrent pas le pot aux roses de la stratégie monétariste. Pour ce faire, il convenait d'instituer la propagande au niveau mondial. Mais cette stratégie ne pouvait fonctionner que si les libéraux prenaient le contrôle des principaux médias dans le monde. Ce qu'ils firent sans difficulté par le biais de l'actionnariat, eux pour qui l'émission de l'argent n'était pas un problème. On vit alors les médias changer subitement de rôle. Au lieu de critiquer le pouvoir en place, ce qui constituait leur fonction historique, ils s'empressèrent, pour présenter les premiers symptômes de la crise, qui se manifestèrent peu après la fin des accords de Bretton Woods, de convoquer les spécialistes et les experts qu'ils avaient stipendiés. C'est alors que ceux-ci sortirent la fameuse thèse selon laquelle il n'y avait aucun lieu de s'inquiéter, car il ne s'agissait que d'une crise transitoire. Naturellement, les peuples, loin de se méfier, adhérèrent à ces thèses de mauvaise foi, car ils se croyaient dans le prolongement des politiques pratiquées lors des Trente glorieuses.

Les premiers effets de la crise furent les chocs pétroliers, parce que la première énergie dans le monde était le lieu de la spéculation financière la plus intense. Mais personne ne se souleva en Occident, les syndicats et les partis de la gauche se laissant acheter par les promesses d'augmenter le niveau de vie des peuples. En réalité, les libéraux rusèrent, en ne privilégiant que les classes moyennes. Bien entendu, pour ce faire, ils financèrent leurs mesures sociales par l'accroissement des déficits au lieu de l'augmentation de la production industrielle. Parallèlement, la pauvreté se mit logiquement à augmenter. Preuve que les Trente glorieuses étaient finies et qu'on s'enfonçait en réalité dans la crise, le chômage se mit à apparaître en tant que phénomène de masse.

À cet égard, les années 80 marquèrent la transformation du modèle capitaliste dans les sociétés occidentales. Avec le chômage de masse, le monde du travail devint de plus en plus concurrentiel et les patrons se retrouvèrent en position de force pour imposer l'augmentation masquée du temps de travail que leurs salariés furent contraints d'accepter sous la menace des licenciements. Dans un premier temps, les syndicats, les premiers soutiens des travailleurs, protestèrent, mais de manière surprenante, ils s'empressèrent d'accepter tous les compromis que leur proposait le patronat. Bientôt, ce fut encore pire. Ils furent carrément achetés par le grand capital. Nous entrons alors dans l'ère du chantage social, corrélé au mensonge économique tous azimuts.

Le grand gourou qui donna ses lettres de noblesse à cette mentalité, en la faisant passer pour nouvelle et pertinente, alors qu'elle était très classique et prévisible, fut l'économiste Milton Friedmann, que les médias et les universitaires louèrent comme le pape de l'ultralibéralisme. Il jura que la prospérité serait bientôt au rendez-vous et que toutes les inquiétudes émises par les hommes politiques ou les intellectuels résultaient de l'incompréhension qui entourait le surgissement de la nouvelle révolution idéologique que représentait l'ultralibéralisme.

Comme la plupart des signaux étaient encore au vert, on le crut sur parole. C'est ainsi que les sociétés occidentales continuaient à dominer dans le monde. D'autant que l'effondrement de plus en plus palpable du bloc communiste suggéra que c'était le communisme qui traversait la véritable crise et qu'au contraire le capitalisme allait bientôt triompher. Les médias abreuvèrent ainsi leurs lecteurs de thèses prouvant que le libéralisme était la seule bonne méthode en politique et qu'il n'était pas d'autre choix que d'y recourir.

C'était ce que résumait en politique le slogan TINA « There Is No Alternative », répandu à la fin des années 70 par l'inénarrable Thatcher, la disciple la plus emblématique de Friedmann dans le champ politique à cette époque. Ce n'était pas un hasard si elle sévissait sur le sol britannique, puisque c'était aussi dans ce lieu qu'opérait la City de Londres, la première place financière dans le monde et la véritable matrice de cette politique. »

Tullipot s'interrompit dans sa lecture, car il fut traversé par une idée qui le rendit euphorique.

Contrairement à ses prémonitions initiales, il pensait avoir trouvé le moyen de soigner Bonucci de sa dérive complotiste. Pour y parvenir, il convenait de recourir à la technique des questions-diversions. Grâce à ce stratagème, il pourrait ramener son patient vers des thématiques plus consensuelles et judiciairement acceptables, ce qui le rendrait légitime pour clamer, notamment auprès du tribunal, qu'il avait réussi à rendre le propos de son patient moins vindicatif et moins paranoïaque.

Par exemple, suite au dernier passage, où Bonucci se livrait à la critique sans nuance du libéralisme, il serait pertinent de l'amener à se situer par rapport aux thèses qu'énonçait Keynes, ce qui permettrait à Tullipot de lui faire entrevoir l'existence d'une critique non-complotiste du libéralisme. Satisfait de sa trouvaille clinique, il s'empressa de considérer comment il pourrait l'appliquer aux thématiques dont Bonucci serait amené à traiter au fil de son argumentation.

« Mais la propagande ne peut se montrer efficace que si elle n'utilise pas seulement les médias, car ceux-ci ne touchent qu'un certain type de citoyens, ceux qui font partie des classes moyennes aisées et qui ont bénéficié d'une formation intellectuelle suffisamment poussée pour s'intéresser à des problèmes abstraits, tout en n'appartenant pas aux élites intellectuelles véritables, qui sont ceux ayant bénéficié de la formation universitaire la plus évoluée. Dans cette perspective, les libéraux créent des instituts de réflexion, ce qui en sus leur permet de parer leur idéologie d'un prestige intellectuel qui leur faisait défaut, tant qu'ils s'en tenaient aux milieux du journalisme.

Sur leur lancée, ils diversifient au maximum leur offre de propagande, afin que toutes les couches sociales soient concernées. Ils subventionnent aussi les arts populaires, qui font appel à l'émotion, la faculté de communication la plus universelle, la seule qui rapproche le grand bourgeois du prolétaire ou du petit employé. C'est ainsi qu'ils ont infiltré depuis son apparition l'art le plus populaire de notre époque, le cinéma, en prenant notamment le contrôle de la plus grande industrie cinématographique dans le monde, à Hollywood. De la sorte, partout dans le monde, les spectateurs sont conditionnés à adhérer au modèle américain, vanté comme le paradigme ultime et indépassable.

De même, l'anglais étant la langue la plus parlée sur Terre, les chanteurs et chanteuses populaires sont promus comme des stars, c'est-à-dire des modèles inaccessibles pour leurs auditeurs, parce qu'ils chantent en anglais ou, si ce n'est pas le cas, se conforment au *way of life* ultralibéral, mélange d'individualisme et de domination sociale. »

Oubliant le caractère révoltant des propos extrémistes et virulents que prononçait un Bonucci de plus en plus déchaîné au fur et à mesure de l'avancée de son écrit, Tullipot se raidit. L'interprétation que Bonucci avait proposée sur la crise qui affectait les sociétés occidentales depuis les années 70 lui rappelait une référence. Mais il eut beau s'échiner à la retrouver, il n'y parvint pas. Il faut dire que la lecture de la réflexion historique, à force de le déstabiliser et de l'irriter, l'avait harassé.

Il eut envie de se détendre en écoutant une des émissions de radio qu'il se flattait de podcaster quand elles retenaient son attention, pour se dire qu'il était encore jeune et toujours capable d'intégrer les nouvelles technologies de pointe. Mais il jugea que le plus sûr moyen de retrouver sa référence manquante était de reprendre la lecture de ce qu'il prenait de plus en plus pour un pamphlet, en escomptant découvrir dans la suite de la prose survoltée de Bonucci les éléments qui lui permettraient de retrouver son souvenir défaillant.

« La propagande est si efficace que, dans les années 70, personne ou presque n'ose contredire la propagande libérale pourtant grossièrement fausse et visiblement contestable. Autant dire qu'il faut un courage rarissime pour dénoncer le libéralisme comme la cause de la crise et la crise comme un phénomène qui ne fait que commencer et qui va s'aggraver dans les décennies à venir, jusqu'à atteindre le point de rupture. Ceux qui osent braver l'interdit sont calomniés, traînés en justice et jetés en prison. Autrement dit, ils subissent le même traitement que celui qu'on réserve aux opposants dans les dictatures. La seule différence tient dans la nature plus sophistiquée du lynchage qui est opéré en démocratie libérale, où il prend la forme de la réaction juridique, afin de lui conférer tous les atours de la légitimité.

Je prendrai comme exemple de persécution politique évidente le cas édifiant de l'homme politique et économiste autodidacte américain Lyndon LaRouche, parce qu'il est injustement méconnu, alors qu'il est un de ceux qui à ma connaissance ont vu le plus juste depuis la Seconde Guerre mondiale dans le vrai visage de la stratégie politique employée et dans le triste sort qui attendait l'homme s'il persistait dans la voie de la liberté libérale, c'est-à-dire de la liberté pervertie en domination destructrice, puis autodestructrice.

LaRouche entame son engagement aux USA dans les années 60, en mettant au point une méthode de prévision économique qui lui permet d'annoncer, à partir du constat du changement de politique qui est pratiqué après JFK, que son pays va s'effondrer dans les décennies à venir. Bien entendu, la plupart des gens qu'il rencontre le traitent de cinglé, surtout au sein des élites, qui n'ont pas intérêt à ce que d'autres prennent conscience du problème véritable qui attend la société américaine.

Mais LaRouche s'entête. Il n'hésite pas, dans les années 70, à enseigner sur les campus américains de la Côte Est et son action porte ses fruits, car il ne tarde pas à recruter des collaborateurs parmi les étudiants. Ceux-ci se montrent intéressés par l'originalité de son discours, qui ne suit pas les principales inflexions idéologiques de l'époque, en défendant le communisme, le socialisme, le keynésianisme ou l'ultralibéralisme, mais qui se propose de restaurer le capitalisme social cher à Roosevelt.

À la même époque, il teste la fiabilité de sa méthode sur des cas concrets. Par exemple, il rédige une étude sur la spéculation immobilière à

New York, puis il remporte un débat public contre le célèbre économiste Abba Lerner, qu'il accuse de fascisme. À force d'amasser les renseignements suite à ses rencontres multiples et variées, il finit par identifier l'ennemi comme étant la finance anglo-saxonne, dont le centre se situe à la City de Londres. Du fait qu'il est le premier à rendre public ce verdict et bien qu'il demeure relativement peu connu aux États-Unis, le système politico-médiatique le décrète *persona non grata* dans les médias et les cercles académiques. Il ne s'agirait pas qu'il fasse connaître au peuple américain les véritables intentions qui animent le libéralisme.

Pour justement devenir populaire, il se présente à la présidentielle de 1980, mais il ne peut lutter contre le système en place, qui s'arrange pour lancer contre lui des campagnes de calomnies où est égrenée la litanie des positions considérées comme infamantes depuis la Seconde Guerre mondiale. C'est ainsi qu'il se retrouve, sans l'once de la vérité, taxé d'être un milliardaire néo-nazi à la tête d'une secte complotiste aux penchants antisémites, afin de justifier du traitement de pestiféré qu'on lui inflige. De la sorte, ceux qui entendent parler de ses idées le rejettent sans avoir étudié son programme, horrifiés par la réputation de monstre répugnant qui lui est accordée.

Loin de l'arrêter, ce harcèlement le pousse à rédiger sa plus célèbre étude avec ses associés de son parti politique de l'époque, le Labour Party, et de sa revue axée autour du renseignement stratégique, l'Executive Intelligence Review, afin de révéler les véritables mécanismes sous-jacents au blanchiment de la drogue, intitulée Dope Inc. LaRouche met en évidence que ce sont les cartels bancaires britanniques qui opèrent ces transactions via les paradis fiscaux qu'ils contrôlent partout autour de la planète, directement ou indirectement.

Pour cette raison et pour avoir mis en lumière le véritable rôle de la vénérable City de Londres, les libéraux américains le jettent en prison au milieu des années 80, après un procès politique qui en dit long sur le vrai visage de la démocratie américaine, sous la présidence de l'ultraconservateur Georges H. W. Bush, un membre patenté de l'oligarchie anglophile américaine. Il y reste sept longues années, certains de ses collaborateurs plus longtemps encore, jusqu'à ce que le président suivant, le démocrate Bill Clinton, tout aussi corrompu que Bush, mais plus libéral au sens moral, le gracie de ses fautes imaginaires. »

À la lecture de ces lignes, Tullipot, frappé par une réminiscence aussi fulgurante que précise, retrouva la référence qu'il manquait de cerner malgré ses recherches insistantes. C'était justement ce LaRouche que Bonucci venait de citer en exemple ! Maintenant qu'il lui était revenu à l'esprit, il put en dérouler avec exactitude le souvenir circonstancié.

Vingt ans auparavant, il s'était occupé d'une patiente qui militait dans la secte du représentant en France de LaRouche, un certain Cheminade, un ancien haut fonctionnaire aussi désaxé que son mentor américain. Elle était venue pour soigner un début de dépression dû à un harcèlement professionnel, mais avait déserté le divan quand, après plusieurs séances, Tullipot lui avait fait comprendre que la cause de ses ennuis résidait dans son engagement politique. Tullipot ne s'était pas étonné de sa défection, car il avait noté la sourde irritation dont elle avait témoigné quand il lui avait fait part de son diagnostic sans concession.

Il prit la référence à LaRouche comme une bonne nouvelle, car elle venait renforcer le bien-fondé du diagnostic émis par le Tribunal de Nancy. Bonucci avait bien besoin d'un sérieux suivi thérapeutique, lui qui se trouvait embarqué dans une dérive sectaire, en plus de baigner dans le complotisme halluciné. De ce fait, il retrouva de la curiosité à l'idée de prendre connaissance des élucubrations à venir de Bonucci, en se disant qu'il s'occupait d'un cas d'autant plus digne d'intérêt qu'il se montrait exceptionnellement lourd.

« Aucune contestation d'importance n'ayant eu lieu contre le libéralisme, celui-ci, au début des années 80, se sentit en position de force. Il en a parfaitement le droit sur le plan stratégique. En effet, non seulement sa réforme monétariste a été acceptée par les peuples en Occident, mais il sait en plus que son heure approche. D'après les informations qui lui viennent des pays vivant sous le Rideau de fer, le communisme est sur le point de s'effondrer en URSS, ce qui signifie qu'il va rester comme la seule idéologie viable dans le monde. Sur ce point, il n'a pas besoin de convaincre son auditoire de la justesse de ses vues. La partie est déjà gagnée, puisque même ceux qui vivent sous régime communiste, comme en Europe de l'Est, n'ont plus qu'un rêve : accéder aux valeurs libérales et à la démocratie représentative.

Dans cette configuration, l'épicentre du libéralisme, la City de Londres, se prépare à prendre le pouvoir dans le monde entier. Pour cette raison, elle organise, au milieu des années 80, la plus grande réforme de son histoire. Ce n'est pas anodin si les marchés financiers la baptisent « Big Bang », en référence à l'événement qui est censé avoir fondé l'Univers. C'est parce qu'ils estiment avoir lancé la création du nouveau monde de l'homme. Une référence aussi grandiose annonce aussi qu'aucun retour en arrière ne sera possible et qu'aucune force ne pourra empêcher le libéralisme globalisé de contrôler la Terre.

On imagine la frénésie qui saisit ces cercles quand s'écroule pour de bon le Mur de Berlin, en 1989. Les commentateurs des médias libéraux exultent et pérorent. Comme ils l'avaient prévu, le monde vient de devenir unipolaire, c'est-à-dire qu'il n'est plus orné qu'aux seules couleurs du libéralisme. Le politologue Fukuyama proclame doctement que nous sommes arrivés à la fin de l'histoire. La propagande est dépassée par la réalité, au point qu'elle n'a plus besoin de mentir et de manipuler pour faire passer son message. Tous la croient quand elle annonce que les méthodes ultralibérales vont permettre aux anciens pays communistes d'accéder à la même prospérité qu'en Occident, le tout en quelques années.

Mais l'idylle entre les peuples et le libéralisme n'a qu'un temps, jusqu'à ce que les premiers s'avisent qu'en fait, c'est le résultat inverse qui s'est produit. Après les promesses mirifiques distillées lors des débuts radieux, c'est l'effondrement et le chaos qui attendent les anciens pays communistes. Les ultralibéraux y appliquent des politiques d'austérité d'une violence si inouïe qu'ils subissent des reculs colossaux en termes de niveau et d'espérance de vie. Le cas typique est l'ancienne URSS, redevenue la Russie, qui passe de superpuissance alter ego des États-Unis à pays en pleine décadence et en pleine corruption.

Mais les effets de l'austérité touchent aussi l'Occident. On pourrait s'étonner que les libéraux se retournent contre leur pré carré, mais il faut bien comprendre que, le monde étant devenu unipolaire, ils n'ont plus d'intérêt à protéger l'Occident comme leur base arrière. Au contraire, il convient d'ouvrir la concurrence partout dans le monde. Dans ces conditions, en Occident, les emplois délocalisables disparaissent en quelques années. En lieu et place, la pauvreté de masse et la dette explosent, pour atteindre des sommets encore plus élevés que dans les années 70 et 80, notamment aux USA (pour masquer l'état de faillite dans lequel se trouvent les États-nations occidentaux, les financiers leur prêtent sans rechigner, assurés qu'ils seront ensuite de tenir contre eux une monnaie d'échange de nature politique).

Mais personne n'ose remettre en cause les dogmes de l'ultralibéralisme désormais hégémonique et proposer des alternatives à cette situation pourtant aberrante, alors qu'elle ne peut que mener au chaos et à la guerre, y compris civile. Il faut dire que dans les universités du monde entier, notamment en Occident, on n'enseigne plus que les différentes variantes de la théorie libérale (ainsi des grandes écoles qui forment les hauts fonctionnaires, étudiants à qui l'on apprend à accroître la dette et la désindustrialisation dans les pays où ils sont appelés à servir). Les alternatives, dont le marxisme, se trouvent discréditées et rangées aux oubliettes de l'Histoire.

Toutefois, si, au niveau de la communication, on déverse sans ciller la propagande libérale, en présentant l'avenir vers lequel on se dirige comme radieux, dans les cabinets d'avocats d'affaires internationaux, antres où s'échafaudent les stratégies libérales, c'est une tout autre musique qui est serinée. Il ne s'agit plus de truquer et de mentir, mais de regarder la vérité en face. Autant dire qu'on se trouve à l'avant-garde de l'information sur le véritable état dans lequel se débat l'économie mondiale sous l'emprise de l'ultralibéralisme. On est ainsi les mieux placés pour savoir que le monde unipolaire ne pourra pas très longtemps soutenir l'illusion qu'il mène à l'accomplissement politique. »

Juste au moment où il achevait ces lignes, Tullipot releva la tête, saisi par une nouvelle idée lumineuse. Cette fois, elle portait sur son projet d'écrire un livre sur le complotisme. L'intuition qu'il ressentit venait en préciser les contours. Il se rendit compte qu'il serait pertinent de partir de l'expérience avant-gardiste qu'il vivait en se retrouvant chargé de la thérapie d'un Gilet jaune pour proposer au grand public le moyen de guérir du complotisme, alors que ce dernier se présentait comme le principal problème qui affectait la politique.

De ce fait, l'ouvrage prendrait une forme plus originale que la réflexion clinique de mouture classique. Le dialogue qu'il nourrirait avec Bonucci donnerait au projet un ton vivant et engageant. Bien entendu, il n'était pas question de placer le patient au même niveau que le psychothérapeute. Au contraire, il serait entendu que l'ouvrage ne tendrait à la qualité que si c'était le psychothérapeute qui en incarnait la caution politique et l'autorité morale, d'autant que c'était lui qui dirigeait le travail clinique. Pour ce faire, Tullipot reprendrait le texte de Bonucci, puis le discuterait avec lui, afin d'en montrer les limites, c'est-à-dire qu'il produirait un ouvrage critique en même temps que clinique sur le sujet glissant et sulfureux du complotisme.

De la sorte, toutes les parties sortiraient gagnantes de la situation. Le tribunal considérerait que Bonucci avait joué le jeu de la réinsertion. Bonucci verrait sa condamnation passer de la prison ferme au sursis. Quant à Tullipot, il tiendrait le moyen de rédiger l'ouvrage le plus original de sa carrière, ce qui n'était pas rien, car les écrits qu'il avait publiés sur les psychopathes et les pervers en prison, s'ils avaient été des succès d'édition, restaient pour lui des écrits encore trop académiques et consensuels. Justement, il attendait de son nouveau projet de livre sur le complotisme qu'il le place rien de moins qu'à l'avant-garde de la littérature clinique.

Ce faisant, il pourrait plastronner qu'il était le premier psychothérapeute à avoir guéri le complotisme. Galvanisé par la certitude prémonitoire de tenir la meilleure idée de sa carrière et le banco commercial de sa vie, il se proposa de contacter au plus vite son éditeur, un certain Dupéroux, qui était aussi un des psychanalystes les plus médiatiques de la place parisienne et qui intervenait souvent dans la presse nationale. Il avait en lui toute confiance, car c'était grâce à son entremise qu'il avait sorti ses livres précédents.

« Les stratèges atlantistes savent en particulier que l'écart entre la spéculation, qui augmente de manière exponentielle, et l'économie réelle, qui s'effondre sur le même mode, a atteint le point de non-retour. Il n'est plus possible de continuer la politique monétariste illimitée sans qu'elle provoque des répercussions hyperinflationnistes irrémédiables. Cette fois, les peuples vont se soulever. La contestation peut même gagner au sein du monde ultralibéral. C'est dire que la seule issue est de changer de stratégie. Le libéralisme se retrouve contraint d'accélérer la marche vers son objectif final du Nouvel Ordre Mondial.

Raison pour laquelle on lance la première Guerre d'Irak en 1991. Bien entendu, le grand public ne comprend pas la raison véritable pour laquelle ces événements tragiques sont ultra-médiatisés. Il ne se doute pas que cette guerre est un galop d'essai ayant pour but de préparer le changement de stratégie qui attend le monde dans les années qui viennent (et qui adviendra après le 11-Septembre). Il croit vraiment à la fable de Saddam Hussein, le dictateur cruel qui a envahi le Koweït et qui a ordonné d'arracher les nouveau-nés des couveuses dans les maternités afin de les laisser mourir dans d'atroces souffrances.

Dès lors, quand les Occidentaux, Américains en tête, décident d'attaquer l'Irak, il approuve des deux mains, pensant promouvoir la liberté et le droit international dans le monde contre les dictateurs oppresseurs des libertés de leur peuple. Voyant que leur propagande de guerre fonctionne à merveille, les libéraux s'enhardissent et annoncent fièrement que le monde a besoin du Nouvel Ordre Mondial pour que les dictatures abominables soient remplacées par la démocratie, notamment dans le discours que prononce G.H.W. Bush à cet effet. La tactique est efficace en diable : elle revient à imposer la dictature mondiale au nom de la démocratie, ce qui relève du grand art rhétorique !

Toutefois, les stratèges libéraux n'ont que peu de temps devant eux. En effet, le compte à rebours, qui mène à leur chute s'ils ne contrent pas le krach généralisé qui les attend, a commencé. Ils recourent pour cette raison aux moyens les plus radicaux dont ils disposent, afin de réussir le plus rapidement possible dans leur entreprise frauduleuse. Sur le plan de la connaissance, ils se réfèrent aux recherches menées dans des instituts de manipulation des foules comme le Tavistock britannique.

Le verdict qu'ils obtiennent est formel : la peur est le plus sûr moyen pour que la foule consente à l'inacceptable. En effet, quand des populations sont traumatisées, elles se tétanisent et perdent toute capacité à se soulever. On peut alors leur imposer les plus invraisemblables mesures. Forts de ce constat, les stratèges libéraux retiennent l'option du traumatisme d'une ampleur aussi violente qu'inédite, pour que, quand il sera lancé, le changement de politique au niveau mondial étouffe la moindre velléité d'opposition qui pourrait surgir. »

Soudain, Tullipot fut assailli par une torpeur si virulente que tout effort supplémentaire lui sembla une tâche insurmontable. Posant les feuilles imprimées à même le sol, il s'affala dans son fauteuil et entama sans attendre une bonne sieste réparatrice. Quand il se réveilla, quelle ne fut pas sa surprise d'apercevoir sur son téléphone que les 17h étaient passées. Certes, avec l'âge, il recourait régulièrement à la pratique du somme réparateur, afin de mieux se concentrer jusque tard dans la soirée sur sa lecture.

Mais d'ordinaire, il somnolait un quart d'heure environ, en tout cas pas au-delà de l'heure. En cherchant à rassembler ses idées hagardes et dispersées, il se souvint des bonnes résolutions qu'il avait prises avant son assoupissement. Il avait décidé d'appeler son éditeur. Ce qu'il fit lançant l'appel en visio.

— Mon cher Tullipot, quel bon vent vous amène ! s'exclama chaleureusement Dupéroux, en adoptant le ton chuintant et gourmé de celui qui entendait signifier qu'il est une personnalité qui compte dans le microcosme parisien.

— Imaginez que je vous appelle, car l'inspiration vient de me livrer sur un plateau doré le projet éditorial le plus original de ma carrière ! clama Tullipot, sans perdre de temps avec les formules d'introduction et de politesse.

— Laissez-moi deviner... s'interrogea Dupéroux pour se donner l'air docte, vous m'annoncez que vous tenez un nouveau projet portant sur les psychopathes en prison ?

— Je suis en plein dans l'actualité ! corrigea Tullipot, en cherchant à ménager l'effet de suspens.

Il marque un temps d'arrêt et finit par laisser tomber :

— J'entends traiter du complotisme.

Mais Dupéroux ne se laissa pas impressionner et crut spirituel de rétorquer du tac au tac :

— C'est l'actualité des Gilets jaunes qui vous inspire ? plaisanta-t-il, sans se douter qu'il avait visé dans le mille.

— Vous ne croyez pas si bien dire, concéda Tullipot, presque impressionné par la clairvoyance médiumnique de son interlocuteur. Imaginez que j'ai été désigné il y a quelques jours par le Tribunal de Nancy pour prendre en charge l'un des agités qui animent le mouvement des Gilets jaunes local, un certain Bonucci. Vous connaissez mon goût pour la thérapie par l'écriture. Je lui ai demandé de me présenter sa conception de l'histoire contemporaine depuis la Seconde Guerre mondiale, afin de cerner le personnage et de constituer une base de travail pour lancer la thérapie virtuelle pour laquelle je suis mandaté. Je peux vous dire que je ne suis pas déçu par le salmigondis d'aberrations que je découvre au fil du travail écrit qu'il m'a remis. Nous croupissons dans le complotisme de la plus belle eau.

— Je vous souhaite bien du courage, maugréa Dupéroux, qui ne voyait pas le lien entre le complotisme et les Gilets jaunes de Nancy, lui qui les méprisait uniformément et qui se portait d'autant mieux qu'il en entendait moins parler. Que voulez vous ? C'est notre lot à nous autres, cliniciens du quotidien, de nous occuper de tous les publics, y compris des franges les plus désaxées de la société.

Tullipot se sentit obligé de nuancer les affirmations péremptoires de son éditeur, car il ne pourrait lui vendre son projet que s'il consentait à ce que Bonucci soit dépeint comme un imbécile irrécupérable, aussi inintéressant que vil.

— C'est ce que je pensais moi aussi, concéda-t-il de manière feinte, jusqu'à ce que je prenne connaissance d'une bonne moitié de sa prose agitée. Bien entendu, les pages dégoulinent de complotisme exacerbé, mais vous serez surpris d'apprendre que sa réflexion est cohérente, de telle sorte qu'il représente un exemple tout à fait intéressant de mentalité complotiste.

— Vous savez, je n'ai pas de temps à perdre avec ces milieux, laissa tomber, sentencieux, Dupéroux dont on sentait le rejet frontal s'exprimer sans fard, ni retenue. Leur pauvreté intellectuelle m'afflige à un point tel.

— Si j'insiste, c'est parce que Bonucci tranche par son profil avec les habituels Gilets jaunes et autres excités qui forment d'ordinaire la frange complotiste, osa Tullipot, qui essayait de faire changer son interlocuteur de point de vue, afin qu'il le soutienne dans sa démarche. Au contraire, c'est quelqu'un qui a suivi des études jusqu'à un bon niveau universitaire, le Master de philosophie, à la Faculté de Nancy.

Mais cette dernière remarque n'eut pas l'effet escompté.

— Mon cher Tullipot, se raidit Dupéroux, vous savez la considération que j'ai pour vous après toutes ces années de collaboration fructueuse couronnée de succès mérités. Je vous considère, je vous l'ai déjà dit, comme l'un de mes auteurs-phares. Vous voyez à quel niveau je vous place dans ma hiérarchie personnelle ! Mais je ne voudrais pas que la collection que je dirige et qui a acquis sa réputation grâce à la rigueur dont nous avons témoigné, sombre soudain dans le caniveau de la pensée et la réincarnation du fascisme de l'entre-deux-guerres !

— Au contraire, insista Tullipot avec le plus de flammes possibles, afin de se montrer convaincant, si nous sortons cet entretien critique comme je l'entends, nous passerons pour l'avant-garde de la psychothérapie et nous serons capables d'anticiper sur les tendances de demain. Le grand public nous suivra. Il ne pourra qu'apprécier la méthode que nous défendons, c'est-à-dire la lutte contre le complotisme par le dialogue, et non par le déni et la censure, comme le font trop souvent les médias incompétents. J'ajoute que notre réflexion intervient au moment idéal, alors que le complotisme est devenu un sujet de société majeur depuis l'émergence des Gilets jaunes.

Cette fois, Dupéroux marqua un silence prolongé et se gratta le menton avec lenteur avant de répondre, signe qu'il prenait au sérieux la proposition de Tullipot et avait l'intention de lui fournir une réponse en adéquation avec ses attentes manifestes. Mais il hésitait sur le choix à opérer, de telle sorte qu'il tarda à sortir de son silence prolongé, au point que celui-ci en devint embarrassant.

— Et vous pensez qu'il accepterait ? finit-il par lâcher, sur un ton soudain conciliant, car il venait de saisir qu'il était susceptible de vendre de nombreux exemplaires d'un tel ouvrage, tout en hésitant encore, craignant qu'il soit mal reçu par l'intelligentsia, critère qui était pour lui son étalon personnel.

— Je suis plus qu'optimiste ! s'empressa d'approuver Tullipot, ne s'attendant pas à emporter le morceau aussi vite. En effet, ce sera pour lui le moyen idéal d'échapper à la prison ferme et, en même temps, d'exprimer ses idées à un niveau qu'à l'heure actuelle, il ne soupçonne même pas envisageable.

— C'est précisément ce que je redoute, tempéra Dupéroux. Que nous fournissions à un complotiste une tribune imméritée pour ses idées nauséabondes, de telle sorte que nous contribuerons à empoisonner le jugement des lecteurs les plus fragiles par notre démarche.

— Je pense que vos craintes ne sont pas justifiées, protesta Tullipot, furieux que Dupéroux continue à rechigner, puisque le texte de Bonucci sera critiqué par mes soins et que je mettrai un point d'honneur, je vous le certifie, à exposer toute la substance négative du complotisme. Je ne polémiquerai pas sur les Gilets jaunes, car ce serait perdre mon temps avec une imposture qui est déjà à l'agonie.

Mais contrairement aux attentes de Tullipot, Dupéroux ne se sentit pas rassuré par cette dernière remarque, qui se voulait pourtant convaincante. Au contraire, il manifesta une moue craintive. Tullipot sentit son interlocuteur tenaillé par l'indécision. Sa réaction, logique, fut de chercher à gagner du temps, afin de pouvoir en référer à ses supérieurs et soumettre le projet de son auteur à leur avis éclairé et rassurant.

— J'aimerais, si c'est possible, que vous me lisiez un passage de son texte, que je juge de son niveau, proposa-t-il, en adoptant le ton le plus engageant et le moins contraignant.

— Bien entendu, s'enthousiasma Tullipot, qui, pour emporter le morceau, était prêt à satisfaire toutes les requêtes de son éditeur. Je vais reprendre le texte à l'endroit où je me suis arrêté. Comme ça, nous découvrirons ensemble la suite.

Ajustant ses montures sur son nez avec fébrilité, comme si sa vie en dépendait, il prit sa voix la plus appliquée pour lire la prose de Bonucci. Mais il se rendit compte qu'il avait oublié de contextualiser la démarche de son patient.

— Je précise, pour l'intelligence du propos, que, jusque-là, Bonucci a relaté sa conception de l'histoire contemporaine depuis la Seconde Guerre mondiale, marquée selon lui par la prise de pouvoir du libéralisme depuis les années 70 sur le capitalisme et le communisme, rappela-t-il d'un ton docte.

— Je suis tout ouïe, répondit poliment Dupéroux, qui avait hâte que la lecture commence.

Tullipot articula le plus distinctement possible.

« Le terrorisme correspondait au plus près à cette attente, car il proposait le traumatisme le plus efficace, la guerre, tout en lui ôtant son caractère imprévisible et dangereux. De ce fait, la forme asymétrique de conflit qu'il développait garantissait à ses promoteurs de garder le contrôle de la situation politique internationale, ce qu'une guerre traditionnelle ne permettait pas (le souvenir des deux Guerres mondiales rappelait les destructions cataclysmiques que la guerre pouvait engendrer). En particulier, il offrait de garder la maîtrise sur ceux qu'ils combattaient officiellement.

De la sorte, les stratèges libéraux seraient capables de faire durer la situation d'exception politique qu'ils devaient promulguer, toutes affaires cessantes, jusqu'à ce qu'ils n'en aient plus besoin, c'est-à-dire jusqu'à ce que soit venu le temps de passer à la phase terminale du plan, correspondant à l'instauration du Nouvel Ordre Mondial. Ils estimèrent avoir besoin que la période de conflit, qu'ils baptisèrent « guerre contre le terrorisme », s'étende sur une durée d'environ 20 ans, le temps d'affaiblir suffisamment les États et les économies dans le monde pour que les résistances ne soient plus à même de s'opposer au passage à la dictature mondiale, de type supranationale et fédérale.

Pour instaurer leur stratégie, les libéraux contraindraient les pouvoirs politiques et militaires dans le monde à accepter leur politique de renflouement des dettes. Ceux qui s'y seraient opposés en temps normal s'y plieraient de mauvaise grâce, contraints et forcés d'accepter ce genre de diktats pour échapper à la menace que laissaient planer les attentats sur les populations. Le plan était bien ficelé : pendant tout le temps où la guerre contre le terrorisme aurait lieu, les banques centrales prêteraient aux banques privées des sommes illimitées, se montant en milliers de milliards de dollars, qui seraient garanties par les peuples, de telle sorte que le système économique et financier tiendrait sur cet équilibre précaire inspiré par la pyramide de Ponzi, le temps que la transition vers le Nom s'installe.

Forts de cette tactique générale, les stratèges purent passer aux conditions particulières que la guerre contre le terrorisme devrait prendre pour qu'elle atteigne son objectif. Ils estimèrent que le profil du terrorisme le plus adapté à la situation serait celui qui relèverait de l'identité islamiste, car les peuples dans le monde, notamment en Occident, avaient été conditionnés, par le cinéma et la propagande de masse, à concevoir le fanatique musulman sous les traits du psychopathe qui ne se déplace jamais sans son couteau, afin d'égorger, à la première occasion venue, les Occidentaux partisans de la démocratie. Dans ces conditions, ils accepteraient sans trop rechigner les contraintes lourdes inhérentes à la guerre contre le terrorisme en échange de la garantie de continuer à bénéficier des droits garantis par la démocratie.

L'autre avantage que présentait le choix du terrorisme islamiste, c'était que les libéraux en avaient le contrôle depuis la fin de la Seconde

Guerre mondiale. Ils avaient commencé par infiltrer l'organisation égyptienne des Frères musulmans et en avaient fait la matrice du terrorisme islamiste, de telle sorte qu'ils le manipulaient sans véritable résistance de sa part, profitant des divisions propres au monde arabo-musulman pour empêcher la contestation.

Pour ce faire, ils étaient passés par les innombrables réseaux de charité qu'avait montés leur allié saoudien, afin de donner au soutien dont bénéficiait le terrorisme une coloration musulmane, et non *yankee*, ce qui aurait pour effet immédiat de le discréditer. Les moyens du pétrole étant à cette époque illimités, ils n'avaient eu aucune peine pour développer des groupes de combattants terroristes partout dans le monde où ils en avaient besoin.

Avec la coopération des services saoudiens, ils portèrent leur dévolu sur la filière arabe qu'ils avaient montée en Afghanistan pour soutenir les moudjahidin locaux. Les Saoudiens les avaient recrutés dans le monde sunnite et les avaient réunis au sein d'une structure qu'ils avaient baptisée Al-Qaïda, terme qui signifiait en arabe « la base », parce qu'il s'agissait de leur base de données pour financer le terrorisme dans la région par le trafic d'héroïne et d'armes.

S'ils avaient pris cette décision, c'était parce que le profil de leur leader, Oussama ben Laden, les avait convaincus. Il avait le potentiel pour qu'ils présentent dans les médias ce rejeton de grand milliardaire du BTP saoudien comme le grand manitou du terrorisme islamiste, car s'il était un doux dingue rêveur incapable de monter par lui-même une quelconque opération terroriste d'envergure, il était malléable à souhait. Ils n'avaient rencontré aucune peine pour l'exiler d'Afghanistan vers le Soudan, où ils lui avaient imputé des attentats imaginaires contre deux ambassades américaines en Afrique et un navire de guerre américain au large des côtes, l'USS Cole.

Depuis, les islamologues et autres spécialistes du terrorisme avaient eu pour consigne de le présenter comme la tête de proue du terrorisme islamiste, qui entendait rétablir le califat le plus radical sur l'ensemble du monde musulman et détruire Israël, tout comme l'Iran chiite. C'est ainsi que depuis le milieu des années 90, Oussama et son groupe de djihadistes fanatiques passaient pour la première force terroriste dans le monde musulman. De ce fait, convaincus par des caractéristiques aussi conformes à leurs besoins, les stratèges libéraux surent qu'ils tenaient le scénario crédible pour donner une identité convaincante à la guerre contre le terrorisme. »

— Si je puis me permettre, intervint à brûle-pourpoint Dupéroux, sans craindre d'interrompre Tullipot, je dois revenir sur mon jugement initial. Vous avez raison, Bonucci vaut mieux que le Gilet jaune vulgaire et violent que je honnis à juste titre. Je comprends désormais votre projet de rédiger un ouvrage critique sur le complotisme en partant de son propos.

Il s'arrêta pour reprendre son souffle. Tullipot prit cette pause pour une marque d'approbation. Mais il ne tarda pas à déchanter.

— Mais, mon cher, reprit Dupéroux, je crains qu'un tel dessein convienne mal à la situation que vit la France actuellement. Vous n'êtes pas sans savoir qu'elle subit de plein fouet les transformations liées à la mondialisation et que c'est pour conjurer ce danger majeur et montant que nos élites se refusent à donner la parole aux complotistes. Elles craignent à juste titre que ceux-ci usent d'arguties démagogiques pour convaincre des parts croissantes de la population qu'il faut rejeter la mondialisation libérale, l'Union européenne et toutes les structures que les libéraux ont construites pour réaliser leur projet grandiose, inédit et prometteur de démocratie internationale. Je sais bien que dans votre cas, votre intention est de les remettre à leur juste place. Toutefois, je crains que le geste se retourne contre nous et que nous soyons accusés dans la presse de jouer un jeu ambigu avec le complotisme.

— Ce serait une erreur tragique de passer à côté de l'opportunité unique qui s'offre à nous de critiquer le complotisme, plaida Tullipot avec une éloquence qui frisait la véhémence. Nous disposons avec Bonucci d'un formidable témoignage, tant pour le grand public que pour les thérapeutes, qui vont se retrouver de plus en plus confrontés à ce type de patients dans un avenir proche.

Il entendit Dupéroux se racler la gorge de contrariété, à moins que ce ne soit d'appréhension.

— Écoutez, finit par lâcher ce dernier, je trouve qu'il est prématuré de me prononcer sur votre proposition, bien que je la juge des plus originales. Je vous propose, afin de prendre du recul, de vous rappeler demain matin, afin de profiter de ce laps de temps qui m'est imparti pour y voir plus clair.

Tullipot comprit que ce serait la hiérarchie éditoriale au-dessus de Dupéroux qui déciderait du sort de son livre, pour l'instant en gestation. Il se sentit des plus motivés pour mettre la soirée à profit afin de l'achever et d'avoir une vision d'ensemble sur le travail de Bonucci. Mais auparavant, il ressentit le besoin pressant d'accomplir une sieste réparatrice, car la lecture, additionnée à l'entretien avec Dupéroux, l'avait éreinté. Il s'endormit instantanément, sitôt qu'il eut fermé les yeux.

Quand il se réveilla, il ne fut pas peu surpris d'apercevoir un grand soleil taper contre le vasistas et illuminer son bureau, de ce fait transfiguré. Se souvenant qu'il était seul dans la maison, il en conclut qu'il avait dépassé le simple cadre de la sieste pour faire le tour du cadran et arriver jusqu'au matin bien avancé. Il fut incapable de déterminer l'heure exacte qu'il était.

Sa première pensée fut pour prendre le petit-déjeuner, afin d'apaiser la faim féroce qui le tenaillait. Il faut dire que, même si son appétit s'était allégé avec l'âge, il n'avait pas mangé depuis la veille au midi. Il brûla d'envie d'engloutir un bon bol de muesli bio, comme il avait l'habitude de s'en servir tous les matins. Il était fier de sa provenance, car celle-ci respirait pour lui l'authenticité. Il le commandait auprès d'une abbaye de moines située près de la Belgique et qui confectionnait toutes sortes de produits revitalisants bio depuis des siècles.

Il n'eut pas le temps de se lever et de mettre à exécution ses desseins gustatifs qu'il entendit son téléphone portable grésiller. À sa grande stupeur, il découvrit sur l'écran que c'était Dupéroux qui l'appelait. Il s'en offusqua presque. Oser le déranger au lever, alors qu'il n'avait pas trouvé le temps de se rassasier, c'était un acte qui relevait de l'infamie caractérisée ! C'est alors qu'il prit conscience de l'heure qu'il était, 10h30 environ, ce qui rendait le geste des plus légitimes.

Était-ce l'effervescence de la veille qui l'avait stressé à ce point ? En tout cas, c'était la première fois qu'il était confronté à une expérience de ce type, où il perdait ses repères temporels. Il voulut en toucher un mot à Dupéroux, afin que celui-ci prenne la mesure de l'état d'esprit décalé et hirsute dans lequel il se trouvait, mais l'éditeur, littéralement survolté, ne lui en laissa pas le temps. Jamais Tullipot ne l'avait connu ainsi et jamais il n'aurait soupçonné qu'il pût afficher une attitude aussi brutale, voire déphasée, lui qui était d'ordinaire un modèle d'obséquiosité urbaine et raffinée.

— Je suis porteur des meilleures nouvelles concernant votre projet ! vociféra Dupéroux. Imaginez qu'après notre entretien, j'ai appelé la secrétaire personnelle du Directeur Général. Je suis tombé sur son répondeur et je lui ai laissé un message d'explication. J'espérais qu'elle me réponde dans la semaine. Quelle n'a pas été ma surprise quand, à peine une heure plus tard, j'ai été contacté par le DG en personne, qui a pris le combiné pour m'expliquer à quel point il avait eu le coup de foudre pour votre projet. Il a estimé qu'il s'agissait d'une idée formidable, aussi innovante que constructive, qui lui offrait l'opportunité d'être le premier à sortir sur le marché ce genre d'ouvrages d'analyses anticomplotistes. Il m'a chargé de prendre le plus rapidement possible en main la maquette, afin que nous gardions l'avance décisive dont nous bénéficions sur la concurrence.

Tullipot fut tellement abasourdi par cette annonce qui renversait la situation pénible dans laquelle il se débattait depuis la veille qu'il en oublia la faim de loup qui le tenaillait.

— Je ne peux que me réjouir de la tournure que prennent les événements, finit-il par bégayer, peinant à canaliser son émotion.

Il ne réussit pas à poursuivre son propos, tant la surprise l'avait déstabilisé. Son mutisme arrangea Dupéroux, qui voulait avancer le plus vite possible sur le dossier, sans se soucier de la volte-face soudaine et presque risible dont il témoignait, lui qui la veille encore hésitait à soutenir l'entreprise.

Ne perdons pas de temps, trancha-t-il, guilleret. Je n'émettrai qu'une seule réserve. C'est que vous obteniez le consentement du Tribunal de Nancy, en particulier du juge qui instruit l'affaire. Vous comprenez, il serait catastrophique pour la légitimité de notre démarche que nous agissions dans le dos de la Justice. Nous devons nous montrer irréprochable en ce qui concerne le respect des institutions.

Et il raccrocha avec une brusquerie féroce, dans la continuité de son comportement outrancier du moment, trop obnubilé par l'objectif de faire appliquer les consignes qu'il avait reçues pour songer à souhaiter à Tullipot une excellente soirée, ce qui tranchait avec son obséquiosité habituelle. Ce dernier ne se formalisa pas de cette brusquerie grotesque, car en plaçant son projet, il avait atteint son objectif, alors que celui-ci était pour lui inespéré quelques instants plus tôt.

Avant d'achever la lecture du travail de Bonucci, il se rendit à la cuisine, afin de déguster son bol de muesli. Quand il l'eut englouti, ragaillardi et les idées claires, il se sentit capable d'avaler les pages qu'il lui restait à lire.

« Les stratèges libéraux purent alors peaufiner le scénario de la guerre contre le terrorisme, afin que l'opinion mondiale soutienne les violents changements qui lui seraient imposés sans rechigner. Se souvenant que l'opposition simpliste entre les deux ennemis irréconciliables était le schéma de conflit qui fonctionnait le mieux dans l'imaginaire collectif, ils projetèrent de présenter la guerre contre le terrorisme comme l'affrontement entre la démocratie, emmenée par les USA, et la barbarie, incarnée par la figure diabolique du maléfique Oussama, ce démon flanqué de ses sbires fanatisés jusqu'au martyr. De la sorte, les foules accepteraient le conflit sans se rebeller contre les maux qu'il générait, au premier rang desquels se trouvaient l'insécurité et la privation des libertés.

Mais il restait aux stratèges à trouver l'incident qui servirait de prétexte pour faire admettre une guerre aussi peu conventionnelle et aussi asymétrique que la guerre contre le terrorisme. Ils n'eurent pas à chercher bien longtemps avant de retenir la piste de l'attentat, le terrorisme islamiste appelant assez naturellement à ce type d'action criminelle. Bien entendu, l'attentat en question devrait présenter une ampleur inédite, condition *sine qua non* pour que personne ne songe à contester la guerre d'ampleur internationale, quoique fractionnée, qui s'en suivrait, bien qu'elle se montrât des plus injustes et révoltantes, tant dans ses justifications que dans ses menées.

Dès lors, les stratèges libéraux pouvaient d'ores et déjà se targuer de détenir la trame de leur plan d'action. De fait, ils n'eurent aucune peine à étayer la suite, c'est-à-dire à en peaufiner les détails. C'est ainsi qu'il leur apparut incontournable que le sol américain soit retenu comme

CARTE BANCAIRE
SANS CONTACT
CREDIT AGRICOLE
CHTE MARITIME 2 SEVRES

A0000000041010
Mastercard
LE 22/07/22 A 13:15:50
LIBRAIRIE PRESSE
17410
ST MARTIN
2261662
11706 84893682900011
############7984
59DBE13D957CCB47
002 000059 31 C @
NO AUTO: R02163
MONTANT :

DEBIT **9,90 EUR**
TICKET CLIENT
A CONSERVER
MERCI AU REVOIR
02495414

le théâtre de l'attentat. En effet, le plus indiqué était que celui-ci se déroule sur le lieu de la première puissance et de la première démocratie dans le monde. De même, il s'avéra indiscutable que les cibles retenues figurent parmi les plus fameuses et symboliques du pays. Ils se fixèrent ainsi sur les Tours du World Trade Center, situées dans la mégapole cosmopolite de New York, sur le Pentagone et sur la Maison-Blanche. Le WTC, car c'était l'emblème du monde des affaires, le Pentagone, comme le cœur de la première armée dans le monde, la Maison-Blanche figurant le symbole du pouvoir politique.

Le mode d'action validé fut l'attaque aérienne, via des avions de ligne, pour qu'elle ait tous les traits du mode opératoire terroriste de facture islamiste. Les terroristes précipiteraient quatre avions sur les différentes cibles à savoir, deux sur les tours du WTC, un sur le Pentagone et un sur la Maison Blanche. Si de pareilles attaques étaient couronnées de succès, l'effet médiatique serait garanti. Le monde entier contemplerait avec stupeur et effroi ces avions remplis de passagers et de kérosène, utilisés comme des armes diaboliques pour exterminer en quelques secondes des milliers d'innocents et frapper en plein cœur l'Amérique.

Restait à s'assurer qu'en amont, la campagne médiatique ne connaisse pas de couacs. En effet, nombre d'observateurs de par le monde ne manqueraient pas de s'étonner qu'une organisation terroriste aussi restreinte qu'Al-Qaïda détienne soudain une capacité d'intervention mondiale alors qu'auparavant, les attentats qu'elle avait revendiqués n'avaient jamais dépassé le rayonnement régional, autour de ses bases attitrées, l'Afghanistan et le Soudan. Le seul moyen de rendre vraisemblable l'énormité de cette affirmation était de s'adjoindre les services des meilleurs experts en *neuromarketing* médiatique, afin que les incohérences soient relayées sans anicroche dans le monde entier.

Pour ce faire, les experts consultés eurent l'idée de relier le scénario de l'attentat à une célèbre légende orientale qui aurait imprégné l'inconscient collectif, de telle sorte que l'incroyable passerait sans difficulté pour le vraisemblable, au nom du fait qu'il se trouvait reconnu. C'est ainsi qu'ils relièrent Oussama et les pirates de l'air à l'histoire du Vieux de la Montagne, le redoutable chef qui dirigeait la secte des Assassins et qui envoyait ses hommes, fanatisés et drogués au haschich, depuis son repaire imprenable situé en haut des sommets de l'Alamut, assassiner les représentants du calife de Bagdad.

Même si les Occidentaux ne connaissaient pas cette fable dans le détail, l'important était que les stéréotypes qu'elle véhiculait correspondent à l'image que les contrôleurs voulaient donner d'Oussama et d'Al-Qaïda dans les médias. Justement, les points communs entre les deux personnalités assuraient que l'image d'Oussama serait légitime, puisque les gens considéreraient comme établi que ce qui a existé peut exister de nouveau. Si un chef cruel et insaisissable avait réussi à échapper au pouvoir en place le plus puissant de son temps, alors le surgissement d'un nouveau, même plusieurs siècles plus tard, se montrerait crédible et réaliste auprès des peuples dans le monde.

Certes, il restait de nombreux points à peaufiner. De fait, nous sommes au milieu des années 90, et il fallut encore des années de préparation minutieuse et d'accords entre les différents participants du complot pour ficeler l'attentat, notamment décider de sa date d'instauration. Mais quand il se produisit quelques années plus tard, exactement le 11 septembre 2001, les commanditaires ne purent que se féliciter du travail de haute précision qu'ils avaient effectué.

Sur le plan médiatique et en termes de traumatisme sur les populations, il eut bien l'effet escompté. Abasourdi par le spectacle abject que les chaînes passaient en boucle des Twin Towers qui s'effondraient et du Pentagone éventré en proie aux flammes, le monde stupéfié découvrit qu'il basculait avec elles dans l'ère de la terreur aveugle et insaisissable. Comme prévu, celui qui occupait le poste de président des USA, l'inepte G.W. Bush, annonça dans un discours présenté comme historique et prononcé devant le Congrès qu'il lançait la guerre contre le terrorisme pour capturer Oussama, démanteler Al-Qaïda et permettre la victoire de la civilisation sur la barbarie. Il ne faisait que remplir sans le saisir pleinement la mission pour laquelle les élections de 2000 avaient été truquées en sa faveur.

À la suite de ce discours, personne n'osa contester le bombardement de l'Afghanistan, puisqu'il s'agissait du pays qui abritait en son sein l'hydre terroriste Al-Qaïda et son chef maléfique Oussama. Peu importe que les talibans à la tête du pays aient déclaré qu'ils livreraient Oussama si sa culpabilité était avérée, ou que le FBI, juridiction compétente sur le sol américain, ne l'ait pas inculpé pour le 11-Septembre. Ce qui comptait était que le 11-Septembre serve de prétexte pour lancer la guerre contre le terrorisme, dont l'Afghanistan ne serait que la première étape.

Ensuite, les Américains, secondés des Britanniques, installèrent des bases militaires dans certains pays limitrophes, afin de tenir l'Asie Mineure. Puis, dans les années qui suivirent, les conflits s'intensifièrent au Moyen-Orient, avec comme point d'orgue la seconde guerre d'Irak, que les Anglo-saxons imposèrent, malgré l'opposition de nombreux États dans le monde grâce à des mensonges énormes, faisant croire que le dictateur local, Saddam Hussein, était un allié d'Oussama et qu'il détenait un arsenal chimique menaçant l'humanité. En réalité, il n'en était rien, le dossier ayant été concocté dans les recoins du cabinet de Tony Blair au 11, Downing Street.

Ce fut le prétexte pour détruire l'Irak, en le partitionnant entre sunnites, chiites et Kurdes, pour enfin pendre Saddam le grand dictateur sanguinaire, afin que le monde sache ce qu'il en coûtait de s'opposer à la guerre contre le terrorisme, y compris quand il s'agissait d'anciens alliés. Partout dans le monde, surtout dans les pays musulmans, les attentats signés par l'hydre terroriste Al-Qaïda se mirent à pleuvoir durant la décennie qui suivit. Enfin, avec la décennie 2010, les Printemps arabes apparurent comme une campagne de révolutions colorées orchestrée par les milieux financiers pour détruire de nombreux États sous prétexte d'y imposer la démocratie. »

Harassé, peut-être à cause de la digestion, Tullipot dut convenir qu'il ne pourrait tenir l'engagement qu'il s'était fixé d'achever d'une traite le reste du travail de Bonucci. De guerre lasse, il s'accorda une nouvelle pause bien méritée. Il faut dire que cette prose enflammée aux accents prophétiques, qui respirait l'occultisme mal digéré et qui se prenait pour l'expression de la vérité cachée connue de son seul auteur et de quelques autres initiés touchés par la grâce – c'est-à-dire respirant la démesure et la prétention insupportables tant elles suintaient l'exacerbation ampoulée – agissait sur lui avec les mêmes relents que l'indigestion. Il aurait de loin préféré à cette heure s'adonner à la pratique de son sport préféré, le vélocross dans les chemins de la forêt qui jouxtait son domicile, situé sur le plateau de Brabois. Mais il n'avait pas le choix. Il devait poursuivre sa lecture, s'il voulait contacter au plus vite Dupéroux et faire valider son projet sur le complotisme.

« Cependant, la guerre contre le terrorisme ne pouvait continuer indéfiniment, elle qui avait été conçue pour être transitoire. Les libéraux savaient que, tôt ou tard, la Russie et la Chine trouveraient le moyen de déjouer leur impérialisme militaire travesti en droit d'ingérence pour la démocratie. C'est justement ce qui se produisit quand ils passèrent, après avoir semé le chaos en Tunisie, en Égypte et en Libye, à la destruction de la Syrie, à partir de 2012. Dans l'agenda que l'OTAN avait établi depuis le 11-Septembre, c'était le dernier pays à abattre avant d'en venir à l'Iran.

Les Russes et les Chinois ne pouvaient accepter de voir un allié de l'importance de l'Iran s'écrouler, car ils étaient assurés de se retrouver les suivants sur la liste noire. Déjà, en 2011, le renversement du régime de Kadhafi en Libye avait connu des ratés si sévères que la guerre avait failli être perdue. Alors que les régimes tunisien et égyptien étaient tombés en quelques semaines, le colonel Kadhafi avait opposé une résistance farouche, qui dura plus de 8 mois. Pour se venger de l'affront qu'un de ses satrapes avait osé lui infliger, l'OTAN le fit lyncher par des islamistes venus de Misrata et diffusa la vidéo partout dans le monde, sur le modèle du précédent Saddam en Irak, mais avec encore plus de violence, afin que les peuples soient davantage traumatisés.

Mais cette boucherie vengeresse, où plus de 100 000 Libyens perdirent la vie et qui plongea le pays dans le chaos, sous le joug désaxé de centaines de milices islamistes affiliées plus ou moins à Al-Qaïda, laissa des traces sur le plan international. En effet, les Occidentaux avaient dû mentir au Conseil de sécurité de l'ONU pour obtenir, de la part de la Russie et de la Chine, l'autorisation d'envahir et de bombarder la Libye. De ce fait, ces deux pays jurèrent de s'opposer à la prochaine révolution colorée, dont ils savaient qu'elle aurait lieu en Syrie.

Les libéraux comprirent alors que la guerre contre le terrorisme connaissait sa dernière étape et son dernier élan. Loin de le déplorer, ils y virent le signe qu'il était temps de passer à l'étape suivante, qui était aussi celle finale, puisqu'elle coïncidait avec le dessein de la dictature mondiale. Pour eux, c'était une bonne nouvelle, puisque, ce faisant, ils allaient réaliser leur objectif, au lieu de s'embourber dans une guerre très coûteuse en vies et en milliards.

Loin de tenir compte des mises en garde conjointes de la Russie et de la Chine, ils firent mine de reprendre la méthode qui avait si bien dysfonctionné en Libye. Via les circuits de l'Arabie saoudite, ils procédèrent au recrutement de dizaines de milliers d'islamistes terroristes pour renverser le régime de Bachar el-Assad, toujours sous le même prétexte fallacieux, celui de la population locale qui se soulève pour renverser son dictateur sanguinaire et imposer en lieu et place la démocratie.

Autant dire qu'ils se frottèrent les mains quand la Russie et la Chine, ainsi qu'ils l'avaient prévu, opposèrent leur veto à cette guerre pour la pseudo démocratie au Conseil de sécurité de l'ONU. La Russie ne se priva pas d'activer l'atout de première importance qu'elle possédait dans sa manche avec le pacte de non-agression qu'elle avait signé avec la Syrie au début des années 70, à l'époque où c'était le père de l'actuel président qui dirigeait, l'impitoyable Hafez el-Assad. Elle n'eut ainsi aucun mal à s'engager militairement dans le pays et à défaire les terroristes soutenus par l'OTAN, qui, bien qu'armés par leurs mentors avec des armes dernier cri, n'étaient pas formés pour soutenir une guerre symétrique contre la troisième puissance militaire dans le monde.

La propagande médiatique en faveur de l'OTAN eut beau se déchaîner aux quatre coins de la planète, comme cela avait été le cas pour les pays touchés par les sinistres Printemps arabes, il devint clair en 2015 que la Russie avait gagné la guerre mondiale par *proxy* qui avait lieu en Syrie. Soudain, Poutine devint le symbole en Occident de l'opposition à l'impérialisme anglo-saxon. On crut à la bonne nouvelle, car il sembla que la défaite de l'OTAN en Syrie annonçait la fin de la guerre contre le terrorisme.

Les États-nations allaient-ils par contrecoup renaître de leurs cendres ? En tout cas, le vent du changement était palpable. La confirmation de cette évolution en forme de restauration intervint avec l'élection présidentielle américaine de 2016, qui promut au pouvoir l'*outsider* inattendu Donald Trump face à celle qui passait pour la successeur toute désignée d'Obama, l'abjecte Hillary Clinton, femme aussi puissante que corrompue, au service des marchés financiers. »

Tullipot accueillit cette version des Printemps arabes avec un certain mépris, grimaçant de colère rentrée.

« Interprétation géopolitique simpliste. Bonucci doit se cultiver davantage », griffonna-t-il à la va-vite.

Il n'approfondit pas son commentaire, car il se mit à bâiller, signe de la lassitude qu'il ressentait, tant il avait hâte d'arriver à la fin du texte, et que son véritable intérêt se portait sur l'appel qu'il devait passer à Dupéroux.

« Ce n'était pas par hasard que Trump avait été élu, mais parce qu'il représentait le visage de la faction minoritaire de l'oligarchie anglo-saxonne qui se soulevait contre la dictature mondiale que les libéraux voulaient instaurer. Ces oligarques dissidents proposaient comme alternative le souverainisme, avec la réindustrialisation des USA et l'abandon de la guerre contre le terrorisme.

Leur ambition finale était d'amener une autre mondialisation que celle que les Anglo-saxons nommaient mondialisme et qui correspondait à la dictature globale prenant le nom de Nouvel Ordre Mondial (NOM). Ils étaient certes pour l'oligarchie et pour l'impérialisme de facture ultralibérale, mais c'était en défendant le retour aux politiques menées par les États-Unis dans les années 70, c'est-à-dire celles qui tenaient compte de la prospérité des peuples. C'était ainsi que les souverainistes derrière Trump entendaient restaurer pour les Américains le meilleur niveau de vie dans le monde et la puissance de leur industrie, qui était la première jusqu'à la fin du 20e siècle.

Les résultats furent mitigés, car Trump ne disposait pas d'assez de pouvoir dans les institutions pour mener à bien ses réformes. Sur le plan de la guerre contre le terrorisme, il ne tarda pas à mettre un terme au conflit sanguinaire en Syrie. Mais pour le restant de son programme, notamment le point crucial de la réindustrialisation, il fut mis en échec par les mondialistes. En particulier, ils s'échinèrent à lui mettre des bâtons dans les roues avec le scandale, inventé de toutes pièces, du Russiagate, selon lequel c'était grâce à l'ingérence russe qu'il avait été élu.

Dans le fond, bien que les médias s'employassent à le discréditer du mieux qu'ils le pouvaient, en n'hésitant pas à le traiter de cinglé, stupide et raciste, la virulence de la réaction peinait à cacher le vent d'inquiétude que sa politique faisait souffler dans les chancelleries occidentales, où l'on commençait à se demander s'il n'allait pas réussir à rendre le projet mondialiste inapplicable. »

Tullipot marqua une pause, en s'avisant que la rétrospective historique qu'avait proposée Bonucci arrivait à l'époque actuelle. Autant dire qu'elle était promise à basculer dans la science-fiction. Ce qui augurait d'encore plus d'élucubrations, puisque tous les garde-fous historiques seraient supprimés. Cette perspective, loin de l'enchanter, lui déplut fortement, car il avait le sentiment de saturer à force de supporter les fariboles complotistes que Bonucci lui servait comme une cuisine à la fois trop copieuse et trop lourde.

« Je ne sais pas si les illuminati ou les reptiliens arrivent bientôt de l'espace intersidéral, essaya-t-il de plaisanter intérieurement, sans que le cœur y soit, mais je sens qu'au train où vont les fantasmagories du plus complotiste de mes patients, nous n'allons pas tarder à quitter pour de bon les rivages de la réalité. »

Dans le fond, il n'en menait pas large. Il craignait en effet que le tribunal finisse par juger son complotisme incurable. Dès lors, la seule peine qui lui conviendrait serait la prison ferme, ce qui signifierait pour Tullipot la catastrophe, le pire n'étant pas que la tentative de psychothérapie accouche de l'échec, mais que son projet sur le complotisme soit annulé. Le seul moyen d'en avoir le cœur net était d'espérer que Bonucci ait la bonne idée, dans ses propos à venir, de les modérer.

« C'est alors que les mondialistes, vers mars 2020, décidèrent de lancer la phase finale de leur plan et, en même temps, d'éradiquer la réaction internationale antimondialiste. Pour eux, il convenait de demeurer dans les bornes de la stratégie de guerre asymétrique, car elle avait montré depuis le 11-Septembre qu'elle permettait de conserver le contrôle du pouvoir, ce qui n'était pas le cas avec la guerre conventionnelle, ainsi que les oligarques l'avaient vérifié lors des deux guerres mondiales, suite auxquelles l'oligarchie anglo-saxonne avait dû lâcher du lest aux populations et à ceux mus par l'intérêt général pour conserver son pouvoir.

Mais il importait de trouver une forme de guerre asymétrique qui soit plus efficace que le terrorisme pour imposer le contrôle des populations. En effet, le terrorisme ne constituait pas une menace dissuasive sur la durée, passé le laps de temps des 20 ans. De fait, les peuples avaient fini par rejeter les mesures liberticides prises au nom de la guerre contre le terrorisme et, pis, par découvrir que leurs véritables auteurs étaient les autorités occidentales qui prétendaient lutter contre elle. Dans ces conditions, l'objectif était de trouver un ennemi qui soit plus difficile à démasquer. Or à l'heure d'Internet, il était difficile de passer entre les gouttes de la critique, alors que les informations auparavant inaccessibles au grand public circulaient de manière relativement ouverte.

Les stratèges mondialistes estimèrent que la menace devrait être extra-humaine pour avoir un impact plus dissuasif et plus long sur les hommes. Ils en vinrent naturellement à choisir le virus comme recoupant au mieux ces caractéristiques, car avec lui, l'ennemi devenait invisible, insaisissable et, même si les peuples découvraient son origine criminelle, il n'en demeurerait pas moins toujours aussi nocif pour leur santé et il les contraindrait à obéir aux décisions du pouvoir, fussent-elles iniques. Dès lors, il continuerait à provoquer la panique. Il suffirait de l'accompagner de la plus grande campagne de communication de l'histoire pour semer la terreur, et les peuples tremblant à l'idée de mourir seraient contraints d'accepter les mesures les plus dictatoriales et liberticides.

Ce fut la raison pour laquelle les mondialistes choisirent un virus de basse intensité comme le Covid, qui se montrait plus dangereux que la grippe, sans pour autant qu'il instaure le chaos incontrôlable. Ils n'eurent aucune peine à le modifier afin qu'il corresponde à leurs attentes, grâce aux connaissances dont ils bénéficiaient depuis peu de temps en matière de manipulations des virus et des bactéries. Ils le lancèrent à Wuhan, en Chine, une ville où, à la suite d'accords internationaux, s'étaient développés des laboratoires internationaux où l'on menait des expériences de nature justement virologique. Le but était d'accuser la Chine d'être la responsable du Covid et des terribles conséquences économiques et sociales que l'épidémie impliquait dans le monde.

On le baptisa Covid 19 et les autorités internationales et occidentales, l'antre du pouvoir mondialiste, firent croire qu'il était le virus le plus dangereux de l'histoire. Surtout, on prit des mesures toutes plus inefficaces les unes que les autres, comme le port du masque en public ou le confinement général, mais partiel. Enfin, on fit croire aux peuples que l'on sortirait de l'épidémie et qu'on ne retrouverait une vie normale qu'avec la vaccination, alors que cette dernière ne pouvait éradiquer une épidémie virologique. Mais le but était tout autre. Il consistait à laisser perdurer le plus longtemps possible l'épidémie, afin qu'elle permette de procéder aux changements politiques pour lesquels elle avait été lancée. Comme prévu, les peuples, bien qu'ils rejetassent à une très large majorité, d'environ 80 %, les décisions visiblement aberrantes que leur gouvernement respectif prenait, ne se révoltèrent pas, désorientés par la menace du virus et la peur de la mort. »

Malheureusement, Tullipot vérifia la justesse de ses funestes prémonitions. La manière dont Bonucci présentait l'épidémie de Covid versait bien dans le complotisme aigu, et le risque qu'il soit sanctionné par le tribunal n'était pas exagéré. En effet, le Covid avait créé une telle hystérie au niveau international que remettre en question la politique employée pour lutter contre l'épidémie vous garantissait de sérieuses représailles sur le plan médiatique, voire judiciaire, jusqu'à vous conduire à l'asile psychiatrique. Autant dire que Bonucci, qui était déjà sous le coup d'une condamnation pénale pour complotisme exacerbé, risquait de s'être placé dans l'œil du cyclone par rapport au Tribunal de Nancy.

Qu'un pareil raté fasse de la prison ferme était pour Tullipot le cadet de ses soucis. Cela dit, il n'était pas envisageable pour lui de se retrouver privé de l'édition de son ouvrage sur le complotisme à cause de l'égarement de son patient. C'est alors qu'il s'avisa que ses craintes étaient infondées, car plus Bonucci déraillerait, et plus la mission que le tribunal lui avait assignée se montrerait pertinente autant que nécessaire. Dans cette perspective, le projet d'ouvrage de guérison du complotisme ne pouvait qu'être encouragé par le tribunal. Ce dernier retiendrait comme évident qu'il œuvrait dans le sens de la défense de la démocratie et des institutions. Pourtant, ce n'est qu'à moitié rassuré qu'il reprit sa lecture, redoutant toujours qu'un funeste imprévu ne vienne ruiner ses ambitions.

« La première conséquence de l'épidémie fut politique, et non sanitaire, ce qui confirmait que nous nous situions dans le prolongement de la guerre contre le terrorisme. Les mondialistes avaient établi de se servir de la confusion générée par la gestion catastrophique de l'épidémie pour instaurer la dictature aux États-Unis. Bien qu'elle s'avérât risquée, ils avaient pris cette décision, parce qu'ils n'avaient pas eu d'autre choix. C'était le seul moyen qu'ils détenaient pour faire entendre aux peuples comme aux oligarchies dans le monde que l'heure était à la tyrannie et qu'aucune force ne pourrait s'opposer à cette évolution, aussi unilatérale, injuste et arbitraire soit-elle. Plus que jamais, il s'agissait de promouvoir la démarche initiée par le juriste du IIIe Reich, Carl Schmitt et, de manière ésotérique, par le philosophe promoteur du nouveau fascisme d'apparence néoconservatrice, Leo Strauss, c'est-à-dire la banalisation de l'état d'exception permanent.

Pour marquer le coup, les mondialistes ne prirent pas de gants, ne faisant même pas semblant de camoufler leurs forfaits. Se moquant ouvertement que la plupart des électeurs américains et la majorité des gens dans le monde apprennent que les élections avaient été truquées, ils ne se cachèrent pas pour frauder massivement, recourant à des algorithmes qui créditèrent leur candidat, l'ultracorrompu et à moitié sénile Biden, de 15 millions de voix supplémentaires à ce qu'il avait obtenu dans les urnes, c'est-à-dire 81 millions au lieu d'environ 65, tandis qu'ils en enlevaient 5 à Trump (74 millions au lieu d'environ 80).

Ainsi, ce dernier ne put pas réitérer son coup de 2016, quand des équipes d'informaticiens-hackers spécialisées dans le trucage électoral avaient annulé pour son compte le trucage intenté par les démocrates dans les États-pivots et permis son élection surprise, au grand dam des démocrates, qui avaient déjà réservé le feu d'artifice à Washington pour célébrer le triomphe de leur candidate, l'infâme Hillary Clinton.

Si les mondialistes agirent avec une telle impudence, ce n'était pas parce que leur arrogance les avait aveuglés. C'était bien plutôt parce qu'à cet instant, le déroulé de leur plan consistait à faire ressortir les oppositions pour mieux les mater. Escomptant refaire le même coup pendard qu'avec les Russes et les Chinois en Syrie, ils laissèrent Trump et ses soutiens suivre leur stratégie de dénonciation, dans le but de mettre à nu leur faiblesse à récupérer leur pouvoir volé et de décourager les peuples tentés de les soutenir. Ce fut avec ravissement qu'ils assistèrent au spectacle des trumpistes faisant savoir au peuple américain et, plus largement, partout dans le monde, que les élections aux USA, qui étaient truquées depuis un siècle, l'avaient été en 2020 à un niveau d'une ampleur inédite.

Dans l'immédiat, malgré le déni opposé par les médias-censeurs, le scandale fut inouï. La plupart des Américains, pas seulement dans les rangs républicains, réagirent comme les mondialistes l'attendaient. Réalisant que leurs élites étaient violemment opposées à la démocratie depuis 20 ans, et d'une manière farouche depuis l'élection de Trump en 2016, ils rejetèrent avec véhémence le système en place. C'était exactement ce qu'attendaient les mondialistes pour frapper de manière impitoyable. Sans hésiter, ils défièrent le peuple américain et imposèrent leur coup d'État froidement.

Pour ce faire, ils organisèrent une fausse attaque sur le Capitole au moment où le Congrès certifiait les résultats des élections au niveau des États, afin d'empêcher que certains élus, notamment des sénateurs républicains, ne les remettent en question et ne donnent à la fraude électorale une tournure cette fois publique. Ensuite, ils intronisèrent le fantoche Biden à Washington devant un parterre de 25 000 GI's patrouillant dans la capitale fédérale, un spectacle digne des dictatures classiques, officiellement pour empêcher les hordes de trumpistes extrémistes, qui pullulaient selon eux dans le pays tels des bêtes sauvages, d'assassiner le nouveau président.

Finalement, le péril Trump écarté malgré les milliers de témoignages écrits et oraux qui attestaient de la fraude dont il avait été la victime, les mondialistes estimèrent avoir réussi sur toute la ligne à imposer leur plan. Désormais, le monde entier saurait qu'ils disposaient de ressources technologiques et scientifiques inégalées sur le plan militaire pour instaurer la dictature éternelle et réfléchirait à deux fois avant d'oser y résister. Et afin de bien confirmer que leur morgue ne reposait pas sur des rodomontades creuses, mais sur une capacité de dissuasion tout ce qu'il existait de plus réelle, ils officialisèrent leur plan en grande pompe lors du forum de Davos, en février 2021, sous l'appellation de Great Reset, soit la Grande Réinitialisation en français. »

La lecture de ces paragraphes apporta à Tullipot la confirmation qu'il avait bien fait de se rasséréner concernant le danger que lui faisait courir Bonucci. Il lui apparut même avec le recul qu'il s'était alarmé à peu de frais. En effet, il était clair que, plus Bonucci s'égarait dans ses théories oiseuses, et plus le tribunal appuierait sa démarche et ses initiatives, au lieu d'y mettre un terme unilatéral et punitif. Dès lors, ce fut avec des dispositions d'esprit tout à fait apaisées et confortables qu'il se replongea dans la production intellectuelle de son patient.

« La seconde étape du plan pouvait dès lors être lancée. Elle consistait à manipuler la pandémie, ce qui revenait en l'occurrence à pervertir l'usage de la vaccination. En temps normal, les populations avaient été habituées à ce qu'on traite les épidémies par des campagnes de vaccination.

Pour cette raison, ils en avaient conçu une bonne image dans leur inconscient collectif. Les mondialistes firent ainsi croire qu'ils avaient développé en un temps record des vaccins qui permettraient de sortir de l'épidémie, afin de susciter l'espoir et d'estomper la méfiance dans l'opinion publique.

Mais la plupart des citoyens en Occident se méfièrent, quand ils apprirent que lesdits vaccins reposaient sur des technologies novatrices aux dangers inconnus, en particulier l'ARN messager, parce qu'ils se sentaient échaudés par les mensonges du pouvoir pendant la guerre contre le terrorisme et par les collusions entre les laboratoires anglo-saxons et les milieux financiers ayant mené à de nombreuses affaires de corruption. Les mondialistes imposèrent alors la vaccination obligatoire et instaurèrent un système de passes sanitaire et vaccinal qui était l'expression archétypale du chantage politique. Soit les gens acceptaient ce système, et ils se retrouvaient contrôlés sur le plan numérique, soit ils le refusaient, et ils étaient promis à court terme à vivre dans la marginalité sociale, étant amenés à perdre leur travail et leurs droits, sociaux comme de santé.

En fin de compte, les pouvoirs mondialistes escomptaient contraindre les individus à la vaccination obligatoire et fréquente, plusieurs fois par an, de telle sorte qu'ils préviendraient les révoltes qui ne manqueraient pas de surgir face aux politiques d'austérité drastique engendrant la pauvreté de la grande majorité pour qu'ils échappent à la faillite et qu'ils conservent leur pouvoir et leur prééminence sociale. Ce faisant, ils auraient la satisfaction de vérifier que la dictature qu'ils avaient choisie, de type technologique, se montrerait plus efficace que les fascismes historiques, qui avaient échoué, parce qu'ils s'étaient exprimés frontalement, sur le plan politique.

Bien entendu, la fin de leur plan ne se situait pas dans la vaccination obligatoire, mais dans le puçage de la population, dont la vaccination pourrait constituer le prétexte et qui pourrait être prolongée par un autre ersatz. Par exemple, les impératifs écologiques étaient susceptibles de prendre le relais de l'épidémie de Covid 19, quand cette dernière aurait été trop utilisée et serait donc discréditée. On pouvait imaginer que, pour des motifs climatologiques, l'homme se retrouverait obligé de payer pour respirer et tout simplement pour bénéficier du droit de vivre. C'était ainsi que le contrôle numérique institué de manière autoritaire ferait de l'homme un esclave obligé de satisfaire à toutes les obligations que le pouvoir décréterait.

Pendant ce temps, il était prévu que la forme d'État qui avait dominé à l'ère contemporaine, l'État-nation, soit remplacée par des États régionalisés sous contrôle de fédérations dont les dirigeants ne seraient pas élus. Elles-mêmes obéiraient aux directives des banques centrales. L'explicitation de la guerre contre la Covid 19 nous montrait la cohérence qui animait les mondialistes dans leur choix de la guerre virologique pour succéder à la guerre contre le terrorisme et mener jusqu'à la dictature éternelle de type NOM.

Cependant, ils étaient toujours confrontés à un sérieux problème : s'ils avaient circonscrit leur gestion de la crise du Covid 19 à la zone transatlantique en priorité, ce n'était pas sans raison. C'était parce qu'ils ne disposaient pas des moyens pour imposer leur projet de NOM à l'ensemble de la planète, du fait de la résistance que de nombreux pays dans le monde, principalement en Asie, autour de la Russie, de la Chine, voire de l'Inde, opposaient d'ores et déjà. C'était ce qu'indiquait leur gestion de la lutte contre le Covid, qui se montrait bien plus efficace que dans les pays tenus par les mondialistes, en particulier ceux situés en Occident. Autrement dit, dans l'immédiat, le NOM ne serait pas vraiment un ordre mondial, plutôt un Empire partiellement international.

Ils décidèrent ainsi de placer les États régionalisés sous la tutelle de deux fédérations non démocratiques préexistantes, l'une en Europe, l'UE, et l'autre aux USA, qui reprendraient la structure de l'État fédéral américain. Ainsi, ils seraient en mesure de former leur NOM provisoire. Les implications de cette stratégie étaient terribles pour les peuples habitant cette zone. Avec ce réagencement, ils étaient en effet promis à connaître le même sort que ceux qui avaient été détruits au Moyen-Orient par la guerre contre le terrorisme depuis le 11-Septembre et à devenir les cobayes d'un projet inédit, que les mondialistes chercheraient par la suite à étendre au monde.

Ce qui signifiait qu'ils n'abandonnaient pas leur projet de NOM à l'échelle mondiale, mais qu'ils le reporteraient *sine die*. Sur le plan théorique, ils ne savaient que trop que c'était pour eux le seul moyen de conserver le pouvoir et que s'ils se contentaient de la zone transatlantique, ils se trouveraient toujours contestés par des éléments extérieurs et intérieurs, ce qui aurait pour effet inévitable de générer tôt ou tard leur effondrement. Mais ils ne disposaient pas pour le moment d'une piste pour déstabiliser les pays émergents, de ce fait contestataires, et ils étaient soulagés de pouvoir se reposer sur une position qui, à défaut de se montrer viable, leur permettait au moins de souffler provisoirement. »

À bout de nerfs, Tullipot s'écroula, épuisé par la teneur indigeste des pages qu'il venait d'ingurgiter, d'autant que les derniers paragraphes se montraient d'une tonalité menaçante, tournant autour du prophétisme apocalyptique, ce qui lui donnait l'envie furieuse et intempestive de changer d'air. En même temps, il se sentait soulagé, car Bonucci avait eu la bonne idée, pour dépeindre son évocation futuriste, de quitter la thématique du covid. Mais Tullipot réussit sans peine à se ressaisir et à trouver les ressources pour continuer sa lecture, en se répétant qu'il était en passe d'atteindre la fin du manuscrit. Cet objectif à la fois si proche et si encourageant sonnait comme la promesse qu'il pourrait alors passer aux choses sérieuses, c'est-à-dire à sa collaboration avec Dupéroux.

« Partant, nous étions conduits à prévoir les grandes lignes de l'avenir tel que le concevaient les mondialistes, maintenant que, grâce à l'interprétation complotiste, nous avions compris le proche passé et cerné le présent tel qu'il était en train de s'écrire. Mais il était primordial de saisir que l'important n'était pas de deviner dans les détails ce qui allait se produire à l'avenir, celui-ci ne nous étant pas accessible, mais de procéder au jugement final portant sur la viabilité du projet mondialiste, sans chercher à résoudre le problème de conjecturer s'il allait parvenir à son objectif final de NOM ou caler à sa mouture actuelle transatlantique. Pour ce faire, nous avons estimé que nous devions nous appuyer sur le défaut fondamental que nous avions exhibé concernant l'oligarchie, son caractère autophage.

En effet, à partir de ce critère, nous pourrions nous demander si le mondialisme échappait au destin classique qui ne manquait pas de frapper l'oligarchie. Nous serions alors en mesure de déterminer s'il était valable ou pas. Pour ce faire, nous avons examiné le mode de fonctionnement classique qui animait l'oligarchie. La réponse que nous avons trouvée a été que, pour instaurer son projet d'une élite dominante sur un peuple entier, l'oligarchie ne disposait comme seul moyen que du recours à la force. Nous avons alors compris pourquoi l'oligarchie se montrait autophage. C'était parce qu'un tel principe était physique et que la physique était de nature entropique quand elle intervenait dans un domaine fini. De ce fait, tout principe politique s'avérait limité dans le temps, ce qui induisait qu'il suive un processus immuable.

Au départ, il instaurait l'ordre, puis, inéluctablement, arrivait le moment où il sombrait dans le désordre, en précisant que le changement ne se produisait pas de manière progressive, mais d'un seul coup, sans prévenir, ce qui expliquait le manque de réaction des élites en place pour contrecarrer leur chute. Le plus frappant était le comportement étrange et décalé, qu'à partir de ce terme, elles manifestaient, sombrant dans la mégalomanie et le sentiment de toute-puissance au moment le plus critique, c'est-à-dire quand elles perdaient leur pouvoir.

C'était dire que nous tenions le moyen de savoir si le NOM était viable : il ne serait pérenne que s'il réussissait à rendre la force durable. Sinon, il connaîtrait le même sort que l'oligarchie jusqu'à lui. Pour ce faire, il fallait qu'il en modifie la situation par la production d'un nouvel élément, condition *sine qua non* s'il voulait innover. Or l'émergence du transhumanisme depuis une dizaine d'années constituait le signe tangible allant en ce sens. En effet, son approche était de considérer qu'il était possible de rendre la force durable par le progrès technique, quand il parvenait à un certain stade. Nous saisissions ainsi la raison pour laquelle la force n'avait jamais été durable jusqu'à présent : non pas que ce n'était pas possible, mais que ce ne l'était pas jusqu'à un certain niveau de progrès, le réel n'étant pas stable, mais en constante évolution.

Nous avancerions ainsi dans notre démarche, si nous découvrions l'élément technique qui permettait de rendre la force viable. De fait, la robotisation nous est apparue comme susceptible de modifier le mode de fonctionnement de la force en politique, en précisant que le changement intervenait seulement dans ce domaine, et non sur l'ensemble du réel. Or, le propre de la robotisation était de changer le fonctionnement du fondement sur lequel l'oligarque s'était toujours appuyé pour exercer sa domination sur le peuple, c'est-à-dire du travail. Dès lors, nous connaissions la manière pour le mondialisme de changer par la technologie la force : c'était en modifiant le travail.

À ceci près que le travail révélait qu'il se trouvait de manière ambivalente au service de la domination oligarchique. Ainsi que Hegel l'avait bien discerné, le patron dépendait au moins autant du travailleur que l'inverse. En fait, on comprenait pourquoi l'oligarchie était un régime instable en reposant sur le travail, elle qui dépendait du dominé pour fonctionner. Elle créait ainsi une domination programmée pour s'effondrer. Justement, la robotisation venait rebattre les cartes, elle qui, en remplaçant les hommes par les robots pour effectuer le travail, permettaient de ne plus dépendre du bon caprice des travailleurs. Il s'en suivait que nous tenions le moyen qu'ils envisageaient d'utiliser pour instituer une domination pérenne.

Encore convenait-il d'ajouter que nous n'en avions formulé que les prolégomènes, car l'oligarchie ne serait pérenne que si elle allait plus loin que la robotisation. Autrement dit, cette dernière initiait le bouleversement politique de l'oligarchie, mais elle ne le concluait pas. Car il s'agissait de bien saisir qu'avec la fin du travail, les mondialistes n'avaient plus besoin de l'humanité.

Certes, l'implication s'avérait si monstrueuse qu'elle avait de quoi effrayer, mais il importait de la développer jusqu'au bout de ses conséquences si l'on voulait percevoir la suite du processus mondialiste. On constatait alors que le mondialisme se présentait comme la continuation du nazisme, mais en plus conséquent, le nazisme s'étant contenté de pratiquer l'extermination partielle des éléments nuisibles à l'instauration du Reich de Mille ans.

En radicalisant et en universalisant cette mesure, les mondialistes n'avaient cure de pratiquer la plus monstrueuse des positions politiques, puisque c'était le seul moyen pour eux d'accéder à la dernière étape du mondialisme, celle sans laquelle jamais ce dernier ne serait viable : la vie éternelle. Si l'on se contentait de la robotisation et de l'extermination de l'humanité, le mondialisme demeurerait un régime qui ne pourrait prétendre à la pérennité. Les oligarques survivants du mondialisme ne tarderaient pas à s'entre-dévorer entre eux. Le seul moyen d'éviter cette issue funeste était qu'ils ne songent plus à se tuer, ce que garantissait justement l'obtention de la vie éternelle. Les élus qui y accéderaient, tels des dieux vivant sur Terre, n'auraient plus pour préoccupation que de vivre leur vie sans chercher à dominer les autres, objectif devenu superfétatoire.

L'oligarchie changeait ainsi de norme : au lieu de dominer les autres, elle cherchait à dominer le temps. Ce n'était pas tout. Le changement de définition de la domination impliquait celui de la vie éternelle, puisqu'il s'agissait de son support autant que de sa justification. Celle-ci présentait pour nous une signification qui renvoyait au religieux, selon laquelle la vie éternelle signifiait un état surnaturel où l'on quittait le réel fini pour le transcender de manière infinie et ultime. Cependant, selon la conception mondialiste, la vie éternelle désignait la vie matérielle indéfiniment renouvelée par les connaissances que le progrès scientifique et technologique ne manquerait pas de susciter dans les temps à venir.

Cette fois, nous étions arrivés à la fin du projet mondialiste, l'oligarque ayant accédé à la condition de la viabilité de l'oligarchie avec l'immortalité, même s'il s'agissait d'une immortalité inscrite dans le réel et substituant à l'infini la catégorie de l'indéfini. Sur ce point, nous en sommes venus à la conclusion que le mondialisme n'était pas plus pérenne que l'oligarchie classique et qu'en conséquence, il n'était pas en mesure d'établir la dictature éternelle qu'il ambitionnait d'installer, du fait de la véritable forme que prenait l'indéfini.

Ce dernier n'était autre que la transposition dans le réel de l'infini tel que nous nous en représentions l'existence idéale. Mais il ne convenait pas pour instaurer la domination éternelle. En effet, la domination était intrinsèquement finie, étant circonscrite à l'instant. Dans ce cas, il aurait fallu abolir le temps pour qu'elle perdure par la suite et sans fin au-delà de l'instant T exprimant sa puissance effective.

Par conséquent, fort de ce verdict, nous étions en capacité d'imaginer ce qui allait vraiment se produire avec le mondialisme. Il allait connaître le même destin humiliant que les autres formes d'oligarchie. En lieu et place de son grandiose plan devant mener sans coup férir les sociétés dans le monde jusqu'au NOM inéluctable et tout-puissant, c'était la décadence qui l'attendait, et rien d'autre. Autrement dit, les mondialistes n'avaient pas inventé de nouveaux modèles oligarchiques, juste de la poudre aux yeux avant-gardiste pour maquiller l'ancien en innovation ultime et définitive.

Tout bien considéré, il n'était pas bien difficile de deviner quel serait le stade suivant après le NOM, et ce, qu'il franchisse ou non la limite transatlantique qui était son horizon immédiat. Ce serait le chaos, expression ultime avant la disparition pure et simple, sans que nous puissions dater la durée que cette période rance et anxiogène prendrait. Mais ce n'était pas parce que nous venions de fournir la réponse que nous attendions à notre question concernant l'identité du mondialisme, que nous en avions pour autant fini avec notre exercice de prospective, car il nous restait à déterminer ce qui se passerait après le chaos pour que notre diagnostic soit complet.

Il était vital de poser cette interrogation, car elle seule permettrait de tout mettre en œuvre à notre niveau pour que le chaos perdure le moins longtemps possible. C'était par ce genre de démarche, en raccourcissant le temps qu'il prendrait, que nous diminuerions les morts, les violences et les souffrances. Le critère historique nous a fourni une nouvelle fois la solution dont nous avions besoin pour trouver la réponse. En effet, si le mondialisme fonctionnait comme l'oligarchie, il convenait de consulter le destin habituel qu'elle connaissait pour apprendre son issue.

Sur ce point, sa réponse était intangible. Il nous enseignait qu'à chaque fois que l'oligarchie avait disparu, elle avait été remplacée de la même manière par une faction dissidente surgie en son sein, toujours suivant le même processus. Alarmée par le désordre qui s'installait, cette dernière se rendait compte que, si elle ne réagissait pas, le chaos allait l'emporter sur son passage dévastateur. Elle s'empressait alors d'agir, profitant des quelques vestiges d'ordre qui tenaient la route au milieu de la catastrophe ambiante et, pour ce faire, renversait le pouvoir en déshérence, afin d'y mettre un terme devenu urgent et de proposer un nouvel ordre, qui s'annonçât viable pour tous, le peuple comme l'élite au pouvoir. C'était ainsi que la bourgeoisie avait pris la place de la monarchie absolue lors de la Révolution française.

Toutefois, l'histoire nous enseignait aussi que l'on ne pouvait analyser l'époque actuelle selon ce prisme classique, car l'ordre politique traditionnel, tel que nous venions de le présenter, avait changé depuis la Révolution française. Avec elle, de nouveaux régimes étaient apparus. Jusqu'à cette époque charnière, les régimes étaient immuables. Ils étaient au nombre de trois : l'oligarchie, l'aristocratie et la tyrannie, avec des variantes, comme la monarchie. Puis avaient surgi les collectivismes, les fascismes, l'anarchie et la démocratie représentative, jusqu'à rendre dépassés les anciens régimes.

De ces nouveaux régimes, depuis la symbolique chute du Mur de Berlin en 1989, seule demeurait la démocratie représentative. Les autres avaient été discrédités au cours du 20e siècle, le fascisme autour de la Seconde Guerre mondiale, les collectivismes, comme le communisme, après 1989. Les conséquences de cette situation de rupture étaient considérables pour nos attentes politiques. Non seulement il n'était plus possible de réagir selon la mentalité classique bien balisée, mais nous nous retrouvions dans une situation inédite sur le plan politique, où la démocratie représentative était le seul régime considéré comme encore performant.

De ce fait, nous nous sommes mis à angoisser, car nous ignorions comment il était possible, si la démocratie représentative se trouvait en crise terminale avec l'impasse mondialiste, que la faction oligarchique contestataire la remplaçât par un nouveau régime. Elle ne pouvait plus en choisir un qu'elle renouvelait, comme elle le faisait précédemment, tous se montrant discrédités. Ce constat rendait la prévision de ce qui se produirait après le mondialisme obscur, pour ne pas dire impénétrable.

Nous ne voyions qu'une solution se profiler : si la démocratie représentative disparaissait et si c'était une faction dissidente qui se levait pour renverser l'ordre vermoulu, nous n'avions d'autre choix que d'inventer un nouveau régime qui n'existât pas, ce qui constituait une première dans l'histoire de l'humanité. Autant dire que la tâche qui nous attendait se montrait immense, étant la plus importante de toutes celles que nous ayons connues, au point que nous étions en droit de nous demander si nous saurions nous en acquitter.

Face à ce défi improbable, j'ose une réponse iconoclaste, qui me semble la seule position adaptée à la situation. Je pense que, pour la première fois, ce ne sera pas une faction dissidente de l'oligarchie qui prendra le relais du pouvoir en déshérence, mais le peuple, parce que seul celui-ci est capable de faire face à la situation inédite dans laquelle nous nous retrouvons et d'assurer l'avenir de la France.

Il ne s'agit pas de verser dans la facilité démagogique, certains diraient populiste, en défendant une position aussi séduisante dans ses principes qu'impossible à mettre en place dans la pratique. Je n'envisage pas que le peuple dans son intégralité se lève soudain, alors qu'il n'en a jamais été capable auparavant, et qu'il renverse d'un coup de baguette magique le mondialisme agonisant pour le remplacer par une alternative plus performante, dont il ignore l'identité et dont on peut douter qu'il se montre capable.

Le pari que je prends, c'est que ce seront des minorités représentatives qui au sein du peuple vont se dresser et prendre la place de l'habituelle faction oligarchique hétérodoxe. Si j'en arrive à cette conclusion, c'est parce que j'estime que l'oligarchie est devenue caduque depuis l'avènement de la démocratie, avec la démocratie représentative, et qu'en conséquence, seule une faction populaire peut imposer le nouveau mode de pouvoir dont je pressens l'avènement, et mettre un terme au contrôle que l'oligarchie exerce sur le pouvoir depuis toujours à bien y regarder.

À cette aune, mon engagement au sein des Gilets jaunes de Nancy est à reconsidérer. Il signale que je me suis conduit en précurseur, et non en délinquant quand, à mon niveau local de citoyen engagé, j'ai participé à l'avènement du modèle politique de l'avenir. Si l'on pense que j'exagère, je ne ferai qu'invoquer, comme signe probant, la longueur inédite de ce mouvement social, qui dure maintenant depuis des mois et qui, j'en prends le pari, s'il s'éteint dans les temps à venir, en inspirera d'autres, du même tonneau. Je rappellerai aussi qu'en proposant le Référendum d'Initiative Citoyenne, les Gilets jaunes ont déjà œuvré pour changer la structure du pouvoir, pas seulement en France, mais aussi partout dans le monde.

Dans ce cas, les persécutions policières et judiciaires que j'endure témoignent, de manière négative et violente, de la lucidité de mon engagement. Si le pouvoir mondialiste me combat, c'est parce que je fais partie de l'avant-garde politique appelée à le vaincre, ce qu'il ne peut accepter. Nous sommes les nouveaux visages de la résistance, sauf que, à la différence des maquisards de la Seconde Guerre mondiale, nous ne nous opposons plus au nazisme et au pétainisme, mais au mondialisme. Ce qui explique que nous soyons taxés de complotisme et persécutés judiciairement, comme les résistants étaient insultés de terroristes et fusillés quand ils étaient arrêtés. Finalement, rien ne change en Histoire. Sous les variantes, ce sont les mêmes principes qui demeurent.

La conclusion de ma réflexion, c'est que c'est toujours le peuple qui gagne sur la durée, même s'il doit entre-temps payer le prix fort de la crise, à cause de l'entêtement aveugle des tyrans qui ne veulent pas quitter le pouvoir et versent dans la dictature, comme certains vieillards atrabilaires qui refusent de mourir se mettent à persécuter leur entourage dans l'espoir désaxé de conjurer leur sort pourtant inéluctable. Pour cette raison, je suis convaincu que l'on jugera, dans les manuels d'Histoire du futur, fussent-ils virtuels, que les Gilets jaunes ont participé à lancer la première révolution mondiale de l'histoire. Ils n'en connaîtront sans doute pas la fin, j'espère me tromper sur ce point, mais ils auront été des inspirateurs et des bâtisseurs de la révolution antioligarchique et populaire qui vient. Je suis très fier d'avoir fait partie d'une telle impulsion, même si je devais n'en pas connaître le dénouement. »

Après avoir lu les dernières lignes du travail de Bonucci, la réaction de Tullipot fut des plus inattendues. Alors qu'il aurait dû se féliciter d'avoir achevé un labeur qui lui avait coûté tant d'efforts et de soucis, il se prit la tête entre les mains et inspira profondément, parce qu'il venait de s'aviser que la conclusion à laquelle était parvenu Bonucci ne concordait pas avec l'arrêté qu'avait émis le tribunal. En affirmant que le propre du complot était d'échouer, il démentait implicitement le jugement l'accusant de complotisme aggravé et la peine de prison prononcée, commuée en sursis s'il suivait une psychothérapie réparatrice.

Mais ce n'était pas la réaction de Bonucci ou celle du tribunal qui inquiétaient Tullipot. Dans le fond, il se moquait pas mal de décevoir le juge, le procureur, voire le maire de Nancy. Son seul souci concernait son projet de livre, qui était menacé de manière catastrophique. Il était prévisible qu'au cours de l'entretien, quand Tullipot aborderait le sujet du complotisme, Bonucci aurait vite fait de se défendre de l'être. Il se délecterait de rappeler qu'on le maltraitait parce qu'il dénonçait les complots d'État menés par le libéralisme, surtout depuis que ce dernier avait commué en mondialisme. Tullipot serait obligé de mettre un terme à la collaboration avec son patient et se retrouverait honni par Dupéroux, qui jamais n'accepterait l'échec, lui qui s'était personnellement impliqué dans le projet et qui avait déjà lancé les préparatifs pour la campagne médiatique devant accompagner la sortie du livre.

Autant dire que Tullipot se vit fait comme un rat, quelles que soient les explications qu'il produirait pour se dédouaner. Sa réputation de psychothérapeute compétent et crédible en sortirait fatalement entachée. Il se mit à appréhender le moment où il devrait avouer toute la vérité à Dupéroux, subissant de plein fouet son ton cassant et ses remarques courroucées, alors qu'il tenterait de se justifier en bafouillant et en se confondant en excuses plates et maladroites.

Il essaya de se consoler en se rabattant sur son verre de whisky, mais il n'eut pas le temps d'en humer l'odeur unique entre toutes que, comme si le destin sardonique se jouait de lui avec le sadisme le plus impudent et consommé, il reçut un appel de son éditeur. Bien qu'il n'en menât pas large, il se précipita pour répondre, empli d'obséquiosité et de gourme. Il eut à peine le temps de décrocher que Dupéroux, littéralement hors de lui, se mit à hurler comme un possédé, attitude qui tranchait avec sa retenue altière habituelle.

— Tu-lli-pot ! articula-t-il avec emphase et presque ridicule, je suis porteur de la plus merveilleuse des nouvelles !

Tullipot n'eut pas le temps de s'étonner du comportement totalement outrancier de son interlocuteur de marque que celui-ci reprit de plus belle.

— Imaginez qu'après votre appel, je me suis souvenu que je connaissais personnellement la greffière en cheffe du Tribunal de Paris et qu'elle pourrait me mettre en relation avec le procureur de Nancy. Je me suis dit que mon intervention vous gagnerait du temps et, en particulier, vous ôterait le poids d'une tâche fastidieuse dans le cadre de votre calendrier déjà surchargé !

Tullipot sentit que, derrière cette annonce se voulant constructive, Dupéroux allait lui révéler la pire des nouvelles.

— Le hasard faisant bien les choses, c'est ce qui s'est produit, poursuivit ce dernier, toujours surexcité. Notre projet éditorial l'a rendu enthousiaste et il m'a fait savoir que Bonucci ne recevrait qu'une peine avec sursis s'il suivait cette direction dans sa psychothérapie.

Il laissa passer un instant, afin que son annonce fasse son effet sur Tullipot. Hélas, il ne pouvait deviner que la réaction qu'il susciterait serait, non pas le bonheur, mais la catastrophe. Il aurait voulu faire pire qu'il n'y serait pas parvenu. De fait, Tullipot, au lieu de reprendre la parole, s'engonça dans le silence résigné, lassé de prendre des déconfitures, comme un boxeur groggy.

— Je pensais que votre réaction serait plus enthousiaste, finit par laisser tomber Dupéroux, déçu du comportement de son interlocuteur, qui au lieu de sauter de joie se montrait morne et abattu.

— Il est temps que je vous annonce une bien triste nouvelle, finit par lâcher sur un ton résigné et lapidaire celui-ci, comme si ses confidences lui coûtaient trop pour qu'il soit en mesure de les exprimer sans qu'elles le heurtent au plus profond de son être.

Cette fois, Dupéroux se sentit blessé par la réplique, la jugeant franchement inappropriée. Ne pouvant cacher sa désapprobation, il prit un ton péremptoire et glacial.

— Ce n'est pas le moment, coupa-t-il, agacé. L'important est que nous lancions la rédaction de l'ouvrage le plus vite possible. Pour ce faire, il est capital que vous contactiez Bonucci et que vous obteniez de lui qu'il participe au dialogue tel que nous l'avons conçu et tel que nous l'attendons.

Cette remarque rendit Tullipot songeur, au point qu'il se lança dans une méditation à propos de la conception usuelle que l'on se faisait de la démocratie, en constatant que le dialogue qu'il devait mener avec son patient n'avait lieu que parce qu'elle traversait dans le monde une grave crise d'ordre systémique. Elle tenait à l'enseignement frauduleux et démagogique que l'on en proposait. Il n'aurait jamais fallu faire croire aux gens qu'elle désignait le pouvoir du peuple, par le peuple et pour le peuple. C'était certes le sens le plus fidèle à son étymologie, mais cette définition renvoyait à la démocratie directe, un régime qui n'avait jamais fonctionné et qui était le pire des régimes, ainsi que l'avaient estimé avec justesse les Anciens.

Or la seule forme de démocratie qui valait était la démocratie qui avait surgi après la Révolution française et qui était la démocratie représentative. Mais la définition à laquelle elle obéissait n'était pas la même que la démocratie directe. Elle renvoyait à une autre conception de l'exercice de la démocratie, selon laquelle le pouvoir du peuple et pour le peuple n'était réaliste que s'il était exercé par une élite, et surtout pas par le peuple. Bien entendu, l'élite se distinguait de l'oligarchie, sans quoi nous n'aurions plus été en démocratie. Tandis que l'élite oligarchique ne représentait qu'elle-même et s'opposait au peuple, l'élite républicaine se façonnait suivant le mérite de ses élus. Tullipot n'était pas peu fier de faire partie de l'élite intellectuelle de son pays, même s'il vivait en province et qu'il n'occupait aucun mandat politique.

La vue de son portable le ramena au réel, qui s'avéra moins agréable que l'exercice d'autocélébration auquel il avait cédé. Soudain, il se rappela qu'il avait oublié de répondre à Dupéroux. Trop tard, ce dernier avait déjà raccroché. Craignant de l'avoir vexé par son silence inexpliqué, il s'empressa de le rappeler pour s'excuser. À cet instant, il aperçut un merle en train de se poser sur le bord de la grande baie vitrée qui donnait sur sa vaste terrasse construite en bois de sapin des Vosges, irradiant son immense salon de sa réverbération magistrale. L'oiseau sembla le narguer d'un air malicieux et narquois, avec ses yeux scintillants, son bec jaune orangé et son plumage de jais. Puis, aussi vite qu'il était arrivé, sans prévenir, il disparut dans un éclair virevoltant et vertigineux, reprenant sa course folle vers des horizons inconnus.

Tullipot eut un mouvement de recul, éberlué par la vitesse prodigieuse avec laquelle la scène s'était produite. Il voulut pour se rasséréner boire une petite lampée de son whisky, mais, au moment où il baissait la tête pour porter ses lèves à son verre, il découvrit que l'oiseau était entré chez lui et qu'il se tenait sur un des fauteuils de style Napoléon III qui donnait au lieu un style bourgeois presque gourmé. Ne comprenant plus ce qui lui arrivait, il se demanda si on ne lui avait pas subrepticement introduit des substances hallucinogènes dans son verre. Il s'apprêtait à appeler le Samu avant de risquer la perte de connaissance, quand l'oiseau prit les devants et lui adressa la parole.

— N'aie pas peur Tullipot, articula-t-il en parlant avec un accent typiquement lorrain. Je suis venu t'apporter la révélation qui va t'enseigner le sens véritable de ta méprisable existence.

Hébété et paniqué, Tullipot ne trouva rien à rétorquer devant cette attaque venant d'une créature manifestement surnaturelle. Il se mit à paniquer et, se sentant en grand danger, en vint à craindre pour sa vie, qui jusqu'alors n'avait connu que les privilèges de la ouate.

— Tu méprises les Gilets jaunes, poursuivit le merle, en prenant soudain un ton menaçant. Sache que tu as tort et que le tort tue. Apprends qu'ils ont lancé la révolution qui renversera le pouvoir en place. Ce n'est qu'une question d'années !

Sans crier gare, il se mit à voler en grands cercles concentriques dans la pièce et à répéter en boucles son annonce, en hurlant tel un oiseau de mauvais augure.

— Les Gilets jaunes vaincront ! Les Gilets jaunes vaincront ! Les Gilets jaunes vaincront ! Les Gilets…

La voix était si stridente que Tullipot se sentit pris de vertiges et de nausées, comme si le monde autour de lui s'écroulait et qu'il était la victime d'un maléfice contre lequel il ne pouvait rien. Il eut envie de retrouver la réalité familière et rassurante telle qu'il l'expérimentait quelques secondes plus tôt. Il n'eut pas le temps d'approfondir son sentiment que les cercles concentriques que l'oiseau décrivait à une vitesse prodigieuse se rapprochèrent.

Puis, il se tut, s'immobilisa en l'air, enfin fondit sur sa proie aux cris de : « Vive le complotisme ! »

La suite se déroula avec une rapidité si fulgurante que l'esprit de Tullipot, sombra dans la confusion. Les coups de bec commencèrent à lui transpercer le crâne, tandis qu'il se sentit partir. C'était donc ça, la mort… Il n'eut pas le temps de réaliser l'atroce expérience qu'il subissait qu'il perdit conscience.

Il se réveilla dans son lit, en sueur, hagard et la gorge sèche. Il comprit immédiatement qu'il venait de faire un horrible cauchemar. Son premier réflexe fut de vérifier son identité. Heureusement, il n'eut aucune peine à se rappeler qui il était. Plus exactement, il se remémora qu'il n'était pas psychothérapeute, mais le procureur de la République de Nancy. Cependant, encore déstabilisé par la vision fatidique du merle en train de l'attaquer à mort, il prit soin de reconnaître qu'il se trouvait bien dans sa chambre à coucher et que l'agencement de ses meubles en chêne lui était familier, en particulier son cher miroir de style Louis XVI, devant lequel il avait l'habitude de s'habiller avant ses plaidoiries. Encore plus rassurant, sa femme dormait à poings fermés à ses côtés.

Il souffla, riant rétrospectivement de la frayeur que lui avait donnée son songe sardonique, en particulier ce stupide merle qui lui avait fait croire pour de bon qu'il passait de vie à trépas. C'est alors qu'il se remémora que les Gilets jaunes étaient le fil conducteur de son cauchemar. Là aussi, l'explication ne fut pas longue à trouver. C'était parce qu'il avait eu à traiter des cas de Gilets jaunes appréhendés par la police lors des manifestations de ces dernières semaines à Nancy.

Tout s'expliquait de manière harmonieuse et apaisante. Selon le propre de l'onirisme, il s'était inspiré de la réalité pour la transformer suivant sa fantaisie personnelle. Il s'étonna avec le recul que des pauvres types aussi pathétiques que les Gilets jaunes, dont la stupidité était si profonde qu'il n'avait aucun scrupule à leur infliger les peines de prison outrancières que réclamaient la Chancellerie et l'Élysée, aient pu provoquer dans les tréfonds de son subconscient, plus affecté qu'il ne l'aurait cru, une terreur aussi intense.

Son retour aux affaires concrètes eut sur lui un effet si déstressant qu'il sentit tout le poids du sommeil s'abattre sur ses épaules et lui intimer l'ordre instinctif de s'endormir au plus vite. Juste avant d'obéir à cette voix intérieure, dont il aurait bien été en peine d'identifier l'origine exacte au sein des tréfonds de son être, il ne put s'empêcher de frissonner au souvenir des jacasseries stridentes et désaxées qu'avait déversées le merle, avec sa prédiction maintes fois ressassée selon laquelle les Gilets jaunes étaient destinés à triompher. Il réprima un rire nerveux empreint de soulagement rétrospectif.

Il avait eu tort de s'alarmer pour si peu. Non seulement ces gueux avaient déjà perdu la partie, mais il s'engageait personnellement à leur faire mordre la poussière de la ville du bon roi Stanislas, jusqu'à les éradiquer des rues qu'ils venaient troubler de leur colère décérébrée et vaine. Lui qui était son représentant local pour le compte de la Justice, il ne doutait pas un seul instant que l'État français allait l'emporter et qu'il rétablirait le règne des élites sur le peuple, parce qu'il n'existait pas d'autre régime démocratique possible que celui qui avait cours en ce moment.

Les Gilets jaunes avaient essayé, dans leur égarement, de remettre en question le pacte démocratique qui unissait le peuple à l'État, la République se chargerait de leur rappeler qui était le plus fort et ce qu'il en coûtait d'oser la défier hors des élections organisées dans la plus grande intégrité. Sa dernière pensée fut pour affirmer que l'élitisme républicain sortirait grandi de cette confrontation, en passant pour la seule expression possible que le pouvoir pouvait incarner. Soulagé d'avoir retrouvé ses repères, Tullipot s'endormit sur cette ode impromptue à l'élitisme, qu'il considérait sans hésitation comme la quintessence de l'humanisme politique et l'exact reflet de sa personnalité généreuse et altruiste.

Nos titres par genre

ND= Non Disponible

Littérature générale

Le Grand Secret, *Christian Sernal (secret de famille)*
Time Story, *Pat Vermolho*
Peau d'Âme, *Jean-François Rottier*
Sarabande Lyonnaise, *Pierre-Yves Vaillant*
Un Assassin pas comme les autres, *Victoria Dézil*
Un Dandy au Soleil, *Laurent Mansart*
Un automne à La Garde-Freinet, *Serge Tailler*
Paroles d'Homme et culottes courtes, *Max Heratz*
Le Jour où Tout a basculé, *Amandine Hupin*
Dans l'Ombre de tes Pas, *Amandine Hupin*
Elles, *Marie-Lore Beuselinck*
Qu'attends-tu de moi ?, *Marie-Lore Beuselinck*
Un souffle de vie, *Marie-Lore Beuselinck*
Avenue des silences, *Marie-Lore Beuselinck*
L'Homme à la Bentley (Nouvelles), *Lucie Hubert*
Poker Face, *Sandy Tartari* ND
Béziers à Contre Allées, *Jean-Paul Faure ND*
Crissements de Sable, *Jean-Paul Faure ND*
Les Larmes des Saules, *Martine Magnin* ND

Polar / Thriller / Enquêtes

L'affaire Gabriel Benezet, *Olivier Minarro*
Le Diamant d'Alanine, *Laurent Pigeault*
Tuez comme il vous plaira, *Mark Rosaleny*
Les yeux crépusculaires, *Gabriel C.*
Le Bal des Psychopathes, *Gabriel C.*
Le Boucher de l'Ovalie, *Ségas*
Occitanie de feu et de sang, *Ségas*

Quand le Vélodrome s'enflamme, *Katamoun*
Règlements de Compte sur la Canebière, *Katamoun*
Coup De Mistral Sur La Bonne Mère, *Katamoun*
Meurtres Au Choeur Du Lacydon, *Katamoun*
Meurtres à Tautavel, de *JC Cognet*
Meurtres à Minerve, *JC Cognet*
La Dame du Salagou, *JC Cognet*
Vous n'irez pas tous au Paradis, *Max Heratz*
Le Pacte du Mal, *Max Heratz*
Les Racines du Mal, *Max Heratz*
Ad vitam æternam, *Roger Peyrot*
Mettez-la au Parfum, *Laurent Mansart*
Frères de Sang ou Les Abysses du Monde de la Nuit, *Jane Yam*

Suspense psychologique
Justine ou l'Emprise des sens, *Max Heratz*

Contes & Légendes
Contes & légendes Mystiques et Ésotériques - Tome 1, *Max Heratz*
Contes & légendes Insolites - Tome 2, *Max Heratz*
Contes & Légendes en Terre Cathare- Tome 3, *Max Heratz*

Romance / Érotisme
Je t'aime, moi non plus, *Max Heratz*
À Vendre, *Max Heratz*
Kiss Kiss, *Max Heratz*
Justine ou l'Emprise des sens, *Max Heratz*
Erotik News (Nouvelles), *Collectif d'auteurs*
Sentimentale-moi, *Ariane Pansieri*
Au Secours j'suis Amoureuse, *Ariane Pansieri* ND
Les Larmes de l'Ange, *Sandrine Périgois*
La Part de l'Ange, *Sandrine Périgois* ND
Rose Noir, *JessiKa Lombar* ND

Les lèvres rouges, *Jessi-Ka Lombar* ND

Essai / Témoignage
Thérapie Anticomplotiste, *Gaspard Bpnucci*
Le Petit Livre Rouge des Meilleurs Vœux, *Martine Magnin* ND
La Défête des Mères, *Martine Magnin* ND
Mensonges et Faux Semblants, *Martine Magnin* ND

Science-Fiction
Le Diamant d'Alamine, *Laurent Pigeault*,
Virus, *Gilles Cordillot*

Humour
Métro Boulot Dodo ; *Aurore Baie* ND
Paroles de Zinc et Or en Bar, *Dominique Bousquet*
Albert, la langue verte, *JEF*

Poésie
Les Fleurs du Mage - Tome 1, *Max Heratz*
Petits Contes pour Fleurette, *Marcel Camill'*

Développement personnel
Méditez chez vous en 7 leçons, *Heranubis*

<u>Numérique uniquement</u>
Aventure
Rommel Reloaded, *Sabir Kadel*

Fiction Anticipation Écolo Drame
Quand le soleil chassera la pluie, *Lorenzo H*

Fiction Polar
Coup de Soleil sous un Bananier, *Monak* (*Polar sous les Tropiques*)

Souscrire à la Newsletter
c'est :

1- Connaître nos nouveautés en avant-première
2- Avoir accès aux promotions réservées exclusivement aux adhérents de la Newsletter.
3- Connaître les dates & lieux de dédicace de l'auteur.

Inscrivez-vous à notre Newsletter. Vous recevrez très peu de mails (*environ une dizaine dans l'année*) et votre adresse reste confidentielle, nous ne la revendons pas à des marchands de pub.

Si vous êtes intéressé, envoyez votre demande à l'adresse suivante :

estelas.editions@gmail.com

11590 Cuxac d'Aude, France

estelas.editions@gmail.com
https://www.estelaseditions.com
http://www.JaimeLaLecture.fr

Dépôt légal : mai 2022
ISBN : 9791097406189
Imprimé en France par CPI (169468)

DOUBLE TROUBLE: VET UP THE WALL!

There was a yelp from the last dog, and it stopped searching to lick frenziedly at its paw. The dog was high on the hill and the rocks there were steep and jagged. The handler running to his dog yelled back.

'Glass! He's cut an artery!'

Tim raced towards them. Up over the rocks, panting and gasping for breath, his feet sliding from under him. He was whipping the cord from his anorak as he ran. He would need to tourniquet if he could — if only the cut weren't in the wrong place. The handler was kneeling beside his dog, pressing his hand over the wound. Blood spurted all around him. . .

Tim's new life as a vet was full of ups and downs; some were happy, some were sad, some were just infuriating — but at times like these his worries were lost in the desperate struggle to help an animal in need. This was what he was trained for — this was truly where he wanted to be. . .

DOUBLE TROUBLE: VET UP THE WALL!

Joyce Stranger

CAROUSEL BOOKS
TRANSWORLD PUBLISHERS LTD.

Other books by JOYCE STRANGER

JASON
VET ON CALL

and published by Carousel Books

DOUBLE TROUBLE: VET UP THE WALL!
A CAROUSEL BOOK 0 552 52132 9

First publication in Great Britain

PRINTING HISTORY
Carousel edition published 1981

Carousel Books are published by
Transworld Publishers Ltd.,
Century House, 61–63 Uxbridge Road,
Ealing, London W5 5SA.

Made and printed in the United States of America by Arcata Graphics, Buffalo, New York

DOUBLE TROUBLE: VET UP THE WALL!

CONTENTS

Major Characters

Tim Yorke: newly qualified veterinary surgeon. (Timothy Ivan Neil Yorke, known to his friends as Tiny because of his initials.)

Mr. Fitzpatrick: his employer, known to everyone as Fitz.

Mrs. Fitzpatrick: known to everyone as Mrs. Fitz.

Lisa Matthews: animal nurse

Tamsin: animal nurse

Sheila Grant: secretary and receptionist.

Aunt Dora: Tim's aunt who breeds standard poodles.

Nell: the cleaner.

Tim's dogs:

Zia: a standard poodle given to him by Aunt Dora as a present; he prefers alsatians.
Dana: a rescued collie cross that he took on when no-one else wanted it.

Tim as a child stayed often with an uncle who bred horses. The uncle is now dead, but his knowledge helped Tim to decide his future career.

CHAPTER 1

The wind savaged the trees and an owl cried. The sea raged on the beaches, and great waves crashed on the shore. Tim Yorke, who had now been working as a vet for three months, woke as the phone rang. He switched on the light, and tried to smother a yawn.

Three o'clock in the morning. Wouldn't you know it?

Downstairs, Zia, his standard poodle bitch woke and yelped. Dana, the rescued puppy that nobody had wanted, must have bitten her. The two pups were both just over six months old, and full of life that spilled over in daily excitement.

'Mr. Yorke?' The voice at the other end was agitated.

'Speaking.'

'My bitch is whelping; something's very wrong. I can't move her; half the pups are born and under a lamp, and she's shivering so much I'm afraid of harming her.' Tim had identified the voice. Mrs. Castle, living in a village about fourteen kilometres away. What a night to go wandering.

The bitch was valuable. Not that that made any odds, but it added an extra feeling of responsibility. She was a show bitch, with a lot of prizes to her name; a beautiful red setter, with an unusually steady temperament.

'I'll be out.'

He rang off. No need any more for Lisa Matthews, his neighbour and one of the two veterinary nurses in the practice, to take the pups as she had when he first arrived. Both were in their sleeping kennel, a large wire crate that kept them safe from harm and also kept his furnishings safe. He took each out, on the lead. Both emptied now when he told them.

'Hurry girl,' he said and Zia squatted fast, knowing the routine. Dog club for the first time tomorrow night; tonight . . . Tim yawned again, and took out Dana, who wanted to play and had to be checked. No time for that.

'Okay?' Lisa asked sleepily from the window of the cottage next door.

'Fine. The Castle bitch is in trouble. If I'm not back by eight, will you see to the pups?' He was already in the Land Rover, the engine warming gently. Sometimes it refused to start. This time it fired easily. Just as well, with the wind howling like this and the sea raging, and part of the journey along the coast.

Lisa shut the window. Tim drove out of the yard, headlights showing the tortured trees and swaying bushes. Rain drummed against the windscreen. He felt the wind fighting the Land Rover, holding him back when he wanted to push on. If only there weren't a tree down anywhere.

He cursed to himself as he turned on to the coast road. The tide was high and the waves were breaking against the sea wall, showers of spray fountaining into the air; spray drifted over the Land Rover; spray blinded the windscreen and, as he turned the bend, the shock of a breaking wave hit him and for a moment he thought he was being dragged out to sea. Further on there was a gap in the sea wall and the water broke through. He drove gently, worried in case the road had fallen into the sea; when his headlights picked up a road that led away from the coast, he took it, and navigated the winding back lanes, feeling safer than by the shore.

It took longer, but a vet who had delayed was better than no vet at all.

He was alone in the wild darkness and he didn't like

the feeling at all. The branch of a great elm, dead of disease, snapped off and landed in front of him, just missing the Land Rover. He got out, and leaned against the wind, as he struggled to push it to the side of the road. The wind took his breath away. It was a bitter wind, a winter wind and it would bring snow. As long as it didn't snow before he reached home.

He turned into the narrow lane that led to the Castle home. A tree blocked the way. He drove the Land Rover on to the verge, praying it wouldn't bog down, and climbed over the fallen giant that lay, roots up in the air, a monument to one of the wildest nights he had ever known.

His handlamp shone brightly; he had remembered to put in a new battery only the night before; it was his aid in many a dark cow byre and barn. Few of the farms had electricity anywhere but in the house, and some of them hadn't even that.

The house was dark. He stared at it, wondering if he'd been called out on a false alarm. Not a light shone anywhere. He walked up to the front door and rang the bell. There wasn't a sound.

The electricity must be off. He hammered on the door.

Jill Castle opened it. She was slender and dark, dressed in warm trousers and a thick jersey and her face was desperately anxious.

'There's a power failure; and I've no heat at all for Della,' she said. 'I've put the pups in a box with hot water bottles; luckily we have a primus stove. The bitch needs heat. She's in a bad way.'

The house was cold; the rooms large and high ceilinged; the kitchen, which was modern, had only an electric heater to warm it.

'Haven't you any kind of open fire anywhere?' Tim asked.

'No; we haven't been here very long; the place was modernised. I'm getting an Aga to give us some warmth but it hasn't come yet; and I hadn't bargained on total failure of power. I ought to have done. We moved here from a town; I only remember having one power cut. Here, it goes on and off like Christmas tree lights.'

The bitch was lying in a large box in the kitchen; beside her another box was apparently full of puppies, climbing over one another and squealing hungrily.

'She's no milk either,' Jill Castle said, as Tim set the hand lamp down, so that its light fell on the bitch. The only light in the room came from a small torch and two candles.

'Have you any neighbours?' Tim asked, trying to remember if he'd seen another house.

'There's a farm down the lane; the Moores live there; they breed Welsh Blacks. We've not met.'

Tim knew the beautiful cattle; he had been out there two days before to see a cow with milk fever.

'Ring them. They won't mind. Tell them what's happened and ask if they've a calor gas heater they can spare you; you'll lose her if we don't get her warm. It's like an ice box in here. That blanket isn't doing the job; hang on; there's another pup.'

He lifted it as it emerged. It lay still in his hands, slimy and wet, the membrane covering its head. Della whimpered. She nosed towards it.

'Is it dead?' Jill Castle looked at it, feeling enough had gone wrong for one night. Darkness surrounded them; the bitch and the box of pups were islanded in a tiny light.

'They lived like this once,' Tim said, his hands busy with the pups. 'Go and phone.'

The door closed behind her. He wiped the tiny head. There was no breath in the little body. He opened its mouth and began to breathe; in, out, in, out, very gently, very softly, feeling the warm limp body under his hands, seeing the anxious eyes of the bitch, lost in a world of her own, beyond pain and almost beyond caring. It looked as though she would be the first patient that died on him, and anger swamped him, so that he bent and breathed again and again. The pup whimpered, then began to breathe by itself. He waited until the breathing was strong, the little heart beating against his hands, and handed it to Jill Castle to dry with a towel. She knelt beside him, while he bent over the bitch. She was shivering violently and felt cold to his touch.

'Mr. Moore's coming over with a portable calor gas heater,' Jill Castle said.

'There's a tree across the lane,' said Tim, his hands feeling the bitch's tense body, puzzling as to what was wrong. He counted the puppies; there were eight. 'I think there's another puppy; its jammed inside her. I may have to operate.'

Operate here without light; without help; with a bitch that was almost dying under his eyes. She would suffer from anaesthetic shock; he didn't dare.

'He doesn't need to come down the lane; we share a drive.' Jill Castle got up from her knees as a hammering sounded on the door. Tim bent over the bitch.

He was aware of voices behind him; of the welcome warmth that came a few minutes later from the calor gas stove that had just been wheeled in, of the farmer standing behind him. He had no time for any of them. Slowly, he began to explore inside the bitch, very gently, his sleeves rolled up, his hands soaked in the antiseptic cream they always used for internal examinations.

His fingers touched the last puppy. It was tucked away so far inside that it would never have come on its own. Gently, very carefully, he began to move it; the bitch was beyond caring and he began to think beyond hope. He was aware of Jim Moore kneeling beside him, his hands on the bitch's head; aware of the bitch's distressed breathing, of Jill Castle busy re-filling a rubber hot water bottle and wrapping it in a towel; aware of the tiny body that his hand was slowly shifting, bringing it out into the world. The warmth from the calor gas stove was on his face; if they could only bring this off.

The pup was out at last, but in even worse shape than the last. Tim glanced across at Jill Castle. The puppy he had worked on was snuggled up against her, and seemed to be moving and breathing. This puppy looked completely beyond his help. But he was going to try. The farmer knelt down beside him.

'Give me the pup. See to the bitch.'

Thank heavens for help, Tim thought. It was good to live in a place where neighbours came willingly and gave aid. The farmer took the puppy and held it upside down by its hind legs; he began to slap and rub the tiny body, and then took the towel from Jill Castle and set to work, massaging in warmth and life, defying death to take it.

The bitch was lying on her side; her eyes closed. For a moment Tim thought she had stopped breathing, but there was a shallow rise and fall of her rib cage. He lifted her gently onto a rug that had been put down on the floor, so that heat from the stove poured over her body. He stroked her head, talking to her softly.

'Come on, girl fight for it, all those babies to feed; you've a job to do; they need you.'

He lifted two of the pups and put them against her face. One of them squealed, and her eyes opened. She moved her head, but was unable to keep up the effort. Tim took his syringe and filled it, injecting life into her, injecting hope into her, praying under his breath. 'Come on, girl we can't lose you now. Come on, girl.'

Jill Castle came with warm milk.

'Put a drop or two of brandy in it,' Jim Moore

suggested. 'This chap'll be all right, if we can get mother on her feet and feeding them; she's in a bad way. Completely exhausted.'

Tim took another syringe, a cattle syringe, big enough to hold a fair amount of milk. He watched Jill Castle add the brandy, and, taking a syringe-full, dripped it into the bitch, careful to make sure none went the wrong way as that would drown her.

She swallowed, and a moment later opened her eyes and looked at him. Her lips went back in a snarl.

'It's all right, girl,' Jill Castle said quickly and bent to stroke the red setter. Her tail wagged slightly; she licked Jill's hand with her tongue.

Jim Moore put one of the pups beside the bitch's head; it squeaked, and this time she lifted her head and began to lick. Jill Castle put the pups back in the box and began to pump up the primus stove to boil more water, and just as she did so the room was so suddenly flooded with light that they all blinked.

'Thank God for that,' she said, going over to the electric kettle and plugging it in. The lamp above the whelping box came on.

'Keep the heat up for a while,' said Jim Moore. 'It looks as if you're over the worst. I'll be off; it's time for milking.'

'Nine puppies,' Jill Castle said. 'That's too many for her to rear. I've another bitch with a three day old pup; she usually has a small litter and this time she only had one. After they've had the first milk off Della, I'll give Shanie four of these. Five each will be fine. I'll have to mark them so that I know which is which; or brand Shanie's little one. He's already pretty big, with milk enough for six all for himself.'

She was chattering on with relief. Della was washing two of her pups now, and Tim was holding a third and squeezing milk into its mouth; the first trickle was there.

If the pup would start to suck it would help bring the milk.

He washed his hands at the sink.

Jill Castle had made coffee for them both; he took his black and sweet, needing to get back for surgery. Fitz was going to a wedding and Tim was going to be single handed. He'd started the day badly; he'd be dead on his feet by seven o'clock, when evening surgery was supposed to end. It rarely did, as all the dogs and cats and other pets in the area seemed to make up their minds to be ill on the days he was alone. It had happened twice before.

By the time his coffee was finished, The bitch was lying quietly, her pups nestling around her. The shivering had stopped.

'I'll put a coat on her and take her outside soon,' Jill Castle said. She went with him to the door. Day was showing in the sky but the wind had increased in fury. It would be a rough ride home. It was bitterly cold after the heat of the kitchen. The calor gas fire had roasted his back.

He huddled into his coat and set off down the drive. The handlamp showed flooding at the end of the lane and he waded ankle deep in water, wishing he had thought to wear his wellingtons, but nobody needed wellingtons for a whelping bitch; those were for cows and horses when you were knee deep in muck at times.

He climbed over the tree and started the Land Rover. The wheels spun in the mud and refused to grip. Swearing to himself, he pulled sacks out of the van; this had happened before. He laid them on the ground, pushing them under the rear wheels; put the Land Rover into the lowest gear and began to reverse, slowly and gently, almost holding his breath, till the wheels gripped and he was able to reverse to the main road.

He fought the gale all the way back to his cottage. He

parked the Land Rover and got out to make some breakfast. He switched on the lights; nothing happened.

'Power's off. There's a pylon blown down,' Lisa called, as he stood in the doorway cursing . 'I've made you some coffee on the primus stove and cooked bacon; bacon sandwich. The whole place is in darkness. Fitz is up and cursing and trying to start the generator; there's an urgent operation this morning, remember.'

As if he could forget.

The pups were awake and whining; he went to them and let them out. They raced into the garden, pausing twice to roll over and try to eat one another. Zia was five times the size of the little collie cross. Dana had not been fed properly by her first owner who hadn't known enough about dogs. The pup had been a present from their next door neighbour, wanting to get rid of unexpected pups after letting her own bitch out when she should have been kept in.

He'd soon learned two pups were more than twice the work of one, as they set one another off, playing together, getting into mischief together, egging one another on. He had no socks left and would have to buy some. He'd left all his washing on his bed. The pups had gone upstairs and played tug-of-war with every sock he owned, except the pair he'd been wearing. He washed those out each night and hung them to dry, making sure the bathroom door was firmly shut.

His best shoes looked as if they'd been chewed by tigers, not by puppies, and excitement made both of them harder to house-train, as they puddled if they were too excited and excited easily, racing around like crazy animals, full of the joys of living.

Between the two pups and his job, he never seemed to have any spare time at all. He had never been so busy in his life; the days sped past, one job succeeding another. As soon as surgery ended, there were visits. There'd been several major emergencies during the past week alone. Two road accidents; two bitches that had decided to try and kill one another, and been brought in covered in blood. One of these had fifty two bites; the other had her tail bitten almost through and her ear bitten half off. They'd been stitched and sent home, but one of them would have to be sold as soon as she was recovered, as they hated each another and had to be kept apart.

Animals did the most extraordinary things, Tim thought wearily, as he worked his way through surgery. A cat came in with a leg that had swollen, the owner thought from a rat bite, but when he examined him, he discovered a rubber band had been put on the animal's leg and bitten deep. It meant an operation to get it off.

'One of the children must have done it,' said the owner. 'They're mischievous monkeys.'

Tim said nothing. If he met a child like that he'd show it that that kind of mischief wasn't on; maybe a rubber band round its own leg might cure it of nasty tricks and save him a great deal of work. It wasn't going to be easy to get the band off that leg; it had cut in deep.

Tamsin took the cat out to the hospital and put it in one of the cages. It cried forlornly from pain and loneliness.

Fitz showed his head briefly round the door, unfamiliar in his wedding finery. Mrs. Fitz beautifully dressed, was standing by the car. No Land Rover today.

'Everything okay?' Fitz asked.

Tim nodded. As okay as it could be when he had that cat to operate on and there was already one call on the books for later. Lisa had exercised and fed the pups. Why he thought he needed two pups when he had a job like this was more than he could guess at the moment. Maybe when they were grown up it would be easier. Maybe they'd rest sometimes and sleep now and then during the day so that he could snatch some sleep himself.

The phone rang.

Not another emergency. Please, not another emergency. He couldn't cope with anything else today. All he wanted to do was sleep and sleep and sleep.

He yawned, and made himself listen to a long story from his next client about a peculiar sort of red worm that her cat had sicked up an hour ago. The owner had thoughtfully brought it with her; all he needed was to admire a red worm. Cats didn't have red worms.

Or did they? He looked at the big veterinary dictionary; he'd better say nothing and look it up afterwards.

The cat's owner was small, grey haired and determined; she also talked. She brought a little bottle out of her pocket, and opened it and took out the worm, lying in a paper tissue. Tim took forceps and lifted it.

It was one of those days.

'It's a red rubber band,' he said. 'Rubber bands don't agree with cats, either inside or outside. I don't know why, but several cats have come in having brought up rubber bands; there must be something in the taste they like.'

'Thank goodness for that,' the owner said.

'Last one,' Lisa announced, coming into the room. 'That was the red setter's owner on the phone. She thought you'd like to know that her bitch has plenty of milk now, seems much better and the pups are all doing fine.'

Tim grinned at her, feeling as if he'd just won the pools. There was nothing he wanted to hear more, and it made up for everything to know he'd been successful.

Coffee was welcome and Lisa had made him another bacon sandwich.

'They may call you Tiny,' she observed as he bit into it, 'but you eat like a giant!'

'What do your initials T.I.N. stand for,' Tamsin

asked. She had relaxed with Tim, after he'd taken the abandoned puppy, though she wasn't an easy girl for anyone to know.

'Timothy Ivan Neil. You'd think my mother would know better than to put that Yorke for a surname, but mum never thinks. Ivan Timothy Neil would have been better.' He helped himself to a handful of biscuits from the big tin.

'Eat them like that and you'll be buying the next tin,' Lisa said. 'What are you doing first, that cat with the rubber band round its leg?'

Tim nodded. 'Maybe if we charge double they'd teach kids not to be so stupid. Like that dog last week with a bead shoved down its ear . . . people with children like that shouldn't have animals.'

'Maybe people with children like that shouldn't have children,' Tamsin said.

The phone rang again. Lisa answered quietly, scribbling down notes. Tim looked out of the window over the lawns. The gardener came in three times a week and was working today, making the place immaculate. The old man loved Fitz's garden, and tended it as if it were his own. He saw Tim watching him and lifted a hand in salute. Tim was all right in his eyes as he never let his puppies wander on to the lawns, but saw to it that they stayed in his own garden. The fence at present was re-inforced with a bit of corrugated iron; Dana could wriggle through the tiniest gaps and did.

'Mrs. Richard's palomino stallion has an infected bite on his rump; can you go over there?' Lisa asked.

Tim nodded. 'What's it done?' Been bitten by a rat?' How did a stallion get bite on his rump anyway?

It remained a minor mystery until the late afternoon when he had time at last to drive over and look at the animal.

CHAPTER 2

Tim decided to put both pups in the crate and take them with him. Dana would have to learn to be quiet in a car too. Zia had been used to travelling from the day he'd taken her home, but this pup's only experience of a car had been with her owners when they brought her to the vet, having swallowed creosote and poisoned herself.

They hadn't wanted her back. She was too much nuisance. She'd plainly been treated as a nuisance too, and the children had teased her, so that she had none of Zia's sunniness about her. She backed away from people and showed her teeth, obviously guarding herself against harm. Her tiny black and white body, with its curly puppy fluff was starvation thin, and she was full of worms.

Tim had worked on her, and Lisa and Tamsin had also worked on her, and she was just beginning to recognise that people weren't always unkind. She knew now that she belonged to Tim and never took her eyes off him when he was there, running to him for sanctuary if a stranger came into the room.

She lay quietly now in the crate, and watched Tim. Zia was curled nose to tail, sound asleep. Their way lay through narrow lanes, where twice Tim had to reverse to allow lorries to pass. The trees were almost totally winter bare; a few yellow strands remained as memories of summer.

He changed down for a steep hill, and came to a little wood at the top, which was his landmark. The turning into the farm was almost invisible, the lane impossibly narrow, so that he navigated carefully between thick hedges that were in need of clipping back. He drove through a wide entrance that led into a cobbled yard.

The girl who came out was in her late teens; blonde, her long hair tied back in a pony tail. She was slender, dressed in jodhpurs and boots and a white shirt under a dark anorak that was half open.

'Are you the vet?' she asked. 'You're new, aren't you? You haven't met His Lordship yet.'

Tim turned to look at the stable. A creamy gold head, ornamented with a gleaming, silky white mane, looked out at him, the dark eyes suspicious. He walked towards the stable and the stallion made a face, baring huge teeth at him.

'Is he as wicked as he looks?' asked Tim.

'Wickeder sometimes. He doesn't mean any harm, though. He's just full of himself, aren't you, baby?' she asked, and the palomino leaned his head against her shoulder and rubbed his cheek up and down against her face. She laughed and pushed him back.

'He loves doing that; usually when I'm against the wall and he can shove against me.'

'How did he get a bite on the rump?' Tim asked.

'Come and have a coffee before you face him; he needs to settle down and think about a stranger,' said the girl. 'I'm Louise Makin by the way. You must be Tiny Yorke — sorry, I mean Mr. Yorke.'

'Does everyone call me Tiny here?' Tim asked.

'It's hard not to; when Tamsin told us your initials . . .' she laughed. 'Is it a sore point?'

'Not really. I'm used to it; ever since my friends learned to read I've been Tiny, except at home.' He ducked to avoid the low lintel of the door. The farmhouse was old, built under the hill and shielded from the weather by trees. The stables were within sight of the windows, and Tim watched as the stallion looked out towards the house and then whinnied.

'He's an absolute baby, though he's six,' Louise said. 'Is tea brewed, Mum?'

Mrs. Makin looked very like her daughter, though taller and more solidly built.

'You'll need more than tea if you're treating that brute,' she said.

'He's not a brute. He's a darling.' Louise passed a plate of sandwiches over to Tim. 'We didn't lay this on just for you. I haven't had time for any food at all today. Both mares rolled in the mud and I've had to hose them down and dry them; and then Kismet got free again and rolled again. She's a filthy animal.'

'How did the stallion get bitten? By one of the mares?' Tim was still mystified; stallions didn't normally acquire bites on their bodies.

Especially a stallion that lived alone.

'He's nuts,' Louise's mother said. 'He chases his tail. He couldn't catch it. He was going round and round in the stable, flicking it out and reaching for it, and it just wouldn't come within range. So he lost his temper and bit the nearest thing to him hard, which happened to be his own rump. Then, of course, he has to roll in the stable and infect himself. He did it four days ago and we thought it was healing well, but today it looks angry and sore. I don't know why Louise keeps him.'

'His stud fees come in handy, Mum. And so do his prizes. I train him for dressage competitions and he's good; he moves like a dream.' She walked over to the wall and pointed at a number of red and blue rosettes pinned up beside a picture of the stallion. He was a beautiful animal; almost perfect in shape, with a lovely Arab head.

Tim's Uncle had bred horses. Tim would rather have bred horses than become a vet, but studs cost money.

One day he would breed racehorses. He was beginning to study Shires and Percherons, as well as thoroughbreds and British ponies. Meanwhile, he could only dream.

There was a flourishing pony club, with a committee that worked hard and put on a large number of local activities. Most of the children had Welsh ponies, but a few of the younger had Shetlands, and one had a very pretty New Forest pony.

One day, Tim intended to go riding again. When he had time. He never had time.

He glanced at his watch. If he were to take Zia to puppy class he'd better get a move on. Tamsin wasn't very easy company if she were annoyed and he'd promised to go; and he'd also promised Tamsin a lift as her car was being serviced.

They walked out into the chilly afternoon air. Louise put a halter on the stallion and opened the stable door wide.

'Come on, outside.'

Outside was cold and outside had a stranger there, and outside was not the place that His Lordship wanted to be. He didn't trust this man; he didn't trust any men. He pushed his head against Louise's shoulder and hid his face.

'You idiot,' Louise said. 'Come on!'

Time was passing and the stallion stood at the back of the stable. Louise switched on the light.

'You'll have to come in; I'll never get him out. He's maddening,' she said.

He also looked enormous, and those hind hooves would pack a pretty hefty thump. Tim wished it wasn't the horse's rump that he had to look at. He could see the wound now; it was swollen and the horse needed an injection; he also needed to be tied up so that his legs wouldn't move; and those teeth looked formidable.

He walked towards the stallion, worry in his mind. His

Lordship turned his head away and threatened him with a hoof held ready. He danced on the shavings strewn on the floor, and twisted, and reared, his forelegs held high above Louise's head.

'Stop it, you nutcase,' Louise said, and her voice held a threat. Meekly, His Lordship dropped to the floor and stood like a lamb. 'Okay, now get on with it. While he's remembering.'

Tim looked at the bite; it had been covered with a wound dressing powder. He filled his syringe. To his surprise the horse stood without moving.

Tim relaxed and the next second found himself herded into the corner of the stable, the stallion's head right up against his chest, every button on his jacket neatly removed and dropped to the floor.

'Sorry, I forgot,' Louise said. 'He hasn't done that for ages.'

Tim bent to pick up his buttons.

'No, Louise said sharply, but it was too late as the neatly planted hind hooves caught him and he sailed out of the stable door to land painfully against the feed bucket which stood ready to be filled.

'He's quite gentle, is he?' Tim said. That would be a treble fee if he had anything to do with it.

'He's a sweetie, really; he just doesn't know you. Mr. Fitzpatrick always comes himself.' She looked up at Tim, worry in her eyes. 'Are you all right?'

'As all right as anyone could be, under the circumstances,' Tim said. It was going to be painful to move for a few days. Fitz could come and do the repeat visit; he'd need danger money to do it himself.

'You'll be seeing some of his foals around soon,' Louise said. 'Three mares are in foal to him now.'

'I hope they don't inherit his funny little ways,' Tim said acidly as he climbed into the Land Rover and held his breath before sitting down. He drove out on to the road, wishing he'd left the visit for Fitz next day. He was never very happy with strange horses until he knew them. No-one sane was, and stallions had very odd habits. He remembered one they had visited when he was still a student; he was so vicious that he had to have a tremendous thick stick to chew to stop him biting everyone in range, and he'd brained his groom one day with his forehooves, rearing in the stable. The man had spent eight weeks in hospital, but had gone back to his job, saying it was only the horse's little ways. Pretty funny little ways, Tim thought and held his breath as he eased himself more comfortably on the driver's seat. He'd need a cushion for the next few days.

Horses needed expert training and so many people seemed unaware of it. Only now did he realise how much work Uncle Sam must have put into his horses — none of them had ever had unpleasant habits. Though they might've when bought. Uncle Sam had taught him to always approach a strange animal warily. He often wondered why more people weren't bitten by dogs or kicked by horses — they did such stupid things to both.

He was late back and Lisa was waiting. It was just as well he'd had some sandwiches, as there would be no time after surgery to eat. Luckily surgery was light; but he was tired beyond belief and dog club was the last place he wanted to go. It was crazy; Fitz wouldn't be back till very late and Tim was on call again. There was a phone at the club, in the little office, or he couldn't have gone. If only there were no night calls; no calves or foals coming the wrong way into the world; no emergencies of any kind. Sometimes dogs got run down by drunks on their way home and someone would bring in a badly injured animal or one that had to be put down.

He felt as if he had been kicked by a horse.

He *had* been kicked by a horse.

'Hurt yourself?' Lisa asked.

'The Makin stallion kicked me out of his stable,' Tim said.

'That one needs to be bossed; he has a mind of his own, but he's a lovely animal,' Lisa said. 'I'll do the dressings and see to the hospital animals; get off and relax for an hour. A change is as good as a rest. I'll have something for you to eat when you get home. And don't take Dana tonight. Leave her with me. One pup is as much as you can manage till both begin to show signs of being trained.'

Everyone here bosses me, Tim thought, as he went into his cottage to change and to fetch Zia. Both pups were hungry, but there would be no food till after Zia's lesson.

Tamsin was waiting for him in the passenger seat of the Land Rover. She took Zia on her lap, and stroked her soft fur.

The dog club was in a church hall at the end of the village street. Tim parked and locked the vehicle while Tamsin went inside. Tim followed her, wondering what to expect.

The placed looked totally chaotic. It seemed full of people. At one end of the hall a woman sat with a large book in front of her, ticking names off as people came in. He went over to her.

'You want to join?' she asked.

'Yes,' he said.

'Name, please? . . . Oh, you're our new vet. Good. Tamsin said she'd bring you. The pup's a standard poodle. What's her name?'

'Zia.' Tim watched as their details were neatly written on a card from a little box-file.

'You need a slip clain for her; a nice thick chunky one; and you've got a lead. Remember to wear suitable clothes,' she broke off and laughed. 'Sorry. Men always do, I get hypnotised by saying the same thing to everyone new; soft shoes, not shoes that make a noise or might hurt the dog if you tread on her; don't feed her before you come and if she messes or wets the floor you're fined a kitchen roll and have to clean up. I hope you'll enjoy your training.'

Tim paid his enrolment fee and fifty pence for the evening's session and went to sit down.

'Puppies. On the floor,' Tamsin's voice told him she was boss here and he didn't count at all.

Tim ached all over; he was badly bruised and very sore and it wasn't easy to walk. He put Zia's new chain on, and Tamsin came over and looked at it.

'That's wrong,' she said, and looped the chain over her left hand, showing him how the ring should be placed. 'If you get it on the wrong way it locks and chokes the dog; the right way, it acts as signal to her; she listens for the zing of the chain as you tighten it and relax it again; it's a sort of zipp. Listen.'

It sounded easy but it wasn't easy, as Zia had no intention of doing anything that Tim wanted her to do. She sat and scratched herself thoughtfully; she turned to play with the puppy next to her; she lay down on the floor and refused to move, till Tim felt that his dog was set to prove only one thing; that the new vet was an absolute fool.

'Go and sit down for a moment and watch the others,' Tamsin said. She smiled at him suddenly. 'That stallion pasted you, didn't he? Does it hurt a lot?'

'It's beginning to hurt like hell,' Tim said ruefully.

'It'll be worse tomorrow,' Tamsin said cheerfully and hurried off to help a plump small woman with the biggest dog Tim had ever seen; a young Pyrrenean mountain dog that appeared to think its role in life was to be the clown of the party. Told to sit, he lay down and bicycled madly, huge legs in the air, white coat showing the dust from the floor. He'd need an awful lot of grooming and cleaning up, Tim thought.

Beyond him, a girl was trying to control a red setter that appeared to think it was a caterpillar, progressing in leaps and bounds, zigzagging all over the floor. A small fox terrier had decided that it was a yo-yo and when it wasn't climbing its lead, or leaping up and down on the spot barking, it turned into a vacuum cleaner and siphoned across the floor, nose down, snuffling so noisily that Tim could hear its sniffs from the other side of the room.

It was absolute madness.

'Right,' Tamsin said. 'That's enough. Now we'll show you how it ought to be done and how it can be done. Susan, bring your puppy on to the floor.'

A girl of about fifteen came on to the floor with a golden retriever pup. 'Sue's mother breeds retriever's and Sue has been training puppies all her life, so don't get too depressed.

'Torro is just seventeen weeks old; younger than most of your puppies. Now watch what Susan does with him.'

Susan moved on to the floor, clicking her tongue softly to the puppy. The pup looked up at her, and had eyes for no-one else. Sue walked with her lead held loose at her side, the puppy following her; she turned and ran back, calling to him.

'Goooooood puppppppupppppuppppppppupppppp.'

The little animal raced to her, his tail wagging enthusiastically. She dropped back into a walk beside him still talking.

'You good boy, you lovely fellow, there's a good dog.' The tiny tail went on beating at the sound of her voice. He faltered and turned his head, and her voice sharpened.

'Watch me.'

She showed them how to sit the puppy; how to put

him down; and how to stand him. He knew the commands and obeyed them without being touched.

'Susan's mother starts teaching her pups at three weeks old,' Tamsin explained. 'The sooner they start, the easier it is for them to learn. They sit for food; sit for grooming; sit to have their collars on and stay until they are told to move. It's easy for Susan as she's done it since she was a little girl of three, when she took her first dog in the ring and won a childrens' handling class. It can be done, but you must be firm. If you aren't boss, your dog will be.'

Tamsin looked at Tim. He wasn't always firm with Zia. He stood stiffly and walked into the floor. It was going to be hard to put on a happy cheerful face; he felt like death in a bath chair.

'Tim, wake up.' Tamsin's voice was a harsh angry whisper in his ear. She had just told everyone to do something and he hadn't heard.

He flicked his fingers, and Zia looked up at him.

'That's what you want to work on. Now go off into a corner and try.'

Tim went off by himself and tried to behave as Susan had behaved. Zia didn't want to know. She'd been playing about in her own way for over fourteen weeks now and she had already learned bad habits. He was going to have to work on her to change that; maybe he could start Dana off in a better way. There was more to owning and training a puppy than he'd realised and dog club wasn't a piece of cake; it was very hard work. He flicked his fingers again at Zia and she looked up at him and wagged her tail.

'Praise her!' Tamsin shouted, and Tim stroked his puppy.

'No, use your voice. Good dog.' Zia turned to Tamsin and dived to the end of her lead. 'Don't let her do that. She needs checking. She must do what you want, all the time, not what she wants.' Tamsin turned to the class. 'Your dogs want to do their own thing; chew up shoes and socks; make messes indoors; bite if they feel like it; you have to teach them that's not on.'

She paused as the door opened and one of the biggest men Tim had ever seen came in with a giant German Shepherd, also the biggest he'd seen. The man walked down the hall, and the dog followed him closely, off the lead.

The owner stopped to exchange a word with the receptionist and the dog sat without, as far as Tim could see, any command at all, his eyes never leaving his master's face.

'Bring Titan on to the floor, Sandy,' Tamsin said, and the man turned. He removed his hat to reveal a thick shock of ginger brown hair, and blue eyes.

'Aye, Miss Tamsin,' the man said. He grinned at Tamsin, and walked his dog on to the floor.

'Sandy's a police dog handler,' Tamsin said to Tim. She grinned up at the huge man. 'He's not as green as he looks; or as dumb as he pretends, so watch him and his dog; it's trained to manwork, so don't try and fight Sandy or you'll regret it.'

There was a roar of laughter. Sandy was all of six foot four above Tim and it was hard to imagine anyone challenging him, with or without his dog. He walked the dog round the hall. Titan stopped when Sandy stopped; started when Sandy started, went down without apparently any command, and then Tim realised that the man was using the tiniest flick of a finger to command his dog. He sent him to the platform at the far end of the hall. The dog jumped on to the stage, went quietly to the back and lay down.

'Okay. Now my class of sinners,' Sandy said.

'Stay and watch,' Tamsin said, seating herself beside Tim. 'These are the top dogs and they aren't at all bad.

I've finished for tonight; I'll go home early as dad isn't too well. I only take the puppy class tonight; we take it in turns to take the starters' classes, as I can't always leave dad, and Don who stands in for me, has a wife who isn't too well; so we try and fit in when we can and help each other out. We need more trainers but its hard to find people who not only know how to teach people, but also know about dogs. All breeds; not just one.'

Tim was watching the class with fascination. It was a small class, only six people with their dogs. A small dark woman with a German Shepherd, a man with a very attentive golden retreiever; a young girl of about twelve with a scottie; Susan with an older golden retriever, working with its tail going and its head held proudly, keeping in perfect step with her; a small man with a very good young collie dog, was the fifth member and beyond him a grey haired woman well beyond retirement age was working a sheltie.

He watched them heel in unison, turning right and left and about, like a group of soldiers on parade. The dogs paid total attention, without, apparently, any effort from the handlers.

'That takes some doing,' Tamsin said. 'Those dogs have been coming to club for four years. Those people really do train and enjoy it, which is why the dogs work well; they think it's fun to work with their owners and Sandy's a top trainer. We're lucky to have him as he teaches the police dog handlers. He's a sergeant in the town force, and drives thirty kilometres every week to come and help out, unless he's on duty or has an emergency.'

Just like me, Tim thought and yawned.

The six dogs were now lying in a row on the floor, the handlers walking out through the doors.

'Stay out of sight!' Tamsin said. 'They have to stay without moving for ten minutes. We'll go after the handlers come back. Your homework this week is to get your dog's attention.'

It sounded so easy.

'Use a toy, or a dangly sock; one of her torn up trophies.' Tim wondered if he had any private life at all. Lisa must have told Tamsin she had found socks all over the garden, torn into rags. 'Use a piece of cloth, knotted in the middle. Get her to watch it when you're resting.'

That was a laugh, Tim thought ruefully; so far resting had been something other people did, not him.

He dropped Tamsin off, and then drove home.

He let Zia run and empty herself in the garden. She needed feeding.

Lisa was waiting at the front door.

'I've fed Dana and I'll feed Zia. The pups can stay with me while you eat in peace,' she said. 'I'm on my own tonight. I lit your fire for you; it's been a rough day and I expect you're sore. His Lordship did that to Fitz last year and he had a very bad week. You aren't the only sufferer, as the stallion's very naughty.'

Naughty wasn't the word Tim wanted to use, but he was grateful to Lisa for her thoughtfulness and even more so when he went into the quiet room, and saw the leaping flames, and the meal spread on the table. Ham and salad and potato crisps; home-made bread and farm butter; an egg-custard which proved to have stewed apple flavoured with some delicious unidentifiable taste beneath it and a huge slice of sponge cake, filled with jam and cream. He made himself coffee and relaxed in the deep armchair. The cushions were soft and he fell asleep, the coffee untasted.

Lisa knocked on the door and hearing no sound inside, came in to the room. She shook him awake.

'Go to bed, Tim. I'll keep the pups tonight; you need some sleep and you might be up at milking; that's usually when the farmers find trouble.'

Tim knew that only too well. He showered; the water would help his aching bones.

Bed was luxury; he stretched himself blissfully, aware of clean pyjamas and clean sheets, of the ability to go off to sleep without worrying about taking out the pups for their last walk; or of getting up early to find they had already made a mess or a puddle that had to be cleaned up; or coping with their first feed and their exuberance when he was busy.

'Double, double, toil and trouble,' he thought suddenly mis-remembering lines from Shakespeare.

He was awake early. He tried to sit up and wondered if he would ever be able to move again. He had never ached so much in his life.

Only a lunatic would want to be a vet. Why did people have stallions? He laughed at himself as the answer came unbidden. To get foals. There wasn't any other way.

Fitz was back. The car stood outside the house, and the second Land Rover was gone. Surely he hadn't gone out to an emergency? Tim had been on call.

Lisa knocked on the door and he opened it. The pups raced in and greeted him as if they had been away for a year. Dana leaped at him trying to lick his face, and Zia rolled on her back to have her tummy rubbed. The room was suddenly full of life and activity.

'You slept through the phone,' Lisa said, standing in the doorway. 'I was up when Fitz came home and told him about your encounter with his Lordship so he said if you didn't wake he'd take any call that came in. Someone had a pony frightened in the night; it stampeded and got hung up on wire. I think he's had to put it down. Poor brute was in a terrible state by the sound of it. If he has, look out for ructions as he loathes having to give up on any animal and he'll be in a vile temper all day.'

Tim looked at her, unable to think of any reply. He hobbled over to the surgery to begin on the day's clients.

Lisa came in with a card.

'Your first patient is as nutty as a bar of fruit and nut chocolate,' she said, putting the card down on the table.

'Owner or dog?' Tim asked.

'Both. The dog is a cross between heaven knows what and a German Shepherd; it lives on chocolate and cream cakes and toffees that get stuck in its gums; and the children get chewing gum all over its coat. It eats bath towels and distemper among other things.'

'Interesting.' Tim didn't think it the least bit interesting. He hoped it would behave itself; he didn't feel strong enough to argue with even a chihuahua, let alone a really big dog. 'What's it done today?'

Lisa grinned.

'I give you three guesses,' she said, as she went out. She looked back at him. 'On second thoughts, you'll never guess, as whatever else anyone can say about Gnasher, he's consistently very original.'

With a name like that he needed to be, Tim thought. He turned his head as a slim woman with softly curling hair came into the room. Beside her was the oddest looking dog Tim had ever seen.

He stared at it, his eyes wide open with disbelief. It was going to be another of those days.

Tim could not think of any word that would describe a dog like this.

What was even worse, he hadn't a clue what to do about it.

CHAPTER 3

Both Tamsin and Lisa were looking at the dog in astonishment. It would, in normal circumstances, have a dense long-haired coat of black and gold and cream; its body was the wrong shape for a German Shephered but the head and tail and paws were right, or would be at any other time.

The whole of the dog's back and tail were covered in a coat of thick clear varnish. The tail was held against the dog's hind leg; the stuff had missed its mouth and eyes and one ear, but for the rest it looked as if it had been painted over.

'One of the children let him out of the kitchen and we had the decorators in,' the owner said. 'Gnasher raced at the ladder and knocked it down and the varnish tin spilled all over him.'

'Was there a man on the ladder?' Tim asked, his mind unhappily full of a very unpleasant picture indeed. It was big strong dog.

'He broke his arm. He won't finish the job and he's going to sue us,' the woman said. 'It wasn't really Gnasher's fault; he thought we had burglars. He didn't know anyone was there.'

Tim swallowed his words. It wasn't his job to give lessons to people who ought to know better but never did. He was aware that Zia was going to be a big dog; Tamsin was right. If you owned a dog, you trained it and controlled it, or it might do anything crazy. The dog didn't know.

Meanwhile, what the devil did you do with a dog covered in varnish? He couldn't use a chemical to dissolve the stuff; that would poison the dog. Tamsin had gone out of the room. She returned a moment later with his Fitz.

'So Gnasher's done it again,' he said, in a voice that Tim hadn't heard before. 'I've warned you; the dog is a danger to you and to everyone he comes in contact with. He bit the milkman; he chased the postman who fell off his bike; and now he's broken a man's arm. And I suppose you still aren't insured?'

'He's a sweet dog, really,' the owner said. 'He just loves people; and if they run away from him he doesn't understand and runs after them.'

'You have two choices,' Fitz said. 'We put him down before he does some really bad damage to someone, like causing a car crash in which several people are killed; or you go to training classes, keep him under control and control your children. Since I don't think you're capable of either, you could try finding him a home with someone who understands dogs and doesn't treat them like babies, and spoil them rotten.'

The woman looked at him, her face bright red.

'Can you do anything about the varnish?' she asked. 'It won't kill him, will it?'

Tim looked at his boss. He might as well be talking to the moon. The owner just didn't seem to have taken in a word he'd said.

'The dog will have to be shaved all over; it will be a long fiddly job, it will probably take my assistant four hours and operating costs £20.00 an hour. So it will cost you £80.00 to have the varnish removed; the dog will need a coat to keep him warm this weather as he won't have any fur and that will cost another £20.00; and on top of that you have to pay damages to your decorator. Also if we get bitten, *I'll* sue you.'

Fitz was angry; the dog was going to waste everyone's time and it wasn't the first time he'd had to operate on it for something that should never have happened. He'd removed four stones from its inside; had unblocked it after it had been given a whole chicken carcase to eat and nearly died. It had been lucky not to suffer from bone splinters in its guts. He'd just come in after a difficult case on a farm and he was tired.

'Please get him right. I'll take him to dog class,' the owner said.

She went out and Tamsin came in a moment later and took the dog off to tie it in the hospital until it was time to operate.

Lisa brought in a small dachshund with a bad cut on its pad.

Tim cleaned the injury and bandaged the paw. The dog sat quietly, its head on one side, black eyes wise and watchful.

'Unlike our previous client, that's one of our star pupils,' Tamsin said. 'He's always very good, aren't you, Danny?'

The dog looked up at her and wagged his tail.

'I started him at twelve weeks old,' the owner said proudly. 'The club's been wonderful for him; I hadn't any idea about dogs before I went. Now I don't need to worry; Danny has learned to do as I tell him and he's remarkably easy to live with.'

She picked the little dog up and tucked him under her arm.

'I sometimes wonder if it's worth even trying,' Tamsin said. 'Then a dog like Danny comes in and you know it's worth doing. The main trouble is the kind of breeders who think they know everything and tell everyone not to train till the dog is six months old. Puppy class isn't that kind of training but they won't come and see; they just go on and on churning out advice and because they breed a litter of puppies, the buyer thinks they're some kind of god. 'The breeder told us that medicine was wrong for the dog; the breeder says we should do so and so,' and it's a load of old rubbish.'

Tamsin walked out of the room. She didn't seem to be having a very good day either, thought Tim.

'Tam's father is back in hospital,' Lisa said. 'She has a rough life. Both her parents are very difficult. Her father's the worst tempered man I've ever met. He hates being in a wheelchair and takes it out on the rest of the world.'

There wasn't time for more. Tim dealt with a cat with ear canker; a dog that needed a booster injection against the three killer diseases; a rabbit that had been injured by a stray dog; and then looked in disbelief at the last patient of the day.

'I think it's got constipation,' the owner said, putting down a huge miserable turkey on the table. It hung its head and huddled its wings and looked as miserable as any bird could look.

'I think it's probably got pneumonia,' Tim said, a few minutes later. 'Do we hospitalise them, Lisa?'

Lisa nodded. 'There's a special enclosure for them in the big stable. There's a sick calf at one end now; we can put this one at the far end.'

'I can't promise it will recover,' Tim said, looking at the bird. Turkeys were by far the most difficult of birds, and specialised in ill health and peculiar diseases. Lisa carried the bird out and the owner drove away in his Land Rover a few minutes later.

'Time for coffee,' Tamsin called, as Nell came in to clean up the surgery. Nell was as much part of the place as anyone, taking immense pride in having the cleanest surgery and waiting room of any vet in the county. She began work on the examination table.

'Operating room's clean as a newly bathed baby,' she

said to Tim who grinned at her. Nell was endearing. She could be any age from sixty to eighty and he sometimes thought she must be nearly ninety; when no-one was looking she walked like a very old lady indeed. Now, with people watching, she moved briskly, determined to go on with a job she enjoyed for as long as possible.

Sheila was pouring coffee into glass beakers and smiled at Tim as he came in.

'You'll need sustenance before starting on Gnasher,' she said.' 'It looks like a fiddley tricky job. I've never seen anything like him; and we get all sorts here.'

'Had a bright blue cat once,' Fitz remarked, looking through the biscuits to pick out those with chocolate coverings. 'He knocked over a tin of paint. Never had a varnished dog though.'

Tim drank his coffee and thought about the job ahead. In the twelve weeks he'd been working he'd seen more peculiar cases than in his whole college life. He had worked for two vets during his training, but neither had had patients like this. Or had they? Thinking back, he remembered a dog that had swallowed a clothes peg; a cat completely enmeshed in plastic netting, a rabbit stuck in a narrow drainpipe that had to be smashed to release it.

Animals had no sense and people didn't look after them properly.

He looked across the room at Zia and Dana, both sound asleep in the wire pen. Zia whined in her sleep and her back legs raced as if she were chasing rabbits. Dana stood, yawned, turned round and curled up.

'They're tired,' Tim said.

'I took them across to your garden and let them romp.' said Sheila. 'It hasn't been a very busy morning for me. Nell said she'd cope with the phone and they were both playing the fool and obviously needed to let off some energy.'

Everyone was so dog minded it made it much easier to cope, Tim thought, realising how lucky he was. Fitz would have loved to have dogs around the house, but his wife hated animals. He often took the pups off and played with them, throwing the round quoit that was the only toy he allowed; saying that sticks, thrown carelessly, could pierce eyes or cheeks or throat; and balls could be caught badly and stick in the dog's gullets. He'd had two dogs die on the operating table with their air passages blocked, before he could get the balls free.

'Gnasher's going to cause real trouble before they're through with that dog,' Fitz sighed, looking out of the window at the desolate garden. Rain dripped heavily from the trees and drummed on the window panes. The grass was sodden; the flower beds dismal. Summer was a memory and spring only a hope.

'Six weeks to Christmas. We'll spend our time making up medicines for dogs that have eaten the turkey; been given Christmas pudding, stolen mince pies, cut themselves on Christmas tree baubles; been trodden on, lost, burned, or run over because the whole house is excited and no one remembers the dog. And then after Christmas comes the New Year and I won't be civil for weeks then. I hate New Year.' He slammed suddenly out of the room and Tim stared at the sharply closed door.

'What's wrong with New Year?'

'That's when we get the Christmas present puppies in to re-home or put down,' Tamsin said. 'We're all vile tempered at New Year. Uncles and aunts, grandparents and parents go besotted and give the children a puppy for Christmas. They bring the poor little brute into a house full of people, full of excitement; people visiting, phone ringing, children racing round like wild animals, thinking about their new bicycles and parties and presents, and no-one remembers the poor puppy; it's crouched in terror under some piece of furniture, away from feet that tread on it; it needs to go out and no-one remembers; some of them don't remember to feed it. One puppy was brought in on Christmas Eve, messed the kitchen and they put it in the cellar and forgot it. I got them prosecuted by the R.S.P.C.A.; it was there four days before anyone remembered. Fitz nearly committed murder.' Tamsin was so angry at the memory that she slammed the door too.

Lisa looked at Tim.

'Go and see to Gnasher before Sheila and I start howling at our memories,' she said. 'Bad owners aren't always wicked; just thoughtless and silly and they shouldn't have dogs. They go to work and leave them in garages; they don't train them; they think they have no feelings and can be put away as if they were toys, but they can't do it. The dog suffers, by being alone, by being untrained, or else they let it out and it reverts to being a wild animal and runs in packs and those packs can kill. Such people don't understand dogs at all.'

Tim drained his coffee mug. He wanted another cup but he had work to do. Tamsin brought in Gnasher, his jaws bound with tape.

'He bites when he's frightened or hurt, just to add to the fun,' she said.

Tim gave the anaesthetic, watching carefully. The dog had already had one injection and was sleepy.

It was necessary to get at the fur that wasn't glued to the dog's body. It proved an impossible task, taking hours, as he had to cut close to the skin, where the fur was still fur and not a mass of shiny gloss. He had a Siamese cat to neuter, and a bitch to spay; and a growth to remove from the shoulder of one of the police dogs. He was going to be operating all day.

He paused an hour later to look at the mass of glued up fur on the floor. He'd taken most of the fur from the dog's back, from all round its ears, and the tail hung like a thick grey rod, looking totally unlike any tail he'd ever seen. It would be months before the dog looked like a dog again.

It was lunch time when he'd finished.

'There's an emergency in the waiting room,' Lisa announced, coming into the room after carrying the dog out to the hospital and sweeping the fur off the floor. 'It looks like poison; a kitten about four months old.'

Two men and a little boy sat anxiously on the chairs in the waiting room. One of the men held a tiny kitten whose body arched and relaxed, arched and relaxed, its small mouth uttering the most appalling noises. Tim took it. There wasn't a chance in a million that he could do anything for it. He looked into the mouth which was burned with some kind of chemical.

Silent tears were dripping down the small boy's cheeks.

'We don't know where it went,' the man said. Tim led him into the surgery and put the cat on the table.

'I'm sorry,' he said. 'There's only one thing to do; the cat's in agony and will die within the next two days. He needs his suffering ended now.'

'We'll do all we can,' the man said. 'He's my son's kitten.'

'No-one can do anything; I can't even relieve the pain. He's burned inside right through and its only a matter of time. There isn't a choice; and it's cruel to let him suffer any longer.'

The man went outside and Tim listened to the screams from the kitten. If only they'd hurry; he knew there was no future for this one and misery flooded him so that he felt sick. Tamsin came into the room, and stood looking.

'I never get used to it,' she said furiously.

The man came back.

'All right,' he said. There was a form to sign. The man

went out again and Tamsin prepared the kitten for the last injection it would ever know. It lay beneath her hands, a scrap of nothing, lost in its own agony. Tim thought the drug would never take effect, but at last the struggling stopped, and the room was silent.

Tamsin picked up the small body and went out, her mouth set and grim. She had to swallow hard. The owners had gone, the small boy's sobs sounding as they drove away.

'It's lunch time,' Tamsin said, as she returned to clean up. Tim went out, knowing there was nothing he could say that would help her or for that matter help him.

He picked up the pups and went over to his cottage. They both ran round the garden and performed happily when told; he praised them and took them in. He decided to feed them after he'd eaten and let them play briefly again. It would take away the uselessness he felt at having been unable to do anything for the kitten. It was the first time he'd had to put such a young animal to sleep and he didn't like the feeling. He hadn't thought he would feel anything, but he did; he felt for the owners and for the suffering of the tiny animal; and for Tamsin who had plainly cared very much.

He wondered if you ever got used to death; ever got to the stage when you no longer minded; when you took it for granted. He didn't think he ever could. He looked at Dana and Zia and knew that their lives would be shorter than his and when they went he would be desolate.

This way, he'd drive himself nuts. He didn't know what to cook for his lunch. He didn't feel like anything.

There was a rap on his door.

Sheila, Tamsin and Lisa stood there.

'We're cheering ourselves up Sheila went for fish and chips. We always do if we have something happen like this; or we'd all spend half our lives in total misery. Your house or mine?'

'Mine,' Tim said. The smell from the packages had alerted the dogs; they sat, expectant looks on their faces, as Lisa found four plates and ran hot water over them to warm them, then dished out slices of fish in batter for everyone and piles of chips. Tim found the sauce bottle and drenched his, while Sheila looked for vinegar and Tamsin covered hers in salt.

Tim offered each dog a chip; it was too hot and they dropped it on the carpet and sat, sniffing, till it cooled off.

'Dogs have a lot of sense, really,' Tamsin said, having burnt her own tongue.

Sheila looked across at Tim.

'It's your afternoon off tomorrow. You haven't made it yet; so go, and get right away from here. You need a change. We all get bogged down. Drive into the hills; it's only eighty kilometres away. Have a meal somewhere, walk the pups, get yourself into the fresh air, and don't think about the job at all. You can be too dedicated. Fitz has learned to go out and switch off; you haven't been away at all, and it's also time you took a weekend off; go home, or visit friends, but make sure they aren't vets. Go to the ballet or the theatre; leave the pups and have a day in London; do something totally different.'

It seemed like a good idea. Tim felt better after eating; the fish and chips had been good, and he'd been glad of company.

The afternoon was easier, and that evening he was off duty and for the first time nothing interrupted him. He sorted through some of his books; played with the pups, and managed to teach both of them to sit on command. Dana did it with an air of mischief, sitting on one side, her leg sloping away from her, her eyes looking up at him, saying 'aren't I a fool?' Zia was much more anxious, trying very hard to sit straight, and, Tim suddenly realised, very jealous of Dana so that when he praised Dana,

Zia wanted praise too, and worked extra hard to get it.

'Me, me, me,' her urgent body and wagging tail said, and she shoved her nose against Dana and pushed her away. It was something he would have to watch; he didn't want Zia to turn into a bully and she was so much bigger than the little collie crossbreed that she might well do just that.

He stretched out on the settee, still aching from his encounter with the stallion, and watched the puppies play. They rolled over one another; Dana's tiny black and white body wagged from one end to the other. Zia flopped, as if her legs were too long for her and not under control. They rolled together, biting at ears and throats in play and then Dana stood up, bent her front legs and arched her body, and barked, inviting Zia to race round the room after her.

Zia was already too big for such games indoors, and Tim stopped them and reluctantly put the two pups in their sleeping kennel. He would have to get another for Dana so that they could sleep separately. They all might sleep more peacefully then. The crate Zia had had as a small pup was in the hospital now, as she had quickly outgrown it. It meant they had an extra cage for any puppy that might come in.

He took out his map. Tomorrow he would get right away; into the hills, as Sheila had suggested. If he left at one, after a quick lunch, he could be up in the foothills by two; he could eat at one of the hotels on the way home, and forget for a few hours that he had anything to do with any animals but his own.

He'd forgotten about his post. It lay on the table, unopened, three letters and a flat parcel, addressed in Aunt Dora's handwriting.

He opened the letters first; one from his mother; one from Tom Burney, who'd qualified when he had and was working in a big farming practice, complaining that he never got any sleep as cow after cow decided to have something outrageous or peculiar wrong with it at four in the morning and pigs had the oddest habits as well. The last letter was from Trish, his niece, full of funny little drawings and asking after the puppy. He must try and find time to write and tell her about Dana, and he wondered what his mother would say when he turned up at home, not with one dog, but two.

He opened Aunt Dora's parcel last.

There was a signed print by a painter he'd never heard of before, numbered 121/250, which mystified him. It was a picture he liked immensely, and would look wonderful over the mantelpiece. The background was of a snowy mountain, blurred so that cloud and slope merged, and, leaping up it, in mid jump, was a lynx, its body stretched and beautiful, caught as it gave chase. It was a picture of life and action, a picture that made him stop and think, a picture he would enjoy having there to look at when he was alone. He would never tire of it. The animal was full of vigour, full of joy, a symbol of tireless energy and total beauty.

Aunt Dora's letter was brief.

This is an investment, the artist will be very well known one day according to Marilyn. I'd rather give you things now than let you have them when I'm dead: that's no fun for me. So I hope you like it as much as I do. It's one I'd have chosen for myself. I did indulge myself; I've a picture of two pointers working in the field by a different artist. That will be yours one day too. I'm feeling old and defeated, so write and tell me how my present to you is doing and don't forget your old aunt. I fell and hurt my back, which is a silly thing to do and guaranteed to make anyone feel old. You won't know what it's like to ache all over.

She signed herself in, a scrawl that might be anything.

Tim laughed. He knew what it felt like to ache all

over; he ached right now; every bruise he had ached and he was more exhausted than he'd ever imagined possible. He would never manage to get up in the morning.

Meanwhile, before he went to bed, he ought to write to Aunt Dora and thank her and maybe tomorrow Lisa would tell him where he could get his picture framed. If only, just for tonight, all the animals in the district would stay fit and not need him. Fitz was on call but six nights ago they'd both had to go; he'd gone to a sow in trouble with her litter, and Fitz had spent the night delivering a calf with Tamsin's help. Tamsin herself looked exhausted; she could never get away as her parents both needed nursing, and even with her father now in hospital, she would have to spend her evenings visiting him. Her only 'night off' was dog club night.

He yawned, and found a piece of notepaper and started to write.

Dear Aunt Dora,

He woke an hour later, when Zia whimpered, and looked at the three words. He finished the letter hastily and stamped the envelope. He yawned and went to Zia, picked her up, put her on her lead, and took her outside. No use taking both pups together; they would have a wild riot and do nothing. Zia performed fast and he took her in.

Dana wanted to look at the moon. She found a molehill and dug it flat. She rolled on her back for her tummy to be rubbed. Tim wanted to go to bed.

Dana didn't.

She sat and looked thoughtfully at the moon and scratched herself.

She found an interesting smell and sniffed it.

She sniffed around the grass, looking for a convenient spot to empty herself, but nowhere smelt right and she pulled towards the gate.

'Hurry up,' he said sternly to her.

It was a cue word and Dana knew it and this time recognised a 'no nonsense, I'm getting fed up with you' tone and to Tim's surprise, squatted at once; and then wagged her tail, waiting for praise. She'd been good, hadn't she? He shook himself awake and patted her and she danced ahead of him, into the cottage.

He put Dana in the wire kennel. The pups were safe and nothing could be bitten or chewed. He had turf down in front of each bed in case they were caught out in the night, a tip he had picked up from Barbara Woodhouse's dog training programme one night when he had time to look at television.

The pups were curled on their blankets, small faces angelic, looking as if neither could ever do any wrong. He thought of Gnasher, who'd gone home wrapped in a blanket, staggering from the anaesthetic, growling when he was touched.

He propped his picture of the lynx up against the wall. It would look very good when he hung it. He put it away in its cardboard wrapping inside a drawer, just in case a pup found it and damaged it. Outside an owl hooted and a car revved on the main road.

Somewhere there was another noise too, an odd noise that he couldn't identify, as if something out there was tapping. He must remember to look in the morning. He'd heard it when he'd come in and gone outside but there was nothing to be seen.

He thought he heard the tapping again just before he went to sleep. Knock on wood and I'll be good, he thought idiotically as he sought to find a comfortable position in bed that wouldn't remind him of being kicked across a stable yard.

Tap, tap, tap. He was too sleepy to get up again. Maybe it was in Lisa's cottage; maybe it was a ghost. He'd try and find out in the morning. In no time at all he was asleep.

CHAPTER 4

Tim had forgotten about the tapping noise when he woke. He lay, looking sleepily out of the window, grateful for once to be left to wake by himself and not be called out to a cow with milk fever, or a calf that refused to come into the world without help.

He yawned, and went in to shave, and almost cut himself as he heard a shuffle and a scrape and then again a determined tap, tap, tap.

It came from the loft.

He dressed and found a chair that would help him open the hatch and go up into the darkness above. The hatch in the ceiling was stiff and he wondered how long it was since it had been opened.

He brought his torch and flashed it round the rafters. Dust and cobwebs lay thick, and in the far corner, staring at him from angry eyes, was a large and very dirty magpie. It had a sharp beak and looked remarkably unfriendly. It moved towards him and he realised it had a broken leg and a damaged wing. A large hole at the far end of the roof showed it had come in to find shelter.

He went down through the hatch again and fetched a large towel. The bird stared at him and, as he moved towards it, stabbed out with an angry beak. Tim flung the towel, gathered it up, and struggled down with a terrified and remarkably strong creature that tried to peck and that screeched like a banshee.

Downstairs the pups began to bark.

Lisa thumped on the wall.

'Sorry!' he yelled.

'You should be!' she yelled back. Plainly her day had got off to a bad start through him.

He took the struggling bundle downstairs and stared at it. What in the world did you do with an injured and very angry magpie? Lisa was hammering on the door.

'Are you out of your mind?' she asked. 'Do you know the time?'

'What do you do with a magpie with a broken leg and a broken wing?' asked Tim.

Lisa looked at him and then at his clothes which were filthy from crawling in the loft. The bundle on the table was threatening to explode.

'I'll get a cage,' she said. The prospect of a patient changed her attitude completely. She ran, in her dressing gown and nightdress, across the yard and into the hospital, to re-emerge with a large parrot cage. The bird struggled free from the towel as they put it inside, and emerged, shaking dirty ruffled feathers and attempting to preen them back into position.

In between, it eyed Lisa and Tim with fury and screeched.

'It's in a bad way,' said Lisa. 'We'll feed it before we do anything. I'll see to it. Get your breakfast. It's your turn to do morning surgery, and there are a couple of cats to be spayed, as well as a bitch, this morning.'

Tim took the two pups into the garden. Dana rushed around busily, exploring every blade of grass, convinced that each smelt better than the last. She was an odd little pup, now all legs and not much body, and Tim despaired of ever getting any flesh on her bones. He was adding baby food to her normal diet in an effort to make her look at least half way to well nourished. She had courage and she found life exciting, and she had more character than many other dogs he knew.

Zia was demolishing molehills. She dug, getting dirt on her nose, apparently taking revenge on the moles for the night she had had earth thrown into her eyes. Dig, dig, dig, till the ground was level and then she was away to another hump, reminding Tim of his mother going round the house.

'Dear, dear, there's another cobweb, where do they all come from?'

The moles were remarkably busy and as a result Zia was kept busy too.

The postman passed the gate and the pups barked.

'That won't do,' the man said, and stopped. 'Nothing for you today, Mr. Yorke. Let's make a fuss of those big brave girls of yours, so that they get to know me. Stops me being bitten at a lot of houses. I always like to know the pups.'

He leaned his bicycle against the gatepost and came into the garden. The pups changed from pretending to be big fierce dogs to happy little animals that rushed to him, tails beating wildly, as he stooped down, squatting till he was on their level, and tickled tummies and fussed them. Both licked his cheek.

'I wonder what's in my pocket?' he said, as the pups sniffed at his coat. 'They can smell my dog. You'll be seeing him in a day or two when he comes for his booster. A labrador, Sam is. Coal black and clever as they come. He always knows when its time to go out and brings his gear to me. 'Come on, don't lie down on the job, let's get moving,' his nose says and he pushes me out of my chair. Always makes the kids laugh.' He rolled Dana over and tickled her. 'This is your clever one; that one is good, but not so bright. You can always tell the really trainable ones. Ah well, this won't get the mail delivered.'

He wheeled the bike out into the lane and rode off, whistling.

Tim went in to make up the pups food; an easy meal

of brown bread, and milk, with a raw egg added to each bowl. Both pups loved egg day. He added Dana's extra bonemeal, and vitamin tablets for both of them, and a seaweed tablet as well. The pups knew they had to sit and wait and watch him. Tamsin had already taught them that. Tim too often forgot to discipline them. He really would have to remember the dogs all the time; not just some of the time. If he forgot about them, they ganged up on him. He had now lost one of his best shoes to Dana, and Zia had eaten the thumb from his new sheepskin glove. He'd have to put them in the indoor kennel all the time at this rate, until they learned to be safe with his property.

Things cost too much to get wrecked.

The first cars were already drawing up in the drive ready for surgery. Fitz was already there, looking through the card index.

'I hear you're adopting a magpie.'

'Well, not exactly. I couldn't leave it in the loft injured though, could I?' Tim asked.

'You couldn't. But someone has to pay for its keeps; unless you turn it over to the R.S.P.C.A.'

'What would they do with it?'

'Hand it back to us to hospitalise but they'd probably pay for treating it,' Fitz said, grinning. 'Don't take any notice of me; being able to spend a whole night in bed without the telephone ringing has gone to my head. How do you like your job? You've been here over three months now?'

Just over three months? It felt like over a year; it felt like for ever. Tim found it hard to remember a time when he hadn't worked her. He thought back to Hellhole farm and to the old horse. This was far better.

'I like it,' Tim said.

'But?'

He hadn't been aware of a hint of query in his voice.

He thought over what he had said and tried to work out why he felt as he did.

'It's just that nearly everything I've done so far has been the result of somebody being careless; not the dog being ill or the cat being ill. If the owner wasn't careless; someone else was; cut paws through broken glass; dogs hurt in fights because the owner let them off lead when they know they fight; dogs run over because someone left a door open; the cat with a rubber band deep in its leg . . .' He stopped; that had been a nasty operation as the band had cut right deep into the flesh where the injury had festered. They'd been lucky that the cat didn't get gangrene.

'That's animal work for you,' Fitz said. 'How's Dana doing?'

'She doesn't seem to digest as well as Zia. So she has an extra meal; and I give her baby foods to try and get some flesh on her. She was full of worms as well; I got roundworms and tape worms from her. In fact, she's due for another worming, but I don't like doing it while she's so thin.'

'Probably the worms making her thin,' Fitz walked to the window and looked out. 'And here's a new problem now. Owner needs shooting, I should think. Under that mat of filthy fur, it's probably a very nice Afghan.'

Tim glanced out of the window and then stood and stared in disbelief at what appeared to be a walking matted, filthy doormat, covered in mud, with its own dung plastered all round its tail. It waddled wearily beside its owner on a piece of knotted rope.

'I'll take that one,' Fitz said between clenched teeth. His mouth was so taut that the flesh round it was white, and his eyes were hard and angry. Tim stood against the medicine cabinet and waited.

The dog came in with a small fat man with bleary eyes and with clothes almost as dirty as the dog's. Fitz looked at him.

'So it's you!'

'Found it wandering, didn't I?' he said at once, seeing Fitz's expression. 'Poor beast, did you ever see anything like it? Brought it to be looked at before ringing the R.S.P.C.A.'

'Okay, Johnno,' Fitz said. 'Where did you nick it from?'

'Over on the caravan site. It's been tied up day and night in a shed for eight weeks. I don't want to report them, doesn't do me no good, and since I'm the only one ever around they'd know who it was.'

'And they won't know who pinched it?' Fitz said.

'Chewed through her rope, didn't she?' Johnno said smugly. 'Look.' He held up the bitten end of rope.

'Did you bite it through, you old rogue?' asked Fitz.

'Get away with you. It's thick as anchor rope, that is. But honest to God, Guv, she's in a way and it's not right to leave her like that, is it?'

'Okay Johnno. Lisa will clean her up and we'll get the R.S.P.C.A. to find her another home; that one won't do. Is she friendly with people?'

'She's okay with me.' Johnno rubbed the filthy head, and from somewhere in the dense mat of fur that covered it, two bright eyes looked at him and a tongue reached out and licked him.

Lisa, coming into the room, took one look.

'Don't tell me . . . a job for me. I hope we're charging someone for it. It's going to take all day; and she'll have fleas, lice, ticks, and probably centipedes and caterpillars as well in that lot.'

'She'll hatch out butterflies from that coat,' Johnno said, grinning to show brown stained stumpy teeth that were almost as horrible as the clothes he was wearing. He hurried out.

'Johnno's an odd ball,' Fitz said. 'He grinds knives for

people; not many roaming knife grinders left. Heaven knows where he sleeps; under a tarpaulin, I imagine, and cooks on a billy can. He has a dog of his own, and that looks like a palace dog. There they go now.'

Tim looked out of the window. Johnno, once outside, had put two fingers to his mouth and whistled shrilly, and a beautiful golden retriever, its coat gleaming like silk, had run to him from the bushes, where it had been lying quietly, waiting. Tim hadn't realised it belonged to Johnno.

'That dog could win prizes at any show in the country,' Fitz said. 'He's trained for the gun; Johnno has friends who will give him a day's shooting and the loan of a gun and he's a godsend with his dog. He can't stand seeing an animal ill treated, but he's scared stiff of the R.S.P.C.A. in case they take his own dog off him, as he lives rough.

The dog's fed on the best meat; and the best biscuit; I suspect Johnno has the leavings.' The Afghan was standing forlornly in the middle of the room. 'Get all that mess off her, and bath her. She'll probably be as thin as a whippet when you get her sorted. But keep her away from the hospital; it's an outdoor job I'm afraid.'

'I know that,' Lisa said, looking at the frosty ground. 'It's all I need to make my day perfect; got woken up by some idiot having a noisy argument with a magpie in the roof.'

The trouble with animals was that you never seemed able to plan. Tim decided to spend his afternoon off at home after all; maybe he'd cook a proper meal for once; perhaps read or write home; maybe write to Trish.

The cats and bitch for spaying hadn't yet arrived, so he took the opportunity to take over another wire sleeping kennel to the cottage for Dana. On his return, he told Lisa that the pup's tummy seemed upset.

'Kaolin and no feed; she ought to be okay in a day or two,' Lisa said, as though he knew nothing at all. 'You'll have to take her out into the garden much more; and try and keep her in the far part of the garden where the dogs don't usually go. Clean up the mess, and put Jeyes fluid on it and cover it with earth, or you'll get Zia infected.'

Zia was probably already infected, Tim thought, and wasn't in the least surprised to find he was right; which made it both easier and harder. No food at all for twenty four hours; that part was easy for him but wouldn't be for the dogs. Just as well it was his afternoon off; he was obviously going to spend it trotting in and out clearing up.

'It's not the dogs that lead a dog's life,' he said irritably to Tamsin, when he'd finished operating and rushed over to his cottage to find both kennels in a mess and both pups in a state. He had to clean them and the kennels.

He supposed they had picked the germ up from a dog that came to surgery. He took them out twice more before he made his lunch and by then had lost his appetite; he poached two eggs and put them on toast and ate a banana. He was making his coffee when Zia was sick.

One thing, he knew now what his patients suffered when their pets were ill. He thought of all the major diseases this might be. It could be the start of distemper, it could be the start of a hundred and one other things that dogs could die from. He wished he didn't know anything about veterinary medicine.

Zia whimpered and he went to her and took her out of her kennel and stroked her. She leaned against him confidingly, looking up at him, trusting him to make her better, just as he made life fun for her and brought her food. He patted her and put her back again as a knock came on the door.

'Arrowroot,' Lisa said, offering him a bowl of stuff that looked like thick white blancmange. 'Put their medicine in that, it will help bung them up. It's probably only that twelve hour bug; there seems to be a lot of it about, and you can't avoid it with young dogs when older dogs bring it to surgery. They'll soon be immune to practically everything.'

'Finished the Afghan?' Tim asked.

'I've finished; it's had about twenty pounds of matted mucky hair removed from it; looks like a sheep's fleece. I've only seen one worse. People who don't want to groom dogs ought to buy short coated breeds. Afghans need about an hour a day spent on them to make them look decent and keep the coat clean and unmatted. It's like that Sheltie we had last week. Did you see it?'

Lisa had perched herself on the edge of Tim's armchair with a handful of biscuits from the packet on the draining board.

'Not to notice. Fitz saw it.'

'She came in with a tummy infection. Fitz looked at her, rolled her over and then called me. She looked lovely on top, but they'd never given her even a brush underneath. You never saw such a mess. I had to cut the tangles off and there were burrs and chewing gum; all kinds of muck. Goodness knows if some people ever bother to really look at their dogs and see them. Look at these!' She held out her hands for Tim's inspection. They were blistered and the blisters had burst and her hands were raw. 'That's what holding the scissors for so long does. I don't think she's going back to her owners. If she does, Johnno will only pinch her again.' She laughed.

'This won't get the surgery and waiting room clean. Mrs. Mopp has flu, so I'll have to do it; and we've a new nursing case in. An abscess that they let get re-infected about three times so it's hospitalised. They say they can't keep the dog in; it likes going out and cries so much they haven't the heart not to open the gate. One day it's going to be killed by a car or shot by a farmer. It's a big hefty labrador and it isn't a nice fellow at all; shows me his teeth everytime I go near.'

'What do you do?' Tim asked.

'What do you think I do? Kiss him?' Lisa went out of the room and left Tim to his own thoughts. The pups were both sleeping. They'd need to go out fast as soon as they woke.

He couldn't take either pup to dog club. It would be a week before he was sure they were free of infection and couldn't harm other dogs; and that was after the symptoms cleared up.

Who'd be a dog owner?

It was to be a question he asked himself several times in the next two days as neither pup picked up. They were listless and wanted only to sleep. Although their tummies were better, neither was very interested in food. Tim fed them on steamed fish, which he flaked with his fingers to make sure there were no bones and added bran, and arrowroot to their diet.

What he needed most was a change; he was due for a weekend off. Maybe Lisa would look after the pups and he could go to London, and stay with Mark Luton, who was in practice there and wrote very occasionally about theatres and dining out and treating poodles belonging to model girls and also treating a dog that was a star in a children's television series.

Tim didn't really want to live in London, or any other big town, but he was suddenly tired of his job and wished he could get away and be looked after for a change.

A week later there was a knock on the door just before he went off to start surgery. A blue van stood outside and on his doorstep stood a round faced man in a striped apron, a grin on his rather ugly face.

'I'm your original travelling shop,' he said. 'Just started up in business for myself. I lost my job at the factory. Cutting down on personnel they call it, but feels like starvation to me. No jobs in this area so me and the wife decided to have a travelling shop. I'm trying to have a list of regulars; people like yourself who don't have time to go to town. If there's anything you want that I don't stock I'll get it; and we aren't overcharging; you can compare our prices with any in town.'

A travelling shop sounded like a godsend. His diet would improve tremendously. Tim looked inside the van. Neat shelves holding everything under the sun, cunningly anchored so that the goods didn't fall all over the place. Tins of soups and tins of beans and tins of puddings and tins of fruit; a case of eggs on the floor; meat wrapped into small pieces carefully packed; greengroceries; milk in cartons; paper to write on and envelopes; notebooks and pens and pencils; dogfood and catfood; biscuits and bread. It was like looking into an Aladin's cave and would save him hours of travelling to the shops and also save on petrol.

He stocked up his pantry, and promised that next time he'd leave a list in case he was busy when the van called.

'Sam's the name; Sam Best, and 'Best of All' is our motto,' Sam said, as he pocketed two ten pound notes and gave Tim thirty pence in change. 'I'll call over at surgery for the money; that is, if you aren't here. Always the same day and around the same time, and maybe if my dog needs treatment that can be managed too.'

He flicked his fingers to Zia, who was sitting behind Tim, watching. Dana had recently decided again that people were a bad thing and gone off to hide; that was something Tim would have to prevent. She'd had a bad start and maybe Sam reminded her of someone who'd been unkind to her. It had only happened again since the pup was ill, so perhaps it was because they had been shut away from people on their own. He'd have to buy a specialist book on dog behaviour and find out more. Something seemed to crop up every day that surprised him. But at least he could be understanding when people with puppies came, as his had done most of the things that pups owners' shouldn't do, in spite of all his care.

He put the groceries on the kitchen table, and went across to surgery. This time taking the pups and putting them together in the pen in the office. Both were now fit to mix with other dogs.

The magpie screamed at him angrily. They'd named it Gwyn which could be either male or female; if it was female they'd spell it Gwynne. Lisa had taped the angry stabbing beak and splinted its wing and broken leg. Gwyn hopped round the cage, and now allowed people to approach him, waiting until a finger came in to a stroke his throat, when, with a devilish look in his eye, he stabbed down hard, apparently delighting in producing human squeals and drawing blood.

'If he stabs at you, bang him on the beak and say no,' said Lisa. 'He's learning and he's also very hungry, so he'll put up with us when it's feeding time. Anyway, he seems to know that we mean well when we change his water. He's very mischievous and he'll try and take rings off your fingers and ear-rings off ears. He can't resist anything that glitters, so watch out.'

Tim had neither rings nor ear-rings. He made whistling noises at Gwyn, and to his surprise the bird picked up the phrase and whistled it back at him. He preened irritably under his good wing, ruffled his feathers and sat on the perch, putting his head on one side to examine Tim carefully. This was a strange world and he wasn't at all sure of it. Tim wondered how he would take to flying free again if the wing healed properly.

'What are you feeding him on?' Tim asked Lisa. Somehow the magpie looked much more like a 'he' than a 'she' but it was impossible to tell. The gleam was returning to his feathers, and in the cage he looked a very large and strikingly coloured bird, the sunshine picking out a peacock glitter that Tim had never noticed before when he saw the birds flying wild.

'Raw eggs; grain and any odd pieces of meat we have. He had a rabbit leg yesterday. One of the farmers brought it in. People are rather intrigued. Tamsin was telling one of her neighbours and he mentioned it in the Woolsack at a darts match; and now almost everyone who comes in has heard of him and asks how he is.'

Surgery had filled up while they were talking. Tim put on his white coat and went in to deal with the daily batch of problems. A number seemed to repeat themselves; one or two of the dogs were now familiar to him, but the majority came rarely, needing only an annual booster, or perhaps treatment for a damaged paw, or minor ear trouble.

'Your last patient is going to need hospitalisation,' Tamsin said, coming in just before half past ten. 'I've never seen ears like it; he's had canker for months and no-one has done anything for him.'

It was all Tim needed for his last case of the morning. Ear trouble was painful and dogs hated being treated; and if it was long standing it was even worse.

The dog was a liver and white spaniel. He pawed at his ears irritably as he came in, and growled as he was lifted on the table. Tamsin tied a bandage round his muzzle fast, knotting it at the back of the neck.

'My dog doesn't need muzzling,' the owner said indignantly. She was a small white haired woman, with angry eyes and an angry mouth. She glared at Tim and Tamsin. 'The poor boy just has a little bother with his ears. It started quite suddenly,'

Tim could smell the dog's ears as he bent over them. Whatever else had happened this hadn't started suddenly. The ears were caked with blood and black muck.

'He's had canker for months; he's scratched because it itched and hurt; and he must've had a deep abscess that's burst; he must be in agony,' Tim said furiously. 'How would you like ear-ache for weeks on end? Don't you care a thing about your dog? How could you leave him like that?'

'I don't like your tone, young man,' the woman said. 'I'll report you to your employer. No one talks like that to me. I'm well known round here, and I've kept dogs all my life. This is my stud dog.'

Tim opened his mouth and felt a hard kick on the ankle. He glared at Tamsin and swallowed his words.

'We need to keep him in and get those abscesses cleared up; he'll need an anaesthetic to knock him out, or it'll hurt too much,' Tim said, keeping his temper with a tremendous effort, only wishing that she would hurry up and go away. Slightly appeased, the woman went out, leaving Tamsin to take the dog into the hospital and cage him. He lay forlornly on the newspaper with his head on his paws. Tim lifted an earflap and the dog promptly growled again.

'Has he been in before?' Tim asked.

'No, but she's well known. She doesn't pay her bills. I think we're the only vets in the area she hasn't honoured with her custom. But we can't let that fellow's ears stay like that, he must be suffering like hell. He's no more a stud dog than I am. He probably isn't even a registered pedigree, but she charges for mating. We dread his puppies — they're horrid.'

'She doesn't get him back till the bill's paid,' Fitz said, arriving suddenly in the room with a kitten under his arms.' Someone found this in a dustbin in a polythene bag. The bag had burst. The poor little brute's filthy, but at least it's alive.'

He handed the stinking kitten to Tamsin and went out.

Tim looked at the kitten. It looked back at him and wailed.

'Cleaning; food; de-fleaing. Come on, little feller. You'll be okay now,' Tamsin said, as she took him to the sink and began to wash him. He dug his claws in her hand and she laughed. 'Never mind. It'll soon be over and you'll be dry and warm and fed.'

Sheila Grant looked at the latest arrival.

'I'll write out a notice,' she said, in a resigned voice. She smiled at Tim, who reminded her of her own son, now grown up and living in Australia. She penned neatly. *Black kitten; home wanted. 50p*

'Why charge at all?' Tim asked.

'We give the money to the R.S.P.C.A. or else put it in our own fund for U.C.s and U.D.s.'

'What on earth are they?'

'Unwanted cats and unwanted dogs.'

Lisa had found a tiny cardboard box and lined the bottom with a piece of fleecy blanket. The kitten, now looking more like a drowned rat than a cat, was barely five weeks old.

Brought into the office, the kitten aroused instant attention from the two pups. He ruffled his damp fur and hissed at them, his back arched, his tiny mouth wide.

A doll's feeding bottle, filled with warm milk, was waiting on the table and the kitten proved that he could suck, swilling the milk down noisily. The bottle was soon emptied, and an odd rusty noise came from the small throat.

'What on earth's wrong? Has he pneumonia?' Tim asked and Tamsin laughed.

'No. That's purring; he's not very expert yet. He's only learning.' She cuddled the little animal against her. 'He needs mothering too; he'll be lonely.'

There was an angry squawk from Gwyn.

'Magpies eat kittens,' Tamsin said. 'We'll put this baby in a cage as far away from His Noisiness as possible, so shut up, you, and don't scare the baby silly.'

Gwyn eyed her with scorn and rattled again at the cage door. His sharp eyes watched every movement that the kitten made.

'Never rains but it pours,' Fitz said a moment later. 'I've just been outside and been given this.'

'Who brought her in?' Sheila asked. Fitz was holding a mangy looking filthy white cat, soaked and exhausted, in the first stages of giving birth.

'She could mother this kit,' Tamsin said.

'She needs a caesarian and she's not going to survive,' Fitz said. He was angry, and there was no one to be angry with. 'She's been living wild in the wood for a few weeks. She either ran away or was brought in a car and dumped. Johnno's been feeding her as best he could and managed to get her when she dropped with exhaustion; she's been very clever at running away.'

Tim put his coffee mug down and went into the operating theatre, where Fitz joined him a few minutes later. At the end of half an hour they had four live kittens, but the mother had died.

'If we'd any sense we'd put these down,' Fitz said. The kittens were in a cardboard box, on thick newspaper, lying huddled together under a lamp. They wriggled and squirmed and cried.

'They're too alive,' Lisa said. 'We'll hand rear them.'

'They'll die on you; they always do,' Fitz said.

'We can take turns to do the night feeds and it'll be

useful experience,' she said determinedly. 'Look at the number of clients we have who breed pedigree cats; it will help them to rear motherless kittens if we can do it right.'

'On your own heads,' Fitz said as he lifted the dead cat. He stroked her head. 'Poor moggie; you could have done with a bit of reward for all your troubles; you've not done a bad job on those babies of yours. They're very strong.'

'He gets like that at times,' Lisa said as Fitz went out. 'He grouses and growls and will do anything to avoid putting down a healthy baby animal.

'It's probably why Mrs. Fitz is so tough.'

If she wasn't the place would be seething with rescued animals. I'm sure he pays Johnno for every one he brings in. Just like that Afghan, and that lurcher puppy that Johnno said fell out of a caravan. I suspect Johnno did a bit of sly stealing but the pup was in a bad way.'

'Where is it now?' Tim asked.

'One of the girls at the dog club lost her dog; he died of a brain tumour and he was only three,' said Lisa. 'She took him on and she's making a cracking worker out of him. Lurchers are the most intelligent of all; they have to be, as they have to be as clever at poaching as their masters.'

She was holding one of the kittens, nursing it gently, stroking the small blind head that was seeking desperately for milk. Tamsin came in with a freshly filled bottle and sterilised teat and the small mouth grabbed hold and sucked noisily.

When he'd finished drinking, a second bottle was ready; and another kitten was already feeding as Tamsin took the first and a ball of cotton wool which she damped under the tap before rubbing the small tummy gently.

'Their mothers have to lick them before they get rid of

their waste,' Tamsin said, as Tim watched. 'Lots of people don't realise that and the small animals die of retained waste products; someone lost a leveret that way last year. This helps it to come away.'

She cleaned the tiny animal up, and put it back in the nest. It wriggled until it was huddled up against its two sisters and was asleep almost at once.

'A teaspoon each, every hour,' Tamsin was saying. 'It's going to take some doing. By the time they're four days old we can give them more every two hours. We'll have to have a duty roster.'

Tim looked on, quite sure she was mad. They'd never rear the kittens. The third was now feeding. He looked down at the litter. Three were black and one was ginger and black, marked prettily across its back and paws, with a black patch beside one eye. As he looked, it stretched itself out and yawned and mewed, a tiny unbelievably small sound.

Gwyn rattled his cage again, and Tim took the bird and put the cage into the kitchen, away from the small animals.

'They'll grow up in constant panic if he keeps that up,' he said as Tamsin came in to the room to wash out the bottles and sterilised them and the teaks ready for the next feed.

Tamsin laughed. 'You'll soon be as nutty as the rest of us. All the same, if we do rear them, it will be tremendously satisfying. We don't have much contact with most of our patients; they come and they go and we may never see some of them again. This way, we're involved and doing something major instead of a whole load of little things.'

Tim went back to the office. He had a free hour before lunch, just for once — no operations until he could go to work on the spaniel in the afternoon, and no visits. He stood pondering as to what he ought to do, when Tamsin came in and solved the problem for him.

'You can take Zia out and train her to lead-walk, and come when she's called. You haven't any excuse today and it's dog club in two days time. You look like being our worst pupil, you haven't done any work on her at all.'

She fetched the chain and lead and Tim put it on.

'That's wrong, for starters' Tamsin said. 'Get the ring over your left finger before you put it on her neck. If it's on the left side of her neck the ring should be on your finger like a wedding ring – no chain coming from the top of it. If the chain comes out the top it's wrong, and won't slide, and all you do is choke the dog. The right way and it slips easily, and clinks – and the dog listens for the noise.'

Tim began again, and this time got it right. Tamsin went into the hospital.

Zia looked up at him when she'd gone. This was a stupid game and she wasn't going to play. It was much more fun to run round free or pat his leg and lick his hand. She sat firmly on the ground, put both front paws round the lead and refused to move.

'So now what do I do?' asked Tim.

CHAPTER 5

It was no use asking silly questions in this practice Tim thought a few minutes later as he swung out of the drive into the road. Boys had opened a stable door and let out a pony. It had bolted in terror as they'd chased it with sticks and it had fallen into a dyke at the top of Benthill Farm. Tim knew Benthill, though he hadn't been to the farm. It was a mound of rock rising oddly out of a plain, towering into the air, dotted with houses and small farms and crowned by what he had thought was a castle ruin, but had since discovered was a Folly, built by the man who had owned the hill in the late seventeen hundreds and who felt it ought to have a ruin on it. The Folly was supposed to be haunted by two lovers who had met there on moonless nights and been surprised by the girl's husband, who had shot them both.

It was a creepy place to be at night.

By the day the hill looked bare and inhospitable. Tim drove up the winding lane between close clipped hedges that were bare and raw, having been savagely hacked almost back to the ground. They would grow thick next summer but now that looked to him another kind of murder.

Murder seemed to be on everyone's mind this morning.

He drove round the bend. The fire engine was there; and the farmer, his face furious.

'I'll kill the little tramps if I get my hands on them,' he was storming. 'Pity Lady didn't kick them from here to hell and back. Pity I wasn't there to put my boot where it would be most felt. Devils from the towns, that's what they are. Not worth keeping alive. I sweat to grow milk cattle and beef cattle to feed them and what do they do? Damage my stock, let the horses out, open the gates and let the cattle out, and the main road's blocked for an hour and I get blamed.'

'You'll have a fit, Ted, if you don't stop it,' a small dark woman said, looking anxiously at her husband. He was so angry that Tim thought he might well burst.

He went over to the firemen.

'She's up to her throat in mud, and she's panicking, and every time she struggles, she goes in deeper,' the man said. 'Can you give her something to quieten her?'

Tim looked at the dyke. It had filled up over the years with thick glutinous black mud. The pony was sinking under.

'Is it bottomless?' he asked.

'Dunno. Look, if we rope you and hold you. . . .'

Tim nodded. there was nothing else he could do. He stripped to his underpants; he was going to be filthy and very cold but if they didn't get the pony out she was going to die a horrible death.

'Have you got slings under her?' he asked.

'One half under. She was plunging so much that our man nearly fell too and that would have been the end of him. Come on, we've improvised a harness for you.'

The ropes cut into his bare skin. He was gooseflesh all over and half frozen before he went into the mud that sucked him down as if he were diving into a funnel. He injected the pony. That would help a little. He needed someone to hold up her head, and he needed someone the other side of her to put the sling round her properly. He glanced at the crowd. He could see no-one he could trust to understand what he wanted.

A moment later Tamsin's little runabout drew up,

and she jumped out.

'Lisa told me, so I've come prepared,' she called, and shed her coat to reveal a bathing costume. Within seconds she also was roped and standing on the other side of the pony. Between them the sling was fastened.

It wasn't easy to shift the little animal.

Though small, she was stocky and heavy, a well built little Shetland, and the pet of the farm children, who were luckily now at school and had no idea where their pony had spent the night. She was exhausted and she was shivering and she was badly shocked and Tim wondered if they would manage to save her life.

At last the mud let her go and she was lying on the bank.

'There's hours of work yet,' Tamsin said.

'Leave your cars and get down in the straw at the back of my Land Rover,' Jem Longley said. He farmed below Hillbent Farm. 'You can cover yourselves with sacks, and have a quick bath and something to warm you before going up to the farm. They'll manage till you come.'

Tamsin had her clothes with her; it wasn't the first time she'd had to dive into mud and it wouldn't be the last. She bathed quickly and dressed, and stood drinking hot coffee laced with rum while Tim went off to clean himself. His clothes had been warming by the fire and the farmer brought them up and dumped them on the floor as Tim towelled himself dry.

'I'm glad we don't get many jobs like that,' Tim said, shovelling down bacon, eggs, sausage and fried tomatoes, surprised at the speed at which Mrs. Longley had cooked them.

'Nothing like a good hot meal to warm you,' she said, 'and judging by the condition of that pony you'll be busy for a long while yet.'

Jem Longley had collected Tamsin's car and she drove Tim up to Hillbent.

When Tim went into the stable he saw for the first time that the pony was in much worse shape than he had hoped. The farmer and his wife were rubbing her dry with straw; as the mud came off it was obvious that she had cut herself badly on both hind legs.

'Went over wire,' Ted Reed growled, looking at his pony. He still had murder in his heart and if the young devils so much as showed their noses near his farm he'd not be responsible for his actions.

Tim took straw and worked with the rest. It was remarkably hot work for them, though it didn't seem to do much for the pony. She was shivering violently. He cleaned her nostrils and her eyes and her ears. She stood, head hanging, looking totally abject. Life had suddenly gone mad and she would not forget that in a hurry. She had always trusted people to now.

Then she had been driven out of her warm stables and whipped; had been chased by yelling demons that laughed at her and hit her again when she tried the only form of defence she knew and attempted to kick them. They had beaten her as she bolted, until she'd come to a wire fence and leaped it and it had slashed at her hocks so that the bleeding wounds added to her frenzy.

She had run over hard ground, hearing her hooves thumping down on the road, something she'd never known before; monsters with blazing eyes and roaring tongues had leaped at her out of the darkness, trying to claw her life away. She had ducked and dodged and jumped again, out of the way of a speeding creature with a single flaming eye that blinded her, and sunk deeper and deeper into something so strange that she thought she was being swallowed alive by yet another monster as the cloying mud took her and wolfed her down into its maw.

Then, when day came, men made noises round her and another giant creature, this time without blazing eyes, had roared up and stood by the dyke. Nothing that had happened since had made any sense to her. She was cold and she was wet and she was sick and she was sorry. She shivered, and her eyes ran, and even the familiar smell of her owners brought little comfort. The injection Tim had given her had made her slightly dizzy and she was sleepy.

She was also aware of an odd feeling among the people around her. She didn't know their anger was directed at others and thought it was directed at her and their fury hurt her as much as her injuries.

Tim went on rubbing her. Iris Reed brought rough towels from the house, once the worst of the mud and muck was off, and warm water to bathe her hocks and they all continued to work. Tim stripped off again, using all his strength to bring warmth back into the small body; life was slipping away under his eyes and anger was making him work as he'd never worked before.

He wasn't going to lose this little beast because of idiots who ought to be hung drawn and quartered. He'd have their guts for garters if he caught them.

'You're frightening the pony more,' Tamsin said. 'Simmer down. We have to save her; you've a face like thunder and it's upsetting the little animal. She's only a baby for all her size.'

'How old is she?' Tim asked. He paused a moment and wiped his own forehead with the towel.

'Not quite two. The children don't ride her yet. We're gentling her for them,' Ted said. He passed his hand softly over her neck. 'If we save her . . . she's in bad way, isn't she?'

'A very bad way,' Tim said. He was bothered now. She wasn't responding at all. She was in a world permeated by fright. Injections and rough towelling in an attempt to dry her fast and bring warmth back to her almost frozen body were obviously frightening her as much as the chase had done.

Jem Longley came into the stable, carrying a bottle of brandy.

'Drench her with this,' he suggested. 'It's neck or nothing, now. You won't keep her unless you do something drastic and this can be better than all the vet's medicine.'

The brandy was fire down her throat and she coughed. She turned her head, warmth spreading her body. The intense misery of her position was diluted in a warm haze, and she relaxed, leaning against Tim.

'That's going to be one very drunk pony, but I think it'll do the trick,' Jem said. He grinned at Tim. 'We old ones can always teach you youngsters something; that's not something you use lightly, but it has its place; when it's that or death, I know what I choose to try.' He went outside and came in again with a fan blower. 'Got a power point here?' he asked Ted.

Ted nodded, and Jem plugged in the lead. Hot air blew across the stable. He put the heater on the table.

'Can't fire the straw there,' he said. 'It'll help; everything will help.'

An hour later the pony was rugged with two thick rugs and a blanket from the house strapped under them. The straw beneath her had been removed and fresh straw was down. She had stopped shivering and responded to both her owners gentling. Ted made her up a feed of hot bran mash and then filled her haynet. She took time to consider the food, but at last started to eat, taking it very slowly, hesitating at every mouthful. When the food was gone she turned to her haynet.

'It'll take weeks to cure her of fear now,' Ted said. 'People. I could do without them; animals understand one another; they may bully but they don't know it. They don't teach kids anything worth knowing now.

Towns are like jungles; concrete jungles, nothing real. I wouldn't leave here for a million pounds.' He followed Tim and Tamsin out to the car.

'I hope you don't suffer for being down in the mud, too,' he added. 'Thanks anyway. I'll see this bill is paid the second it comes in. That little pony's worth a fortune, not in money, but because the kids adore her. They treat her like a dog and she follows them like a puppy. They'd have near died of misery if anything had happened to her. She will be all right now, won't she?' he added.

'I can't guarantee a thing,' said Tim, 'but I think she'll be okay.'

'I hope I'm right,' he said to Tamsin as she drove him back to the verge where his Land Rover stood. The ground was marked and torn by the wheels of the vehicles that had collected there. He looked at the still black mud on the dyke and shivered.

'She was lucky,' he said. Suppose he'd slipped; he'd be lying down there, choked, or rescued and dead. All because of some young idiots having what they thought was a funny game late at night.

'I'm never going to find time to train those pups at this rate,' Tim said. The thought teased him all the way home.

CHAPTER 6

The thought of training dominated his days and his evenings, but work came first all the time. Tamsin took the pups whenever she could and taught them to sit and go down; taught them to stay and to come when called, putting them on a long line and calling them in over and over.

Tim watched and started to work with them before he went to bed.

First Zia and then Dana.

'Zia, SIT!' She learned his command; it wasn't easy because she was used to Tamsin's voice. They could not always get to club. Zia had been ill herself and then there were the emergencies. Tim was never sure that he could take time off. You couldn't leave a bitch that was having trouble whelping or a mare that wouldn't start in foal when the foal was overdue.

And there were the kittens to feed as well. Tim took his turn with those and they needed a lot of attention.

Tim looked down now at their box. The kittens were growing visibly but they were still blind. They cuddled up to one another, and sometimes one sucked at another's paw or ear, seeking desperately for the mother they'd lost. Tamsin had put a huge teddy bear, dressed in a soft woolly suit, into the box, and each of the kittens snuggled up against that.

'I've put a hot water bottle under his trousers and jacket,' Tamsin had said. 'So he's nice and warm and cuddly now and with luck they won't miss Mum too much. We've got to cuddle and fuss them instead.'

This, Tim soon found, was vital, as unless each kitten was fussed very thoroughly before giving it the bottle, it refused to suck at all. As soon as he put his arm in to their box, the blind kits moved towards his scent, knowing very well that he was one of their food providers.

Tamsin kept the feeds made up and the bottles ready to be warmed in a bowl of hot water. The fiddly tiny teats defeated Tim. They kept springing off just as he had them on.

Each kit had decided on its own teat, two liking big holes and two preferring fine ones. They had named them Little Black and Big Black, for obvious reasons; and Ginger; and Snowcap, as she had white top to her head but the rest of her body was black. Ginger was black and ginger. The kittens were not at all alike. They might have been born to different mothers.

Big Black was always first to rush for his food, pushing the others aside although he could only crawl. They were almost seven days old. Tim let Big Black claw his way up his jersey sleeve. The kittens loved wool and hated cloth and wouldn't lie on it, making distressed noises and clawing their way round whoever was trying to feed them in an effort to find something more welcoming.

Tim, picking up Big Black on his seventh day of life, watched him with amusement as he moved purposefully up Tim's arm to his shoulder and then settled under his chin, where the skin was warm, and the polo collar of his jersey was soft. The rusty sounds of his small purrs began and Tim tickled him softly, talking in a whisper. The pups were safely away. Both were very jealous of this procedure and only the day before, Zia had come over to Tim when he had been feeding one of the kittens, had stood and looked at him with considering eyes for some minutes, and then, very determinedly, had taken his finger in her mouth and bitten hard.

He couldn't do anything about it without alarming the kitten but it wasn't going to happen again.

He massaged Big Black and cleaned him. Little Black was next, taking the bottle strongly. He sucked noisily, emptying it within seconds. He demanded his mothering after feeding, and once more Tim lay back with a minute scrap of fur tucked under his neck.

He ought to be lunching but feeding the kittens came first. Tamsin had gone home to see her mother. Lisa was off duty and had gone into town with a large shopping list. Fitz was interested in the kittens but would have nothing to do with their feeding.

'It's up to you,' he'd said. 'They won't survive.'

They'd survived seven days, which wasn't even the start of a life time. They were kept in their box by the Aga, the room temperature high. Tim looked down at Little Black before putting him back in the box. His claws were beginning to harden; at first they had been transparent, just a hint of claw, but now they were sharper and could hurt if dug in and if the kitten felt insecure he did just that. Also his tiny face was just beginning to sprout white whiskers which looked remarkably odd.

Little Black clicked his tiny purring noise, and once he was emptied and cleaned up, settled sleepily into his box, pressing hard against Big Black and against his substitute mother. Tim had re-filled the hot water bottle.

Both black kittens were asleep within seconds, which was a sign of total content.

Ginger fed more slowly, his claws kneading against Tim's hand. Big Black and Little Black would lie on Tim's knee, and take their feeds; but Ginger had to be cupped in the palm of Tim's hand, on his back, or he didn't feel at all safe. He was more fretful than the two black kittens; and was liable to have hiccups whenever he was fed. It was necessary to make sure he had a very fine hole in the bottle teat, or he took it too fast and almost choked. His small paws closed and opened against Tim's finger. He was smaller than the other two, though not so small as Snowcap.

This time, to Tim's amusement, Ginger began to use his front paws to paddle against Tim's hand and stretch out his back legs, and with each suck he spread his hind toes wide, and then closed them. This was bliss.

Warm milk and a warm hand and the comforting smell of the man who gave him feeds twice a day. They tried to keep a firm rota so that the kittens would not be too disturbed by having different people handling them at odd times, and so get used to all of them.

Tim turned the box round as he put Ginger back, and was amused to see the two black kittens wake and crawl to the side nearest the Aga to settle down again against the teddy bear. They clung determinedly to the jersey that covered the hot water bottle. It was well wrapped up.

Three kittens done and just time to feed Snowcap before surgery. Tim put his hand in, but Snowcap didn't move. She lay alone, curled up away from the other three on the cold side of the box, which was unusual. Tim put her with the others, and at once they crawled away, leaving her alone again. He lifted her in his hand.

Her head was swollen and, as he moved his hand, he felt a tiny cut. It must have happened during birth and it had infected. There was an abscess there. He tried to feed her, but she began to throw herself about, her small body arching, her mouth gasping for air. He took her into the surgery and injected her with antibiotics.

He held her for a while against him for warmth, and she relaxed so that when he offered her the bottle a few minutes later, she began to feed. She took the food very slowly and reluctantly.

He glanced at the clock. They'd just started to hold an afternoon surgery, twice weekly, in the town, for people without transport. It was an experiment, in its second week, and it did complicate life. Even Fitz was wondering now if it had been a good idea, but it did save people travelling out of town, and petrol was so expensive now, and the public services infrequent.

He mustn't be late. He put Snowcap back in the box, and at once the other three moved away from her. He was looking down, frowning, when Lisa came back. He told her what had happened.

'She'd better be put in a box on her own. I'll see to it. Tamsin rang from Deanwater Road. There's a huge queue waiting for you. A case of distemper occurred in the town, and everyone's decided to be inoculated, so take plenty of vaccine down with you.'

Tim left in a hurry. He knew that kind of afternoon. It went on for ever. And invariably there was something more complicated that took a lot of time right in the middle of it. He hoped they wouldn't lose Snowcap. The kittens were very endearing little creatures and she'd only just started out on life. He wanted to prove Fitz wrong — they would rear the kittens.

He inoculated eight dogs and then, as he had feared, came his problem for the afternoon. A massive Newfoundland that jumped and reared like a young pony, pulling his owner off his feet. The dog was very lame in one leg. Tim examined it and could find nothing to account for his condition. He booked it in for an X-ray and discovered Tamsin had also booked the dog in for training at the club.

'They need it much more when they're that size,' she said. 'You can pick up a miniature poodle if he feels like a fight, but a fellow like that has got to learn his manners or there's all hell to pay.'

'I can't understand what's causing the lameness,' Tim said. He hated not to know the reason for any injury or illness. It was difficult with any animal – they couldn't tell anyone their symptoms. You had to go by what you saw and what the owner told you, and sometimes owner's didn't realise what was important.

The first thing he did when he got back from the surgery was to go and look at the kittens. The ginger and two black kittens were asleep, having just been fed.

Snowcap was arching herself in her box, gasping again.

'She's dying, Tim,' Tamsin whispered.

He looked down at the tiny creature, suffering agony. There was only one thing to do, and long after Tamsin had taken the body away, he felt as though he'd betrayed a trust.

He hoped desperately that nothing would go wrong with the other three.

CHAPTER 7

Tim looked down at the dog that lay on the surgery table. It was a collie, a big black and white dog with a long coat, boldly marked. At the moment it was taking very little interest in anything. The heavy coat was filthy; the dog had long lacerations on its back, and one leg was broken.

'How on earth did that happen?' he asked the owner, a young bearded man who looked totally exhausted, and who was as wet and filthy as his dog.

'Rags is a Mountain Rescue dog,' the man said. 'We were searching for a casualty when Rags fell. The rocks where he fell are lethal; great needles. That's how he got those gashes. He couldn't stop himself; it was icy and he went over a small cliff. Luckily he fell on a little plateau. If he hadn't he'd have been killed.'

'He's suffering badly from shock,' Tim said. 'How long is it since he fell?'

'About seven hours. I had to put him in a sleeping bag and leave him with one of the victims while we took the other down the hill; he was a stretcher case. Humans come before dogs. Can you help him? He isn't too far gone?'

'We'll keep him here and work on him,' Lisa said. 'You look all in; do you live far from here?'

'A friend drove me over. I can go back to his place and get bathed and changed. I'll probably spend the night there. That's a good dog; I've spent a lot of time training him. I'd hate to lose him. He's one of the best we've got and about seventeen people owe their lives to his nose.'

Tim, working on the dog an hour later, when he'd been dried out and warmed, wondered about Mountain Rescue.

He had never thought about it but, remembering the night before, the hail and the sleet on the hills, and the wicked wind that had whipped the trees to rage, and torn branches from the dead elms, he was glad he hadn't been out on the mountains.

He had climbed in his college days and wondered that evening, watching Dana hunt through the bushes in his garden for Zia who was hiding from her, whether her nose would find mountain victims.

He had invited Tamsin to supper. He rarely ate a decent meal; everything seemed to be done in far too much of a hurry and he had no idea where time went. He had said jokingly the day before that he fried everything and Tamsin had told him that that was absurd. He'd end up with an ulcer.

'Come and eat with me and I'll show you I can cook,' he said.

He prepared steak and fried onions; potatoes baked in the oven; cauliflower in a cheese sauce; and cheated on dessert by buying a frozen blackcurrant cheesecake. He hadn't time to think of anything else.

The pups watched his preparations with watering mouths. Zia was now nearly five months old and Dana a little younger. They were just beginning to understand what training was about, and so for that matter, was he. It wasn't easy when you had never taught a dog before. If the pups made mistakes, it was often his fault for doing something differently.

He was teaching the pups to retrieve a soft stuffed cylinder that Tamsin had made for them. He always said 'Fetch' when he wanted it, but Zia dropped hers and he pointed to the floor.

'Pick it up.'

Zia looked at him and dropped down. Stupid pup.

'Pick that up.' He pointed again, just as Tamsin came in. She looked at him, having seen the episode through the window as she walked across the yard.

'Tell your dog to *DOWN*,' Tamsin said. Tim pointed at the floor.

'*DOWN*,' he ordered and Zia obeyed at once.

'So how does she suddenly guess that a point to the floor and words she's never heard before mean "Fetch"?' Tamsin asked.

Tim looked at her and laughed.

'I don't suppose Zia thinks it's funny,' Tamsin said. 'All you're going to get is a very muddled dog. I wish you'd try and learn, Tim. It's not much fun teaching people who never improve.'

It was his turn to feed the kittens. The three remaining kits were thriving. As he massaged their tummies, they pushed against his hand and rubbed their heads against him. When he lifted them against his chin they pushed up against him, arching small backs and purring loudly; it was no longer a clicking rusty sound but a very full throated and surprisingly noisy purr.

They no longer sucked on fingers as they greeted their proxy mothers; they nuzzled with their noses, needing to be met and licked, so the following day Tamsin decided to bring one of her own cats over at feeding time to see if she would mother them. Topsy showed no sign of harming them, and became part of the kittens lives, curling in the box with them, and cleaning them up after feeds. As a result, they began to thrive visibly.

Tim enjoyed feeding them. Even at that age they had personalities. Big Black was bold, always first at feeding time pushing harder than the others, already a solid fellow who would grow up big and probably ploddy. He fed very deliberately; he flexed his toes very deliberately; he took hold of Tim's finger with his front paws and held on tightly. His ears now stood up from his head, though the other two still had their ears flat against the small domes. Big Black was already a kitten, and not a tiny animal that might have been almost anything at all.

He pushed against Tim's hand, trying to stand, knowing what his legs were for. He was extremely determined and tried again and again. He was the first to discover how to roll back the right way up if he rolled accidentally on to his back.

His fur was thick and close; very soft short fur, that Topsy kept well licked. He was the first to learn to empty himself without being massaged, and to crawl away from the damp or dirty paper.

Big Black was eleven days old when he opened one blue eye as Tim was feeding him, and stared in total astonishment at the face above him. The other eye was still closed tight, giving Big Black the appearance of indulging in a prolonged and naughty wink. Tim exclaimed and everyone came to look so that the kitten turned his head from one face to the other, looking at a world that up to then had consisted only of darkness; of warmth; of food; of Topsy's comforting rough tongue; of unseen hands that gripped him and lifted him.

He was re-assured when Tim lifted him after he'd finished his feed, and tucked him against his throat. He knew the feel of that and the smell of the man holding him; a smell made up of human skin and soap; of the animals Tim handled; a multitude of smells that gave the kit his information and re-assured him about the things about him.

'We'd better keep them in a darker place now,' Lisa said. 'The light will be too bright for their eyes.'

They were taken into a dark corner of the hospital and the box now had to have a lid over it, as they'd begun to swarm up the sides and fall out. Topsy rescued them and brought them back and then, to Tim's surprise. Zia began to carry kittens too, sure that they should not be allowed to wander all over the place.

Boxes were for kittens and there kittens had to stay. It kept her and Topsy remarkably busy. Dana ignored them. She spent all her spare time chewing on her bone, and had no time for frivolities; Dana was very serious minded and growing new teeth and that was a solemn affair, especially as her mouth often hurt.

There was less and less time, with the kittens to feed and several dogs in the hospital. Rags, the Mountain Rescue dog, had had to stay in as he was suffering very badly from shock and also the fracture of his leg was far from straightforward. The leg needed to be re-set; it had been splinted when the dog was found, but the splint had slipped as they carried him down the mountain and the fractured bone had twisted. If Rags wasn't to be lame he would need an operation and careful nursing. One of the gashes showed signs of infection and Roger Davy, his owner, had a daytime job and was often out at night. People were for ever walking on the hills and getting caught, without proper clothing or proper precautions.

The Newfoundland came in for his X-ray. He had a splintered bone in his shoulder and he too needed an operation and a great deal of follow-up treatment.

Tim began a new routine; he got up an hour early and trained Dana and Zia as soon as he'd eaten his breakfast. Breakfast, Lisa had convinced him, had to be a substantial meal if he were home and not called out to a farm where an animal was in trouble. It wasn't long to lambing time and then they would be really busy, Tamsin told him, as if they weren't busy now.

Tim's breakfasts were hearty; bacon and two eggs, tomatoes and fried potatoes and toast. He was always enormously hungry.

The dishes cleaned, he took first Zia and then Dana out and taught each for ten minutes; heeling on the lead, heeling off the lead, following him closely, sitting when told, dropping when told. He was learning, even if they weren't. Tamsin was pleased with their progress on some nights; on others she was in despair, but those were usually nights when he was tired and had gobbled his supper and rushed down to the club, wishing he could rest at home by the fire.

He was on the early feed for the kittens on their twelfth day. Now all three were obviously tiny cats; they clawed and scratched and mewed; they took their feed fast, enjoying it enormously, and Tim, after feeding both pups, thought it absurd to be delighted because each kitten had taken 2½ teaspoonsful at a time; they were so small compared with the pups, who looked like giants after he'd handled the 'midgets', as the girls had christened them.

All their eyes were open and when he held each in his palm, and offered it the bottle, each kitten stared at him unwinkingly as if trying to work out this creature that wasn't in the least like a cat but that provided food for them.

After feeding and mothering they slept, huddled close against Topsy until just before the next feed was due, when they crawled over one another, clawed at one another, squealing their way up to the top of the box and generally behaving as if they hadn't been fed in all their lives.

They were beginning to move about far more easily; and Tim, as he put Little Black back on the blanket, was amused to see the kitten's tiny tongue come out and lick his lips. It was the first time that had happened. Usually either the feeder or Topsy or Zia cleaned up the milk that always leaked out of their mouths.

Tamsin, feeding them on their fourteenth day, gave a

muttered exclamation and fetched the scissors and tipped the needle-like claws; her hand was pierced where Ginger had suddenly gripped. None of the kittens would release the teat now when they had fed. They clung to it as if convinced that the harder they sucked, the more milk would come. It was extremely important not to overfeed them.

Little Black was the stupidest, often unable to find the teat, even when it was thrust hard into his mouth; and even then he forgot how to suck between feeds, and dropped the teat and cried until someone squeezed it so that milk squirted into his mouth, at which point he miraculously remembered and grabbed the teat with mouth and paws and sucked as if he would never get another chance.

Ginger was by far the cleverest of the three and the most active; he could move remarkably fast, and Zia decided he was her sole responsibility so that he lived in total frustration, never allowed to get further than the floor beyond the box, and sitting in the box trying to clean of Zia's lick, which threatened to drown him. He snuggled up against Topsy, biting her tail which she swished in anger and he was sure she was swishing in play. At this point Topsy slapped him and he sat and mewed with indignation.

Sheila, Lisa and Tamsin spent most of their spare time with the kittens, revelling in seeing them grow. Even Fitz checked on them daily and put a finger down to tickle a tummy or ear, and watched with growing amusement as his finger was held and examined, sniffed carefully and released as he wasn't one of those who fed them.

By the time the kittens were three weeks old, Tamsin had to bring in a puppy pen with a roof of wire mesh, as they were escaping so often that they were in danger of being trodden on. She gave them balls of paper and a dangling string with a soft rag ball on it in the pen and they spent their time stalking one another, rolling and biting and mewing in anger when teeth or claws did more damage than was intended. Sometimes they spent an hour patting the paper balls solemnly round the pen, intent on stalking and pouncing and because they could not yet balance properly, falling over, and sitting mewing indignantly when somebody laughed.

Rags was now able to sit up and look around him. His leg was beginning to mend and the long scratches were clean and healing well, so he spent a lot of his time watching the kittens, apparently finding amusement in their constant activity. Another dog, in the far cage, that had come in with a kidney complaint and been very ill indeed, also found entertainment in watching the kittens.

'They're very useful for our sick animals,' Tamsin said as she dressed Danny's scratches. 'It gives them something to do.'

The other creature they gave something to do was Gwyn, who was now also caged in the hospital as he'd proved far too noisy a companion for Tim. He screamed at the dog and he screamed for food; he stabbed at anyone he didn't like which was just about everyone. Tamsin was allowed to feed him and tickle his chest with a feather; Tim was allowed to open his cage, but he hated Sheila, who was sure that Gwyn spent his time swearing at her.

It was Gwyn who caused a major problem one afternoon. Tamsin opened the cage to feed him, and he flew out, through the hospital room and settled on the light fixture. When Sheila came in he flew down, neatly removed her ear-ring, hurting her ear in the process and flew up with it to secrete it in the picture rail, where the faint glitter was just visible. There was no way anyone could get near him or the ear-ring.

Fitz, coming into the room wasn't pleased to see the bird free but getting Gwyn back into his cage was going to be difficult as he'd taken his food with him and eaten it, so he wouldn't be hungry for several hours.

In the end, as everyone was busy, the hospital door was shut, food was put in the cage and everyone hoped Gwyn would fly back. He was a remarkable nuisance flying around, zooming at their heads. He perched briefly on Tim's shoulder, flew down and tweaked fur from Zia's tail so that she howled and raced for shelter under the table, and he stole food from a bowl that Lisa was carrying in for Danny, spilling the rest of it on the floor.

'This isn't a hospital, it's a lunatic asylum,' Fitz said angrily, leaving them to deal with the culprit as best they could. Gwyn sat on the light fixture and swore at them, chattering furiously.

He was still there when Tim came in to feed the kittens. Tim tried to entice him from the fitting, but nothing happened. He lifted Little Black, and started to feed him. Little Black was sucking happily, his small paws moving blissfully, when Gwyn dived. Before Tim realised what had happened, Little Black was sky-bound, held in Gwyn's sharp beak, and pitiful mews filled the air.

Something had to be done, but no-one could think what.

Suppose the magpie killed the kitten, or blinded it? Either was a possibility. Tim yelled for Tamsin, who raced in, wondering what on earth was up. She took one horrified look at Gwyn, who was back on the light fitting with the kitten held firmly in his beak. Little Black was struggling and scratching, Tim was standing on a chair, underneath, trying to reach up, but Gwyn flew off, still determinedly gripping his prey.

Lisa, coming into the room, was just in time to slam

the door and prevent Gwyn from flying out to freedom, with Little Black held tightly. Tamsin hastily put the wire cover back over the pen and removed Zia and Dana who'd followed Tim in as they always did, and put them safely in two empty kennels at the side of the hospital. Caged and indignant, both began to howl.

'All we need is a visit from Mrs. Fitz,' Tamsin said. 'That damned bird. His wing's better and he'll just have to go.'

'That's all very well,' Tim said, more furious than he might have been because he felt it was his fault. 'Meanwhile how do we get hold of him, and prevent him from doing more damage than he already has to Little Black?'

CHAPTER 8

Lisa looked up at Gwyn. He was a most unco-operative bird; there was no way at all she could entice him down. Tim, contemplating the kitten, at the moment struggling wildly, decided there was only one thing to do. It might work and it might not.

He picked up the dishcloth from the sink, rolled it into a ball, and hurled it at Gwyn.

Gwyn opened his beak to screech in fury, as he dodged the missile, and the kitten fell into Tim's hands, where he proceeded to scratch in demented terror, ripping away at the skin.

Tamsin tried to detach Little Black, but he had been scared out of his wits, had a stab from Gwyn's beak on his shoulder, and was not going to let go of safety. Tim tried to shake him free.

He clung.

Tamsin picked up the dishcloth and dropped it over the kitten. Suddenly blinded, he went very limp and let go. Tim bathed his hands under the tap. It looked as if he had been clawing up thorn bushes and the scratches were painful. Lisa brought antiseptic cream and Tim rubbed it on. He was going to find it remarkably difficult to use his hands at all for the next two or three days and, inspecting them, he found it almost impossible to believe that anything so tiny as Little Black could have done so much damage.

Gwyn was back on the light fitting, screaming his fury.

The phone rang.

'All we need is a major emergency,' Lisa said, as she went to answer it, and then a moment later. 'A dog's been run over. He has a broken leg. They're coming over now,' she said, putting down the phone. 'Are you fit to plaster it?'

'I'm not fit to do anything but throttle that bird,' Tim said. His hands felt as if they had been soaked in acid, they stung so much. 'I'll have to manage somehow, won't I?'

He went out of the room, leaving the pups yelling behind him. He was sick and tired of his job; his hands hurt and he wanted to get away. He hadn't even had one proper half day yet; he'd been working for over two months at top speed and it would soon be Christmas. And after that there would be the unwanted January pups.

Tim didn't like people who gave puppies away as if they were plastic toys included in a cornflake box. He didn't like anything or anyone. His hands were throbbing and the kitten might not survive and he'd put in a lot of work. He went out of the surgery and over to his cottage, needing to be alone, needing to work off his anger and not knowing how.

Tim wondered if there was anything else he could put on his hands, then remembered the book that Aunt Dora had given him with Zia.

A Herbal Handbook for Dog Owners

He turned over the pages, intrigued by the uses of rosemary and rue, of skullcap and valerian — recommended for nerves; of mint and thyme and sage, of mustard. People used those for flavour; yet they seemed to have other effects too.

He'd had a dog in the day before whose owner was worried because its ears flopped instead of pricking up. The usual remedy was to tape them, but Tim hated that; it was unnatural and might hurt the dog and might never do any good. He wondered if there was a herbal remedy.

Add raw maize flour to the diet to build up muscle; and make a lotion of ivy leaves, very strong and massage in to the ears twice a day.

It sounded like witch doctoring but it might work. He wondered what Fitz would say if he started recommending ivy leaf lotion for floppy ears.

Rosemary was useful for treating wounds. He had some of that in his herb drawer and, curious, boiled the kettle and poured a tumblerful of boiling water on to a teaspoonful of dried rosemary leaves. He put the tumbler to cool in a washing up bowl full of cold water topped up with ice from the refrigerator.

Lisa came over to find him soaking his handkerchief in the liquid and bandaging his hand.

'Are you all right otherwise?' she asked, as she peered into the glass. 'You wouldn't like to run widdershins round the room, or stand on your head and say abracadabra, double de dee, I'm mending my hands with rosemary tea.'

'Be like that,' Tim said. 'Anyway, even if it doesn't make much difference, it feels nice and cool and soothing.'

'They're a mess, aren't they,' Lisa said more sympathetically. 'That dog's ill; it's suffering badly from shock. I've put him in the hospital for now; the owner was in a pretty bad way too; they were hit by a skidding car as they waited for a bus. He's been taken off to hospital for an X-ray. What does your book of spells recommend for shock?'

'A teaspoon of honey; a little brandy; and then bee balm.'

'I'll go and buy some now,' Lisa said, not meaning it at all. 'Come to think of it though, it wouldn't hurt to give him honey with a few drops of brandy in it, would it? Where do you buy bee balm anyway?'

'I've got some honey. It might help,' Tim said. 'I'll swear my hands don't hurt so much.'

'Would you like honey and brandy too?'

'I guess I am suffering from shock,' Tim said thoughtfully. He sighed. 'Come on, Let's quit fooling. If I don't get back to work I'll probably run away to sea. It's one of those days. What are you doing?' he asked, as Lisa went to his cupboard.

'Taking your honey for Little Black; he's suffering badly from shock too; and maybe rosemary tea will help his stab wound; that bird's a devil. He dug his beak right in to the poor little brute's shoulder.'

Tim knew that if Little Black died he would be furious. And furious because he *was* furious.

When he looked into the hospital again, Gwyn was back in his cage.

'How did you do that?' he asked.

'I put down his favourite food,' Sheila said. 'He never can resist scrambled eggs. We'll have to make sure he isn't let out again, specially with the kittens around. Maybe he'd better go over to your cottage again, Tim. After all, he's your baby.'

'I'm sick of being screamed at,' Tim said. 'And he makes the pups bark.' He glanced into the cage at the dog with the broken leg. It was a handsome golden retriever and it lay quiet, its hind leg stretched out behind it. Lisa had splinted it, to prevent too much movement. She opened the cage door, and dripped honey into the dog's mouth from a syringe.

He lay licking his lips, obviously liking the taste.

Little Black was back in his box, lying huddled against Ginger and Big Black. Neither moved away from him, which Tim thought was a good sign. Maybe the stab wound wouldn't go septic. Maybe the kitten would survive. The kitten that died had been only a few days old. These were growing strong.

Topsy, coming into the room, went to the bed and nosed the kittens. She smelled Little Black carefully from top to tail and then lifted him out and carried him to the rug in front of the Aga. She lay with him between her paws and washed and washed and washed him, as if she could wash his injury away. He lay quietly, her paw anchoring him, purring softly as her tongue brought reassurance. Lisa, watching, added honey to his feed.

'You're going to town, aren't you?' Tim asked, watching her. 'I thought you didn't believe in spells and magic.'

'I'll try anything that seems safe,' Lisa said. 'Honey can't do much harm, and it's a pure food, that's easily absorbed. My mother used to make us cough mixture from honey, glycerine and lemon; or else she made us very strong blackcurrant tea. Everyone knows now that it's full of vitamin C and is one of the most useful things for a cold. It might help these dogs heal.'

'I don't think we can set up a herbal treatment clinic unless we ask Fitz,' Tim said.

'Witches brews,' Fitz said, appearing as he often did from nowhere, walking softly on rubber soles. 'I'm off to a calving; Tamsin, I need you. Where are the ropes?'

'So I'm doing surgery,' Tim said.

Lisa looked at his hands.

'You don't want to deliver a calf with scratches like that?' she said. 'In no time at all they'd be infected and then you'd land up in hospital. Might have to have both hands amputated. Especially if you run out of rosemary leaves.'

'Oh ha, ha, ha,' Tim said angrily.

'Coffee,' Sheila called, producing it hot and sweet, knowing that it often helped soothe tempers. No-one was in a good mood today. Topsy, seeing Lisa bringing in food for one of the dogs, and having ommitted to come home to her own lunch, leaped at the plate and knocked it on the floor, where she began to wolf the spilled food.

'I'll kill that cat,' Lisa said. It meant another trip to the kitchen and more food and the floor now needed cleaning. Also Big Black had smelled the food and was swarming out of his box and he wasn't old enough to eat dogfood yet. They were having trouble keeping the kittens' food just right; they needed so little and if they were overfed they'd die of upset tummies.

'Surgery,' Lisa announced, coming back with the second plate of food,' is going to carry on the grand tradition to today. You have a tortoise that isn't eating; a rabbit that is going to have babies; a puppy that is so full of worms that it will probably die in the next few days; and our pet hate.'

'Thank you for cheering me up,' Tim said. 'Who is your pet hate?'

'An old lady who knows better than you do.'

'Then why does she come?'

'So that she can prove us all wrong, of course,' Lisa said. 'And she's first. Her sheltie's ears won't stand up; she wants advice.'

Tim looked at her, and felt a small imp telling him how to cope. He went into the surgery.

Miss Carter was small and immensely fat, moving across the room as if she were swimming. She looked up at Tim with eyes that gleamed brightly behind the thickest spectacles Tim had ever seen. Her brown coat came almost to her ankles, shone with age and was covered in dog hairs. Her grey hair hung down in long strands from under a red hat that looked more like a tea cosy and was embroidered with enormous yellow daisies.

She held in her arms one of the smallest shelties that Tim had ever seen.

'This is Wee One,' Miss Carter said proudly. 'It's short for Wee Wonder. His ears aren't right. Mr. Fitzpatrick always wants to tape them and I won't have that; I don't like Kaolin paste either. I wanted to know if you had any new ideas, young man. I always try out every new assistant; if I don't agree I'll tell you. I've been in dogs all my life and there's not much I don't know about them, but I must admit that I would like to know a good way of building up ear muscle. It's a tricky one in my breed.'

She spoke as if she was solely responsible for every sheltie that was ever bred.

Tim looked at the little dog, then back at his owner an odd expression in his eyes.

'I do have a remedy, as a matter of fact,' Tim said. He wanted to sound authoritative; and suddenly wondered if Miss Carter had heard of Aunt Dora. 'I'm Miss Dora Benson's nephew; she breeds the Zenophon standard poodles.'

'Are you now?' Miss Carter looked at him as if she thought he might have the answer to every problem locked inside his head. He wondered if she were asking and would, at any moment, floor him with some appalling judgement on his incompetence.

'Aunt Dora swears by massaging the outer ear with ivy leaf tea,' Tim said. 'Whatever you do, don't let the dog drink the ivy leaf brew. It has to be rubbed on three times a day.'

'Now that's a new piece of advice I've never been given,' Miss Carter said. 'No pills, no potions, no tapes?'

'Nothing,' Tim assured her.

'Then here's ten pence for your advice, young man. You haven't given me anything but a bit of time and not much of that so you won't be charging a consultation fee. You've given me no medicines. I can get ivy leaves down any lane,' she said, and marched out of the door.

Lisa looked at Tim and grinned.

'I've never known her go off happy before,' she said. 'How does Aunt Dora come to use ivy leaf tea on her standard poodles? Does she breed them with erect ears?'

Tim grinned at her.

'Them as asks no questions don't get told no lies,' he said, and proceeded to deal with Tommy the tortoise who hadn't put his head out of his shell for five days.

Tim explained that the tortoise was belatedly hibernating and should have gone to sleep before. He hoped fervently that it wasn't dead. Without taking the shell off, there was little he could do to find out.

The rabbit was put comfortably in the hospital, where Gwyn screeched at her and drove her so near to a nervous breakdown, that his cage had to be taken out to the storeroom where he was shut in by himself. Lisa covered the cage, hoping Gwyn would think it was night and go to sleep. He was getting noisier every day, and a very unpleasant companion to have around.

By bedtime, Tim's hands were smarting abominably and his temper had worn very thin. It was no use trying to train either pup; he would only be impatient and worry them. He let them free in the sitting room to romp, and dozed off to sleep, too tired for the moment even to eat, though he'd prepared food for both pups.

He woke to find the room covered in what appeared to be confetti. Zia and Dana lay fast asleep in the middle of the mess. He thought for one horrible moment, that they had destroyed some of his books, or his college notes,. and then remembered the two kitchen rolls he had taken from the surgery to use for mopping up after the dogs had fed.

There was nothing left of either of them.

He should have put the pups in their kennels before he went to sleep; he shouldn't have gone to sleep. He yawned, and took each into the garden. Their crazy game had exhausted them and both performed meekly and came indoors again, and curled up to sleep. Tim spent half an hour picking up chewed paper.

He toasted a piece of bread and put a bowl of baked beans in the microwave oven and poached an egg. It would have to do for now. He was so tired he didn't know how to keep awake.

He put the pups safely in their kennels and shut the wire door. Neither minded in the least. This was part of their lives and they settled immediately. Tim went out into the dark. It was freezing hard. There was a light in Lisa's window.

He went across to the hospital room. The three bottles were waiting for him, and he camed then over to the box. There were only two kittens inside. Big Black swarmed up his arm without waiting, eager to feed. Ginger was lying close against Topsy.

Tim lifted her to see if Little Black were there.

There was no sign of him.

He rang Lisa on the inter-communicating phone and she came across, puzzled. She searched the room while he fed Big Black and then Ginger.

She went out and came back a few minutes later, holding the body of Little Black. He had died some time before.

'He must have been worse injured than we thought,' she said. 'Topsy must have carried him away from the others; she wouldn't stand for a dead kitten with them Animals can be very wise.'

They stood looking at Little Black. It was a big disappointment. They had spent so much time on the kittens; had grown very fond of them. Little Black might have been stupid but he had been very endearing, with the loudest and happiest purr of them all.

Lisa went out with the body while Tim wandered over to the retriever's cage and looked in. The dog was sound asleep, his chest lifting and falling as he breathed.

He paused outside his cottage, looking up at the bright stars, not wanting to go in. Lisa came across to him.

'Some you win and some you lose.' She said. 'Life's like that. I think we'll rear the other two. They're doing fine; but you never can tell with animals.'

Tim nodded. He had learned that too. It was necessary to think of the future and not dwell on the past. Mistakes were unavoidable. They should never have let Gwyn free with the kittens around but it was easy to be wise afterwards.

He went indoors, and looked down at Dana and Zia. He had plans for their future, and he hoped they would be long ones. Maybe he could train Dana for Mountain Rescue work; and enter Zia for competition.

You never knew what life held for you. He went to sleep with his head full of plans.

CHAPTER 9

Rags, the Mountain Rescue collie was fit enough to go home, though his leg was still in plaster. His owner came to collect him, and Tim, talking about Dana and his own plans, found himself invited to a Mountain Rescue assessment course. He could come for the day, if he could get leave; and he could bring both dogs. It would do them good to get out on the hills.

He hadn't had yet a decent day off, and Fitz agreed that he could go; that this one day should be his alone, and that nothing should interfere with his plans.

He had over a hundred kilometres to drive. He left at dawn. A cold bitter winter's morning that made him wonder if he really wanted to spend the day on the hills. He drove down the motorway and turned up narrow lanes, towards the farm that was their first goal.

He put the pups on their leads, and walked over to join the little group of men and women.

His collie owner was there, though without his dog. Rags wasn't fit enough to walk yet. The break would take another few weeks of healing and he would have to be taken gently, so that the leg was given a chance to strengthen again.

The mountains soared above them, their tops snow clad. Tim looked up at crevices that only showed when the snow lay thick; at high peaks and high cliffs and bleak scree. He wondered if he really wanted to train Dana for rescue work. He would have to learn to climb again. He would never have time to climb. He would never have time at all. It had been almost impossible to find time to come today, he would never find time enough for serious training. He had been out till midnight yesterday with a cow that had been taken sick, and up again at six to reach here at nine.

He watched the dogs; most were collies but there was one German Shephered and several crossbreeds. They were unleashed, at heel beside their owners, who were talking of wind on the hills and a search the night before that had ended in tragedy.

'He was huddled under a rock; hadn't worn the right gear, hadn't any food with him. Gone climbing on an impulse in some of the bitterest weather of the year last night,' the man said. He was a big man, chunkily built and bearded, wearing a thick padded anorak and thick gloves, and a woollen cap that fitted tightly on his head. Tim himself was feeling cold; his unpadded anorak wasn't nearly warm enough for the bitter day and if he wasn't careful he might well end up as a mountain casualty. His extra clothes were in the Land Rover.

'Put this over your clothes — and you can borrow these,' Rags' owner said, offering Tim a large lined anorak, a scarf and a woollen cap. 'I thought you might not have the proper equipment. It's not your scene, is it?'

Both Zia and Dana were excited by the other dogs, by the strange place, by the smells around them. Neither was behaving with any sense at all. There were pups not much older than his walking quietly beside their owners, while these two were behaving like lunatics — he obviously hadn't even begun to train them properly. He checked them both with the lead and his voice, but they had no desire to settle. They had never been out in such an exciting place, and there, beyond them, were sheep.

Sheep!

The smell of oiled wool; a rank tang that even Tim

could smell; animals such as they'd never seen close up in their lives. Zia pulled towards the hedge, and Tim realised with a sinking heart that he couldn't manage his dogs at all; they would have to stay in the car.

He took them back to the Land Rover and rejoined the group;

'They want to see if the dogs behave with sheep around,' Rags' owner said. Tim tried to remember his name. It was Roger something . . . Roger Davy. He nodded, thankful for the extra layer of clothes. The wind, sweeping down the hills, was freezing, and there was ice on all the puddles.

A big man stood with three men who were obviously farmers at the top of the field. Each of the three had a collie with him. The dogs were lying quietly, waiting for commands.

One of the Mountain Rescue group took his place in the centre of the field, his dog, which had some yellow labrador in it and something else that could have been collie, following without, apparently, any command at all.

The man put the dog down in the middle of the field and joined the group of men at the edge. One of the collies at the top of the field, obedient to a whistle, sped off, followed by a second. Someone unseen opened the big gate and within seconds a flock of almost a hundred sheep, herded by the collies, were racing at top speed through the field past the watching dog, which lay quietly, nose on paws. The dog was hidden as the sheep sped by. Then they were out of the field and the gate at the other end was closed. The dog was still lying where he had been put.

'He did well,' Tim said.

'He hasn't finished yet,' Roger answered, watching as the gate was opened again, and the sheep driven back. The owner of the dog went to him and whistled him up to heel. The dog came quietly, without a backward glance at the sheep.

'How do you get control like that?' Tim asked.

'Training, day after day, among sheep. You have to live in the right place. It's no use doing it now and then; it has to be dedicated. Even with that, you can never guarantee any dog one hundred percent. Friend of mine had a beauty – Rolf. He had been working for four years and found no end of accident victims, and then one day an old ewe broke out of a bush as Rolf went by on a search. He completely forgot what he was supposed to be doing and within a minute the sheep was dead. There was nothing George could do; he was far below, coming up the hill towards his dog. He fell over the accident victim; the dog never even caught the scent.'

'What happened to the dog?' Tim asked.

'He was put to sleep. You can't take risks with a dog that's had that amount of training and let you down and George is too valuable a team member to lose.'

'Couldn't the dog have been re-homed?' Tim asked.

Roger shook his head.

'He needed this sort of life; it was what he was bred for and trained for; who could have given him any kind of life after that? And he couldn't go anywhere near sheep. Rams cost money and so do ewes. A dog that kills is a major responsibility.'

Tim didn't agree that the death was inevitable but he was a vet, and his aim was to keep animals alive. He thought of Little Black. Life did odd things to you. Absurd to remember one small kitten among all those he had seen since he started work.

He watched as twelve dogs were tested; two stood up and went down again without running after the sheep. All passed the sheep test. It was time for coffee in a tent; primus stoves awakening memories of scout camps; hot sausages handed out to warm them and then they were climbing up towards the tree line where each dog had to find an accident victim.

Roger showed Tim where to put himself, with the wind blowing away from him so that the dog wouldn't confuse him with the person he was searching for. Tim watched as the first dog went out and, as it quartered the hill, nose held high, someone let off a flare behind it. The dog turned, eyed the light, and went on.

'He has to be used to helicopters too,' Roger said and only then did Tim realise each dog had a harness on. The shackle on the harness could be clipped inside the helicopter, or the dog could be winched up from a dangerous place.

Standing there, watching, he knew that his dream had been crazy; he could never train Dana to this degree. And anyway, he might be on his way to a calving when someone was caught on the mountains; he couldn't possibly be a useful part of any rescue team.

He watched three dogs find their 'victims'. Rain began falling in torrents, and the fourth dog quested miserably, soaked and unhappy. The 'victim' hiding under a bush beyond a little cliff, must be even more unhappy, Tim thought.

Ten dogs had found their 'victims' by the middle of the afternoon. They had paused for more hot drinks and sandwiches, everyone now soaked and frozen. Tim thrust his hands deep into his pockets. They were still sore from Little Black's clawing and taking a surprising time to heal.

The last dog was searching now. Then they would go back to the hostel and have a really good meal and discuss the day's results; where the dogs had faltered, or failed. Only one had completely failed to find his 'victim.'

Thunder rolled improbably from the hills. The dogs had heard it before and none of them were worried, though Tim wondered how his own pups were faring, shut up alone in the Land Rover. They had never heard thunder at such close hand before.

There was a yelp from the last dog, and it stopped searching to lick frenziedly at its paw. The dog was high on the hill and the rocks there were steep and jagged. The handler, running to his dog, yelled back.

'Glass! He's cut an artery!'

Tim raced towards them. Up over the rocks, panting and gasping for breath, his feet sliding from under him. He was whipping the cord from his anorak as he ran. He would need to tourniquet, if he could; if only the cut weren't in the wrong place. The handler was kneeling beside his dog, pressing his hand over the wound. Blood spurted all around him.

Tim began to work. He had his bag in the car and could stitch the cut, but meanwhile the dog was a major casualty and the bleeding had to be stopped. He tied the cord tightly and pressed his handkerchief, which luckily was still in its original creases, over the wound. They began to lift the dog down the hill.

Tim had never realised how difficult it was to handle a casualty of any kind, but someone brought a stretcher and the dog was laid on that.

Down in the car park, Tim hurried to his Land Rover. Dana had eaten part of the front seat. Zia lay innocently, pretending she'd had nothing to do with it. They greeted him with wagging tails but there wasn't time for that. By the time he reached the dog again with his bag, the bleeding was beginning again.

Tim forgot everything as he worked. He was back in the surgery, back in the hospital doing what he had been trained to do. He straightened up at last, and looked down at the dog, now under a light anaesthetic, and at the neatly stitched wound. There was no longer any immediate danger.

'He needs to be kept very warm,' Tim said.

The dog was brought up to the hostel and put by the fire. Tim left Roger to watch over him and went to get out of his wet clothes. Later, back the fire thawing out, he watched the dog come round and wag its tail, apparently none the worse for its experience.

He listened to the talk during a splendid meal of scalding hot Scotch broth and roast beef and potatoes, cabbage and Yorkshire pudding and lemon cheesecake.

Later, sitting in a deep chair by the fire, his own dogs fed and asleep in a warm room, the other dogs lying by their masters' sides, Tim kept a careful eye on his patient, thankful that his treatment had worked and the dog had come to little harm.

He listened to tales of rescues when the wind was blowing Force Ten and ice was forming on faces and hands and underfoot; of people who had wandered off the mountainside or ended in the bog; of the man who died at the end of the place called Nameless, which Tim thought was one of the bleakest places he could imagine — a dreadful place to die. Tales of the dogs; there was little light relief. The injuries on the mountains were always severe; falls and broken bones, if nothing worse. These people faced death when they went out; and found death so often that it was almost commonplace to them.

Their dogs went out in all weathers, facing appalling conditions. Tim felt completely inferior to them all. They could climb and rescue people who were trapped; bring them down, desperately injured, having provided first aid; could handle stretchers down precipices; could train their dogs to ride in helicopters.

'It takes time,' Roger had said. 'Hours and hours of time.'

It would soon be time to go. He looked around him, at men and women his own age, leading a life so different.

'We were lucky today,' the judge was saying, having told each handler where his dog's faults lay. 'If we hadn't had an expert with us, we might have had a very different group meeting here tonight, and one of our best dogs dead. Luckily Tim Yorke was with us; and he's a vet. So when Troy cut an artery we had an expert on the job. I hope you'll join us again,' he said to Tim, and there was sudden burst of clapping that made one of the dogs bark.

Later, driving home down winding lanes through pitch black dark and rain, Tim felt a small glow of pleasure at the memory.

He might not be able to rescue people on the hills; or to climb with a trained dog; he might not have well trained dogs himself, though he intended to do better, but he had his own place.

Without him Troy would have died.

He knew that very well and whistled softly as he drove, suddenly feeling a warm nose against his hand as Zia came up to him and cuddled close before settling down again in the well by the passenger seat where had put her. Dana was lying on the passenger seat, her nose against his thigh. He had released them from their travelling cages, wanting their company.

The feeling of confidence persisted even when he got home; and stayed with him all night, so that he knew, before he went to sleep, that no matter how trying life became, he would never want to change to another kind of job.

CHAPTER 10

The feeling of elation lasted until the telephone summoned him from a deep sleep.

The luminous hands of his clock pointed to just after 3 a.m. The ringing hurt his head and he reached out a hand and answered sleepily.

'Sorry, Tiny,' It was Ted Lincoln over at Greystones. Ted had one of the best herds of Jersey cattle Tim had ever seen. Pedigree all of them, bred by Ted himself and winners of prizes all over the country. People bid against one another to fantastic prices for the cattle at auction sales.

'Four of my cows got out of the field; don't know how,' Ted said. 'They got into the quarry. It's deep mud. They're on an island. Got the firemen here now, and someone is bringing over a mechanical excavator. They're in dead trouble.'

'Where's the quarry?' Tim asked.

'Half a kilometre beyond the farm. You've probably never been up that way; there's nothing much up there now. Carry on past the gate. There's a police car at the quarry entrance with its headlights full on. Mark Bryant's on duty. He'll bring you. And bring warm clothes to put on afterwards – it's perishing.'

The dogs were both watching as he finished dressing downstairs and grabbed his thick jersey and winter ruffle coat. His bag was still in the Land Rover. Lisa called out of the window to him as he went outside.

'Need anything?'

'Ted's cows are on an island in the quarry. If I'm not back, can you cope with the pups?'

Lisa's reply was drowned as he started the engine and drove out of the yard. Headlights showed the hedges; an owl flew by on soft wings, its white body ghostly in the light of a half moon that hung over the trees, looking more like a child's balloon that was losing air. The wind whipped the trees.

He turned up a narrow lane and past the farm gates. The lights were on and the cattle were restless and noisy. A woman's shadow moved across a room. On down the lane, and a police car stood on a tiny grass green, beyond which gaped the quarry opening.

Searchlights had been rigged up, running from some piece of apparatus hidden behind the fire engine; the engine that was running them throbbed.

The excavator was in position, and two men with ropes were fastening them round the first cow, as the mud was dug carefully from beyond her. She was submerged to the eyes. Another man, held securely by ropes round his body was digging frantically round her head with a spade and large policemen seemed to be everywhere, all hanging onto ropes that prevented the cattle from sinking in deeper.

It was an impossible scene.

The excavator moved again and sunk its huge digger down into the mud. Unbelievably, with an immense amount of sucking noises, as the mud clung to its victim, the body of the cow came free, and she was lifted to safety, to stand, unrecogniseable, matted and filthy, bellowing her terror.

The cows were too exhausted to struggle. The men roped the first two and led them aboard. It seemed hours before they arrived at the bank. Ted had a horse box waiting and led the two drenched animals in and onto the straw.

'If I get you both back to the farm, can you cope on your own for a bit? Wife can't help — we're expecting a third child next month. Never rains. . . .'

Tim stood beside the cows, swaying as they swung down the lane. The stable had been emptied of horses, and was warm, with dry straw. Tim took straw and began to dry the first cow and Ted drove off again, returning with another cow so fast that Tim found it hard to realise he had actually been working on his patient for almost an hour. By the time the third cow arrived, shaking and shivering, he had dried the first and had her rugged like a horse, standing dazed and bewildered, with straw packed under the blanket to warm her.

He was hot and tired and he had shed most of his clothes. He began to work again. By the time the last cow had been brought in, dried, injected and bedded on clean dry straw, everyone was exhausted. The firemen had gone; the men with the excavator had driven away; the police car was still in the yard, the two policemen helping with the cattle. Everyone was hot and sweaty and soaked from head to foot. Tim ached all over; his arms ached and his head ached, and he was afraid, even as he worked, that there was very little hope for the last two cows as both were so exhausted. It was freezing outside and ice had formed on their coats. They might well get pneumonia. It would be touch and go.

'I've done all I can,' he said at last.

'Reckon we all have,' the farmer said. 'Come in and clean up, lads, and the wife'll give you a bite.'

Tim rang through to the surgery. No further emergencies, Lisa said wearily. Her nights were always being interrupted as the phone rang in her cottage, too. She listened on the extension, to see if she were needed, before going back to sleep.

'Everything okay?' she asked.

'Don't know,' Tim said morosely He thought of the exhausted cattle. Ted was thinking of them too. His best cows; all in calf and none insured and the calves not due for another three months. If he lost those . . . . especially now when prices were soaring out of control and it was so difficult to make ends meet. The last lot of hay he'd had to buy in because his own crop wasn't large enough had cost him a fortune. Heaven knows what he would pay this winter. And their third baby due too.

Sally Lincoln cooked a mountain of bacon, fried potatoes, and fried bread, and passed platefuls round. The baby began crying in another room so she left them, and a small three year old came in and stood watching them, sucking his thumb, brown eyes wide and curious. When one of the policemen spoke to him he ran behind his father and buried his head in Ted's lap. Ted rubbed the thick blonde hair, and the child ran off to find his mother.

Tim took another look at the cattle before driving back to the surgery. The telephone rang while he was examining them.

'I think they might make it,' he said, and Ted grinned with relief. If his care had anything to do with it, they'd all make it.

'Phone call for you,' he said.

'Tim,' Lisa's voice sounded strained. 'Can you call in on the Crabtrees on your way home? Something's wrong with their champion. They were at a show yesterday and she was Best of Breed, and won the championship certificate. Meg says she's almost comatose. Never woke up this morning.'

Tim drove down the lane as fast as he dared, worried beyond measure this time, as that bitch was the main investment for the Crabtrees; her pups would fetch a good price and she was due to be mated in two weeks time. Meg had brought her in for a check up and had been full of excitement.

He ran round to the stables behind the house. It was an old country cottage, once a farmhouse, where horses had been bred. The stables had been converted into kennels.

Meg met him, her eyes red.

'She's dead, Tim. There's nothing you can do.'

'You want a post mortem?'

Meg nodded, and ran indoors. Her husband, Rob, came out, his face thunderous.

'I think its poison, and deliberate. It isn't the first, but I hope it's the last. There've been three dogs poisoned this year after winning in shows. I know what I'd like to do to whoever is responsible.'

The bitch was a rough collie, a beautiful creature, her dense coat black, white and tan. Tim had known and admired her well, and loved her gentle ways. She had never had puppies. As he bent to pick her up and take her out to the Land Rover, he was furious at the waste.

'We'll never breed another like her,' Rob said. 'She was outstanding; one in a million. I'd like to run amok, and do someone . . . . it's so damned stupid.'

'Someone mental,' Tim said, but it wasn't any consolation at all, and he nursed his anger all the way back to the surgery where Tamsin met him. She looked inside the Land Rover and looked at him.

'Don't say anything, just don't say anything,' Tim said. 'Is there anything for me to do because if not I want a bath and a meal and something to take the taste away quickly.'

'Then you're out of luck,' said Tamsin. 'A road accident's just come in; Fitz is out at a calving, and if you don't hurry there will be another dead dog; there's blood everywhere.'

It was all he needed.

Within minutes he was dressed in his operating clothes, and Lisa and Tamsin brought the dog in. Tim had no time to see the owners; no time to think of anything but the job in hand which was going to be a big one, as the dog was severely hurt. If only the injuries weren't too bad inside it. It was a red setter, an elegant dog they all knew well.

'What's Copper been up to?' Tim asked. The dog was never allowed out alone.

'He went after a bitch; there's one in season down the road. He jumped out of a window, down the drive and straight under a car.'

It happened so often and so easily, Tim thought, repairing muscle and bone and tendon; stitching and cleaning and concentrating completely on as intricate a repair job as any he had yet done. He knew, as he worked, that this dog would be all right. He would be out of action for some time, but his heart was beating strongly; he was breathing properly and he showed no signs of dying on the operating table, a hazard that every vet faced with a really bad road accident.

'We'll keep him in for a couple of days,' Tim said. 'He'll be badly shocked and need careful nursing.'

He and Tamsin lifted the unconscious dog down and carried him through to the hospital where he was put on a warm blanket beside the stoked up boiler. Fitz arrived just in time to meet Tim carrying the collie from his Land Rover.

'Meg Crabtree's treasure,' he said unbelieving. 'Poison?'

'Could be,' Tim said wearily. 'We'd better find out and tell the police. She was at a show yesterday. She apparently went into a coma, and never woke up this morning.'

'I'm going over to Liverpool; I'll take her body there,' Fitz said. 'My wife won't know it's in the boot if we bring the car over here and load it without her seeing. She's going to the hairdresser before our dinner and I can slip over to the college then.'

Tim needed a shower; he needed food; he needed sleep. He went across to the cottage. Lisa had the pups in the office, and the house was blissfully quiet.

He was too tired to cook himself a meal. He sat in his chair to read his post. Lisa found him there half an hour later, fast asleep.

'Sorry, Tim. A new emergency; not sure what you can do about this one.'

'I don't feel like jokes,' Tim said irritably. 'So if this is being funny, don't try it.'

'Sorry. It is funny . . . and it isn't. In fact its a confounded nuisance. Come and see.'

The waiting room appeared to be full of people. A woman sat there, with four small children beside her, all of them in tears. The noise was all he needed to convince him he should have worked somewhere far quieter.

A Siamese cat was adding his voice to the din. It was a large Siamese, almost coal black except for his creamy shirt front; an old cat, and at this moment, a cat with an invisible head that was firmly clamped inside a tin can that had once held a large quantity of baked beans.

'I can't think how he did it,' the owner was saying. 'He's done some very silly things in his life; but this . . . and we can't get it off at all.'

She held out hands that were very badly scratched.

'You look as much in need of treatment as the cat,' Tim said.

'I'll see to your hands,' Sheila Grant said. 'Come along children, you can watch.'

Tim picked the cat up, making sure that he couldn't get his claws free.

'And what do you suggest I operate with?' he asked a moment later.

'A tin opener,' Lisa said. 'If we sedate the cat . . .'

'We have to do that anyway.' Tim shaved one leg while Lisa held on to the animal, whose voice was becoming louder and louder. It was a relief when the anaesthetic began to work and he collapsed on the table in silence. Tim looked down at the can, and tried to put his fingers inside. It was a remarkably close fit.

'No way I can do it with can openers; we need metal cutters,' he said.

It took nearly an hour to cut the can away. Apart from fur covered in baked bean juice, the cat seemed none the worse, and Lisa cleaned him up, and put him in a wire cage to recover.

The family, silent now, sat waiting.

'Will he be all right?' his owner asked.

'He'll be fine,' Tim assured her. 'Where did he find the tin?' The children looked at one another.

'John gave it to him to lick,' said a small voice.

'I never, you did . . .'

'That's enough,' their mother snapped. 'Whoever did it was very naughty and it mustn't happen again.'

Tim, looking at their faces, thought it very unlikely. He went back into the operating room to clear up and Lisa came in looking puzzled.

'What's up?' he asked.

'I don't have any idea for a fee for getting a tin can off a cat's head,' she said, in such a forlorn voice that Tim began to laugh and once he started, couldn't stop.

'Charge by the hour and then double it,' he said. 'It might teach them to be more careful.'

It was four days later that Fitz, going through the books, found an item saying, *For removing tin can from cat's head, fifteen pounds* and stared at it.

'It took more than an hour,' Tim explained 'and the cat had to be well and truly put out; he was going mad. We thought it might teach the family a lesson; tin cans come expensive.'

Fitz grinned. 'I'd have charged them an extra ten pounds for wasting my time. You might have had a serious emergency while you were messing about with that.'

The telephone rang. Fitz answered it and listened for a while.

'The Crabtree bitch,' Fitz said, as he put the receiver down. 'Just one of those things. She had a malformed heart; not enough to bother her up to now, but she must have had a very slight infection when they went to the show; it turned into pneumonia and her heart simply packed up. Bad luck, but I'm glad it wasn't poison.

It will be a little easier for them to take. And just as well she died now and not in the middle of having puppies. She would probably have died well before whelping. She might have had puppies that were malformed too — so maybe its just as well.'

It still wasn't any consolation.

'Dog club night,' Tamsin announced, coming into the room.

'I'm going to bed,' Tim said.

'Dog club night. You can put the pups in the car and come along with me; you aren't fit to drive, I'll admit. What was that calf this morning, bull or a cow?' Tim had completely forgotten about it.

'It wasn't a calf; it was a foal and it was a filly foal; another brood mare,' Tim said with satisfaction. That had been a good delivery and mother and foal were doing fine; Sulina was an experienced mare and this was her third baby. She hadn't needed telling what to do. Before Tim left she had nudged her baby into position and the foal was already sucking.

The expression on the mare's face more than made up for what had been a very bad week.

On his way home he had called on Ted and discovered the cows that had been in the quarry were all on their feet again, apparently none the worse for their adventure.

'Some you lose and some you win,' he said, repeating the surgery saying as he got into Tamsin's car. She looked at him and said nothing. Behind him the pups settled. Zia's nose came through the dog guard bars and licked the back of his neck and he patted her head. Funny thing, he'd always hated poodles but now he was becoming addicted. She was growing into a very pretty animal. Maybe he would show her; maybe he would breed from her; maybe he would win prizes with her; maybe he would found his kennel on her. Good old Aunt Dora. Maybe she did know something after all.

Tomorrow he would write her a really long letter and tell her all about the pup. She'd like that. She always meant well; and she did have her good points, even if she was old fashioned and used funny remedies and didn't think much of vets.

'It's a funny old world,' he said. Tamsin, changing down for a sharp corner, said nothing. Tim was changing; was learning; and that was important to her because she had no time for fools and their last assistant had been a complete fool who'd made a hash of everything and should never have been a vet at all.

'There's always tomorrow,' Tamsin said, as they drew up at the hall where the dog club was held. 'You never know . . .' she left the words unsaid and Tim, as he put Zia's chain on, thought that life was a bit like a book that hadn't yet been written, and you never knew what was coming when you turned over the page.

Which was what made it so interesting.

THE END

VET ON CALL *by* JOYCE STRANGER

Timothy Yorke, fully-fledged veterinary surgeon and about to start his first practice—he couldn't wait to begin.

But he'd reckoned without Aunt Dora's parting gift—a nine-week old poodle puppy Zia transformed Tim's confidence into gloomy despair. He knew how to deliver calves and kittens, how to inject any animal under the sun—but no-one had lectured on what went on in an animal's head . . .

VET ON CALL is the first book of Timothy Yorke's adventures which continue in DOUBLE TROUBLE.

0 552 52131 0—**75p**

JASON *by* JOYCE STRANGER

Nobody wanted the pup. He was born to a pedigree golden labrador and his father was a giant mastiff. His mother's owner was furious and got rid of Jason as quickly as he could.

Jason ran away from his first master who only wanted a guard dog—looking, although he did not know it, for a master whom he could love. And when he found Duncan Grant, a boy who was as lonely as Jason, they were bound together in an instant and enduring friendship.

But even then Jason's troubles were not over, for Duncan's father would not let his son keep the dog . . .

0 552 52113 2—**60p**

KHAZAN *by* JOYCE STRANGER

In all Debbie's bleak existence, nothing had happened—until the day the horse was washed up on the Cornish coast.

The young girl who saved his life, found her own miraculously transformed. Suddenly she found new friends to help her in her desperate fight to keep him. For Khazan captured everyone's imagination. A King among horses, born to race . . .

0 552 11014 0—**75p**

REX *by* JOYCE STRANGER

Johnny Lanark formed an immediate attachment to Rex, the wild son of a runaway, thoroughbred Border Collie, when he saw him at Ned Foley's cottage—and Rex returned his affection. In fact his devotion to Johnny battled with his urge to guard and drive the flocks.

Johnny's father, Pete, had a problem too, for he had sworn to train the dog—and his dogs were always winners at the Sheepdog Trials . . .

0 552 10311 X—**70p**

NEVER TELL A SECRET *by* JOYCE STRANGER

Life at Shallow Dene Farm had never been easy, but 12-year-old Shanie was used to helping her father and caring for the animals. Somehow they managed to get by.

Then suddenly, in one terrible afternoon, the peace of the little farm was shattered; vandals from the nearby town arrived on motor-bikes and, as well as stealing from the house, they killed and injured many of the animals.

Shanie was heartbroken, but as the weeks went on, she discovered that one of the cats who had lost her kittens in the raid had made her home in an old haunted house—and adopted two orphans—a kitten and a fox cub. Shanie decided that the little family needed protecting—and she was determined to keep this secret to herself . . .

0 552 10397 7—**50p**

A DOG CALLED GELERT *by* JOYCE STRANGER

Gelert was a handsome, fully grown Alsatian. He walked to heel, close against Barrie's leg, ready to obey. Gelert meant more to Barrie than anything else in the world. But Gelert was just a figment of Barrie's imagination.

For Barrie Evans, who lived in a tall, grey block of city flats where no pets were allowed, reality was being teased and bullied all day. He longed for the day when his family would go back to their farm in the Welsh hills and all the animals he loved—but he knew this would never happen.

So Barrie ran away, to escape the filthy noisy city, to find the countryside again. But suddenly he heard a soft whimper coming from a derelict building that stopped him in his tracks. Inside, Barrie found a dirty, hungry, and beaten puppy . . .

0 552 09399 8—**60p**

CASEY *by* JOYCE STRANGER

Life at Wayman's Corner could never be dull. Crises lurked around every corner—quarrels, careless city visitors, farmyard accidents, and Casey.

Casey, son of a Siamese tomcat and a black farmcat, was an animal with great determination, strong affections, and a nose for mischief, whose strange friendship with Sultan, the terrifying Jersey bull, becomes a central part of life on the farm . . .

0 552 10125 7—**65p**

THE RUNNING FOXES *by* JOYCE STRANGER

Foxes running wild over the Cumberland Hills, an otter cub adopted by a poacher, young hounds caught in a badger-run, dour lakeland farmers who hunt on foot and are out-witted and out-run by a vixen and her cubs.

This is a story of the enchantment of a swiftly—passing England, an England of countrymen and stone—walled cottages. It contains the magic of an era that, in the hills and tarns of Cumberland, has not entirely died . . .

0 552 10312 8—**65p**

RUSTY *by* JOYCE STRANGER

Born in one of the worst storms the North West Highlands of Scotland has ever known, orphaned by fire, savaged by beast and man, Rusty, the red deer calf, knew little of security.

Then one day he was rescued by Angus the gamekeeper and given to his daughter Jeannie to aid her recovery from the shock of a car crash . . .

0 552 10126 2—**60p**

BREED OF GIANTS *by* JOYCE STRANGER

Set in the Cumberland countryside, BREED OF GIANTS tells the story of Josh Johnson, a farmer, who breeds his gigantic Shire horses, and with almost fanatical devotion, brings them up to championship status—only to have his hopes shattered by an accident to his best horse and an outbreak of foot-and mouth on a neighbouring farm . . .

0 552 09893 0—**60p**

WALK A LONELY ROAD *by* JOYCE STRANGER

Blackie was a starving, shivering, lonely Alsatian pup. Abandoned by the side of the motorway he had been left to die or wait for the good samaritan who never came along. But Blackie didn't want to die, and after he'd bitten through the rope he began to look for a new home . . .

When Police Constable Dave Martin first saw the pup he knew instinctively that with love and care he could be trained—and besides, he needed another dog to replace Royal, who had been killed in the line of duty and whose death left a yawning gap in Dave's life.

So Blackie was renamed Avenger, and despite the Sergeant's warning against strays, he began the long hard period of training that was to be a gruelling test for both dog and man . . .

0 552 09725 X—**70p**

CHIA THE WILDCAT *by* JOYCE STRANGER

CHIA!—the sound of the wildcat. No tame and gentle fireside tabby, Chia is a prowling savage beast, who comes out of the night to kill. Often the only traces of her presence are stray feathers, blood-spattered bones and her terrifying wails in the night.

The wildcat has no friends but many enemies—the most feared of which is man. So Chia makes her home far from human haunts, where the looming shadow and lethal gun of the hunter will not menace her kittens. But even there the eagle and the fox give her no rest . . . CHIA!

0 552 09891 4—**70p**

If you would like to receive a newsletter telling you about our new children's books, fill in the coupon with your name and address and send it to:

Gillian Osband,
Transworld Publishers Ltd.,
Century House,
61 – 63 Uxbridge Road, Ealing,
London, W5 5SA

Name ....

Address ....

....

....

CHILDREN'S NEWSLETTER

All the books on the previous pages are available at your bookshop or can be ordered direct from Transworld Publishers Ltd., Cash Sales Dept., P.O. Box 11, Falmouth, Cornwall.
Please send full name and address together with cheque or postal order — no currency, and allow 22p per book to cover postage and packing (plus 10 p each for additional copies).

Inhaltsver

Routenverzeichnis

Schaffhausen/Aargau/Basel/Solothurn

Jura/Berner Jura

Routenverzeichnis

Übersichtskarte

St.Blasien
Stühlingen
Singen
Todtmoos
Höchenschwand
1
Schaffhausen
Neuhausen
Stein am Rhein
Schopfheim
2
a.Rheinf.
Waldshut-
-Tiengen
Bad-
Säckingen
3
Zurzach
Riehen
Rheinfelden
Laufenburg
Brugg
Bülach
WINTERTHUR
5
4
Frick
Limmat
Pratteln
Sissach
Wettingen
Kloten
Liestal
Baden
ZÜRICH
Wallisellen
7
6
8
Aarau
Mellingen
Dübendorf
9
Waldenburg
Olten
Dietikon
Uster
Lenzburg
Bremgarten
Suhr
Wohlen
Adliswil
Küsnacht
Balsthal
Reuss
10
Rothrist
Zofingen
Affoltern
am A.
Meilen
Muri
Horgen
Rapperswil
Reinach
Niederbipp
Dagmarsellen
Zürichsee
Solothurn
Wädenswil
Beromünster
Langenthal
Zug
Biberist
Cham
Pfäffikon
Herzogenbuchsee
Hochdorf
Oberägeri
Sursee
Willisau
Einsiedeln
Wynigen
Küssnacht
a.R.
Huttwil
Kirchberg
Wolhusen
Goldau
Weggis
Burgdorf
Sumiswald
LUZERN
Schwyz
Vierwald-
stätter See
1408
Napf
Horw
Entlebuch
BERN
Langnau
i. Emmental
Sisikon
Seelis-
berg
Worb
Stans
Becken-
ried
Sarnen
Altdorf
Escholzmatt
Konolfingen
Sachseln
Münsingen
Reuss
Erstfeld
Sörenberg
Engelberg
Emme
Lungern
1008
Brünigpass
Titlis
3238
Thun
Brienz
Gadmen
Wassen
Meiringen
Sigriswil
Beatenbg.
2224
Sustenpass
Brienzers.
Iseltwald
Thunersee
Aare
Simme
2044
Interlaken
Guttannen
Spiez
Oberalppass
Wilderswil
Grindelwald
Furkapass
Andermatt
2431
Frutigen
Wengen
Pso. del
S.Gottardo
Kiental
Lauterbrunnen
Grimselpass
2165
Kander
4274
Mürren
Gletsch
2108
Airolo
Finsteraarhorn
2478
Münster
Bedretto
Adelboden
Kandersteg
Nufenenpass
Fúsio

Kennzeichnung der Routen

Wandern in der Schweiz ist dank der einheitlichen, zuverlässigen Kennzeichnung ein reines Vergnügen!

Die angegebenen Wanderzeiten basieren auf einer Streckenlänge von 4,2 km in der Stunde. Besondere Wegverhältnisse, schwieriges Gelände, Steigungen und Gefälle sind mitberücksichtigt. Rastzeiten sind nicht eingerechnet.

Wanderweg

Ausrüstung:
Festes Schuhwerk und der Witterung angepasste Kleidung.

Gefahren:
Wanderwege können in der Regel gefahrlos begangen werden. Bei Nässe, Schnee und Eis ist die Rutschgefahr zu beachten.

Bergwanderweg

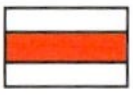

Die Begehung von Bergwanderwegen stellt höhere Anforderungen bezüglich Ausdauer, Bergtüchtigkeit, Trittsicherheit, zuweilen auch bezüglich Schwindelfreiheit.

Ausrüstung:
Feste Bergschuhe mit griffiger Sohle, Kälte-, Sonnen-, Wind- und Regenschutz gehören zur Grundausrüstung. Taschenapotheke, topografische Karte, Kompass und Höhenmesser leisten gute Dienste.

Gefahren:
Witterungseinbrüche (Kälte, Wind, Regen, Schnee, Eis und Nebel) können unvermittelt auftreten. Vorsicht auf steilen und nassen Grashängen und beim Queren von Schneefeldern!

Kulturweg

Kulturwege führen in der Regel über Wander- und Bergwanderwege, zuweilen auch über schwach befahrene Strässchen mit Belag. Sie nehmen sich meist eines besonderen Themas an und sind darum speziell (braun) bezeichnet.

Ausrüstung:
Gefedertes Schuhwerk verhindert Ermüdungserscheinungen beim Begehen von Strässchen mit Belag.

Gefahren:
Beim Begehen von Strässchen ist dem Verkehr besondere Aufmerksamkeit zu widmen.

Jurahöhenweg

Standort 1255 m | Nahziel 30 min | Zwischenziel 1 h 45 min | Routenziel 5h

Die Markierung der Jurahöhenwege hat eine spezielle Kennzeichnung. Die Spitzen der gelben Wegweiser und Richtungsanzeiger sind mit einer roten Ecke versehen. Rhombus, Richtungspfeil und Farbstrich der Zwischenmarkierung sind rot/gelb.

Ausrüstung:
Geeignete Kleidung und festes Schuhwerk erhöhen den Genuss jeder Jurawanderung.

Gefahren:
Da einige Jurahöhenwege auf über 1500 m ü. M. verlaufen, ist besonders auf Witterungseinbrüche zu achten.

Zeichenerklärung

Legende zu den Routenkärtchen und zu den Profilen:

Bahn	Weiler
Bus	Einzelgebäude
Schiff	Gasthaus
Standseilbahn	Schloss
Luftseil-, Gondelbahn	Ruine
Sesselbahn	Aussichtspunkt
Stadt oder Dorf	Denkmal

Zeitangaben

Die in den Profilen vermerkten Wanderzeiten beziehen sich immer auf den Ausgangspunkt der Route.

0h30 — 1h15

1h15 — 0h45

Unterwegs: Traditionsreiche Uhrmacherkunst

Hochwertige Pendulen erfordern präzise und geduldige Handarbeit.

Edle Zeitmesser in allen Grössen, verziert mit Gold, emaillierten Bildern oder Bergkristallen: Staunend steht der Betrachter vor handwerklichen Meisterstücken in den Museen von Le Locle oder La Chaux-de-Fonds. Der Jurabogen bietet Wanderern weit mehr als fast unberührte Natur und ursprüngliche Bauerndörfer. Eine Reise in diese Region führt uns mitten ins Zentrum der traditionsreichen schweizerischen Uhrenindustrie und Feinmechanik. Ob auf der «Strasse der Uhrmacherkunst» zwischen Genf und Basel oder im «Land der Musikautomaten» um Ste-Croix: Es gibt viel zu sehen und zu entdecken!

Not macht erfinderisch

Ursprünglich waren die Hochtäler des Jura von Bauern bewohnt, aber das karge Land und die langen Winter liessen die Einheimischen nach weiteren Erwerbsquellen suchen. So kamen schon früh Handwerke wie die Stoffdruckerei, das Spitzenklöppeln oder das Schmieden von Waffen auf. Diese Tradition handwerklicher Präzisionsarbeit war eine gute Voraussetzung für die Ausbreitung des Uhrmachergewerbes Anfang des 18. Jh. Ohne die Einschränkung durch Zunftregeln entstand im Neuenburger Jura, in Genf und im Bistum Basel eine vielfältige Produktion von Taschen-, Wand- und Standuhren, von Spieldosen und Automaten. Schon bald eilte der exzellente Ruf der Schweizer Uhrmacher in alle Welt. Eine besondere Kuriosität waren 1774 lebensgrosse «mechanische Menschen» – frühe Roboter – aus der Werkstatt des Pierre Jaquet-Droz in La Chaux-de-Fonds, die heute im Museum für Kunst und Geschichte in Neuchâtel zu bewundern sind.

Rund 200 Jahre später führte die Erfindungskraft der Uhrenindustrie die Region erneut aus der Krise. Ende der Siebzigerjahre Jahre brachten Quarzuhren, Digitalelektronik und Billiglöhne in Fernost die schweizerischen Unternehmen ins Hintertreffen. Doch neue, automatisierte Fertigungsverfahren und Produktinnovationen wie die Swatch-Uhr sorgten schon bald wieder für steigende Absatzzahlen. Denn Qualität ist nach wie vor weltweit gefragt.

Seit 300 Jahren beliebt: Mechanische Taschenuhren aus dem Jura.

Museen und mechanische Genies

Mittelpunkt der Uhrenfertigung ist neben Genf seit dem 18. Jh. La Chaux-de-Fonds auf fast 1000 m ü.M. im Kanton Neuenburg. Bei einem Besuch der Stadt fällt vor allem das rechtwinklige Strassenraster ins Auge: Nach einer Feuersbrunst 1794 wurde die Stadt der Uhrmacher auf dem Reissbrett geplant. In La Chaux-de-Fonds präsentiert das Internationale Uhrenmuseum «Der Mensch und die Zeit» die Entwicklung der Uhrmacherkunst. Unter den mehr als 4500 Ausstellungsstücken können wir neben historischen Uhren auch mechanische Automaten besichtigen.

Nur wenige Kilometer entfernt, in Le Locle, stand 1705 die erste Uhrenwerkstatt von Daniel Jean-Richard, der als Begründer der Uhrenindustrie im Neuenburger Jura gilt und bereits zu Lebzeiten als «mechanisches Genie» gefeiert wurde. Ein Denkmal bei der Post erinnert an ihn. Das Uhrenmuseum von Le Locle ist im Château des Monts aus dem 18. Jh. untergebracht. Mit seiner exquisiten Sammlung an Taschenuhren, Pendulen und Automaten verschafft es einen unvergesslichen Einblick in die Uhrmacherkunst des Jura.

Das Museum von L'Auberson im Waadtland zeigt rund 50 Musikautomaten.

Unterwegs: Ein Blick auf die Geologie

Der Jura als Gebirge

Durchstreifen wir auf unseren Wanderungen den Jura, dann erfreuen wir uns an einer Landschaft mit eher sanften, selten schroff aufragenden Höhenzügen. Das Bild, das sich bietet, ist so ganz anders als dasjenige der alpinen Gebirgswelt. Und doch: Geologisch gesehen ist der Jura ein Kind der Alpen, wie der folgende Blick in die erdgeschichtliche Vergangenheit zeigt.

Der Falten- oder Kettenjura stellt ein ca. 300 km langes Faltenbündel dar, das sich bei Chambéry (F) von den Alpen ablöst und im Bereich der Lägern bei Schaffhausen ausläuft (siehe unten). Der Faltenjura ist ein Mittelgebirge, dessen höchste Erhebungen zwischen 1600 und 1700 m ü.M. liegen. Eine gewisse Sonderstellung nimmt der den nördlichsten Jurafalten der Kantone Basel-Landschaft und Aargau vorgelagerte Tafeljura ein. Seine die Landschaft prägenden Tafelberge haben ihm den Namen gegeben.

Die Entstehung des Jura

Die Entstehung des Jura ist eng mit zwei andern geologischen Elementen verknüpft: Mit den Alpen und dem Rheingraben. Die uns allen vertrauten Alpen müssen wir als Gebirge hier sicher nicht mehr vorstellen. Der Rheingraben hingegen, der heute nur noch indirekt durch die Rheinebene erkennbar ist, verdient ein paar erläuternde Worte: Es handelt sich um eine Naht in der Erdkruste, an der sich vor allem in der Zeit des Oligozän (vgl. geologische Zeittafel, siehe rechts) zwei Krustenplatten – im Sinne der Plattentektonik – um einige Kilometer voneinander entfernt haben. Der dabei entstehende Graben

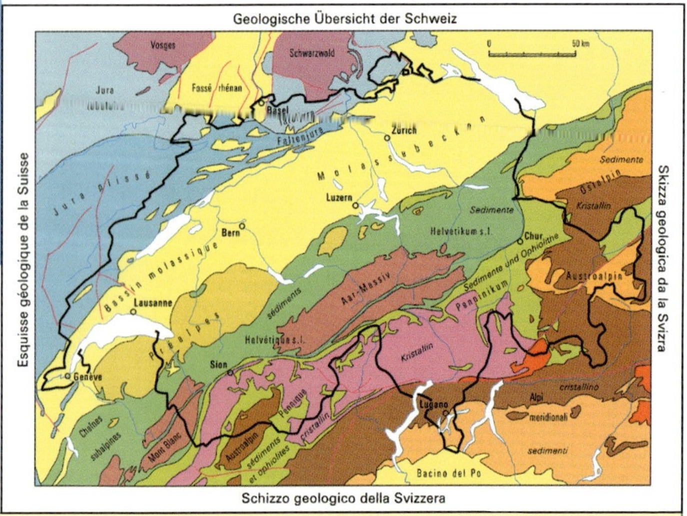

Geologische Karte der Schweiz. Reproduziert mit Bewilligung des BWG, Bern.

Geologische Zeittafel:

Geologische Zeiteinheit				Alter in Mio. Jahren	Geologische Vorgänge	
KAENOZOIKUM (Erdneuzeit)	Quartär	Holozän			Alpine Gebirgsbildung	
		Pleistozän		0.01		Eiszeiten und Zwischeneiszeiten
	Tertiär	Pliozän		1.7		Jurafaltung
		Miozän	Obere Süsswassermolasse	5		
			Obere Meeresmolasse			
		Oligozän	Untere Süsswassermolasse	24		
			Untere Meeresmolasse			
		Eozän		36		
		Paläozän				
MESOZOIKUM (Erdmittelalter)	Kreide	obere Kreide		66		
		untere Kreide				
	Jura	Malm		140		
		Dogger				
		Lias				
	Trias	Keuper		210		
		Muschelkalk				
		Buntsandstein				
PALÄOZOIKUM (Erdaltertum)	Perm			250		
	Karbon					
	Devon					
	Silur					
	Ordovizium					
	Kambrium					
PRÄKAMBRIUM				590		

Erdgeschichtliche Zeittafel

wurde kontinuierlich einsedimentiert, d.h. es war nie eine tiefe Einsenkung in der Landschaft erkennbar.

Die beschriebenen Vorgänge waren mit starken West-Ost-gerichteten Zugspannungen verbunden, die auch das Gebiet des Jura prägten. Sie führten nämlich zur Ausbildung von ca. Nordnordost-Südsüdwest orientierten Verwerfungen, die dem Tafeljura seine Charakteristik verleihen, die aber auch während der Jurafaltung eine wichtige Rolle gespielt haben.

Der Jura als Faltengebirge ist sehr jung. Er entstand vor wenigen Millionen Jahren im Pliozän, während der letzten Phase der Alpenfaltung, bei der die helvetischen Decken weit über den Rand des Mittellandes nach Norden geschoben wurden. Die Geologen sind sich heute einig, dass bei diesem Vorgang auch der ganze mittelländische Molassetrog um einige Kilometer nach Norden gedrückt worden ist. Dort, wo die Molassegesteine nur noch geringmächtig waren, d.h. im Bereich des heutigen Faltenjura, wurden die unterliegenden mesozoischen Gesteine durch diesen Vorgang aufgefaltet. Sie bilden heute das Juragebirge. Es ist ein «seichtes Gebirge», denn das kristalline Grundgebirge, das Urgestein, wurde im Gegensatz zu den Alpen nicht in die Gebirgsbildung miteinbezogen.

Die Elemente des Faltenjura

Es sind einfache tektonische Elemente, die den Faltenjura aufbauen. Häufig lassen sich diese Struktu-

Beispiel einer aufgebrochenen Antiklinale: Das Gebiet Hinterer Brandberg nördlich von Welschenrohr (SO)

Überschiebung der Geissflue (G) auf die Lauchflue (L) westlich von Eptingen (BL)

ren in der Natur auch direkt beobachten. In der Antiklinalfalte (Faltenscheitel) sind die ursprünglich flachliegenden Gesteinsschichten gegen oben verbogen. Antiklinalen sind häufig aufgebrochen, wie der Geologe sagt. Durch die Verwitterung ist das Dach wegerodiert worden und das Innere der Falte wurde freigelegt. Man spricht vom Antiklinalkern. Wenn wir eine solche Jurafalte durchwandern, dann bewegen wir uns geologisch gesehen aus jüngerem Gestein in älteres im Faltenkern, um anschliessend wieder immer jüngere Schichten anzutreffen. Ein schönes Beispiel dazu ist die Farisberg-Graitery-Antiklinale nördlich von Welschenrohr (siehe oben links).

Das Gegenstück zur Antiklinale ist die Synklinale, die Faltenmulde. Durch die Überdeckung mit Schutt von den umliegenden Anhöhen, aber auch von Bachablagerungen sind in Synklinalen oft jüngste geologische Schichten erhalten geblieben. Als Beispiel sei das Dünnerntal zwischen Welschenrohr und Balsthal genannt. Hier sind unter der quartären Bedeckung auch tertiäre Ablagerungen wie Bohnerz (Eozän) erhalten, das bis vor Jahrzehnten zur Eisengewinnung in Stollen abgebaut worden ist. Davon zeugen heute noch Flurnamen wie «Eisenhammer» oder «Cholholz» etc.

Beim Faltungsvorgang sind die Schichten zum Teil auch zerbrochen und übereinander geschoben worden. Die Geologen reden in diesem Fall von «Überschiebung». Als eindrückliches Beispiel sei die Überschiebung der Geissflue auf die Lauchflue westlich von Eptingen genannt (siehe oben rechts). Schon von der Autobahn N2 her ist diese markante Verdoppelung der Kalksteinschichten (Hauptrogenstein) erkennbar. Auf Seite 13 zeigt ein charakteristisches Profil durch den Faltenjura, wie die erläuterten Bausteine zu einem komplexen Bild kombiniert sind.

Die Elemente des Tafeljura

Wie der Name andeutet, liegen im Tafeljura die Gesteinsschichten flach oder sind nur schwach geneigt. Durch die mit dem Rheingraben im Zusammenhang stehenden, West-Ost-gerichteten Zugspannungen wurden die ursprünglich ungestörten Gesteinsschichten in so genannte «Horste» und «Gräben» zergliedert, wie die Grafik unten schön zeigt. Diese Strukturen weisen generell eine Nordnordost-Südsüdwest-Ausrichtung auf. Die während dieses Prozesses immer weiter hervortretenden Horste wurden durch die Verwitterung fortlaufend wieder abgetragen. Die jüngeren Gesteinsschichten sind daher in diesen Bereichen meist wegerodiert. Somit finden wir heute im Tafeljura ein charakteristisches

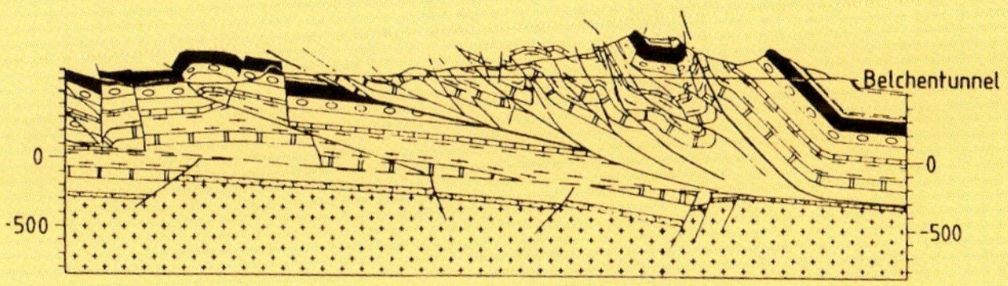

Typisches geologisches Profil durch den Faltenjura

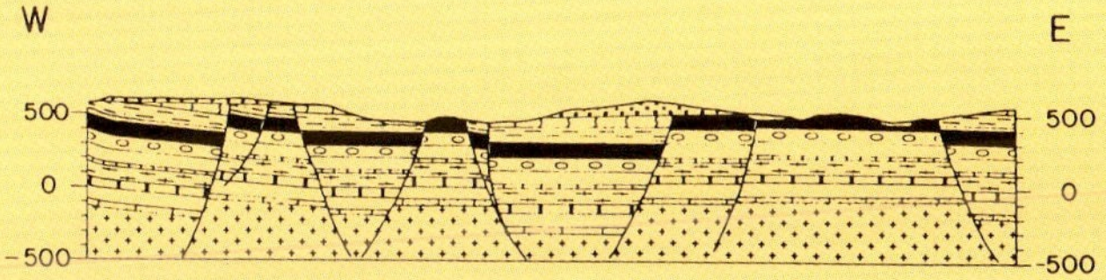

Typisches geologisches Profil durch den Tafeljura

streifenförmiges Muster von älteren neben jüngeren Gesteinsschichten. In geologisch jüngster Zeit, im Quartär, führte das Einschneiden von Gletschern und Flüssen zur Durchtalung des Tafeljuras vorwiegend in der erwähnten NNE-SSW-Richtung und zur Ablagerung von Flussschottern im Bereich der neugebildeten Täler. An den Talhängen entstanden in der Nacheiszeit z.T. mächtige Gehängeschutt- und Gehängelehmdecken. Die Flussschotter sind häufig Grundwasser führend.

Die Gesteine und ihre Entstehung

Ein weiteres Charakteristikum des Jura sind die zahlreichen Fossilien, die aufmerksame Wanderer immer wieder entdecken können (siehe Seite 14). Sie deuten an, dass das ganze Juragebiet während langer Zeit von Meer bedeck gewesen war. Auch wenn der Jura als Gebirge sehr jung, d.h. wenige Millionen Jahre alt ist, sind die ihn aufbauenden Steine sehr viel älter. Sie stammen aus dem Erdmittelalter, dem Mesozoikum. Ihre Geschichte beginnt im Perm, d.h. vor ungefähr 280 Millionen Jahren. Diese ältesten Gesteine, die im Jura beobachtet werden können, tragen den Namen «Rotliegendes». Es sind graue bis rote Sandsteine, die z.B. bei Maisprach im Kanton Basel-Landschaft anstehen. Sie zeugen von eher aridem, d.h. trockenem Klima. Die dem Perm folgende Zeit der Trias begann ebenfalls arid, wobei sich erste Einflüsse eines von Norden her vorstossenden Meeres bemerkbar machten. Während der Buntsandstein der unteren Trias

Ammonit aus den Gesteinsschichten bei Gansingen (AG)

Austern aus dem Lias bei Arisdorf (BL)

noch von Festland zeugt, sind die Evaporitgesteine der mittleren Trias in flachmeerischen Lagunen vorwiegend durch Verdunstung des Meerwassers entstanden. Für unser Land wichtig ist das Steinsalz, das von den Vereinigten Schweizerischen Rheinsalinen in den Kantonen Basel-Landschaft und Aargau aus den Schichten der mittleren Trias gewonnen wird.

Von dieser geologischen Epoche an war die Region des Jura während über 50 Millionen Jahren von Meer bedeckt. Davon zeugen die fossilreichen, eher mergeligen Gesteine des Lias und des oberen und unteren Doggers, die mächtigen Kalksteinabfolgen des Hauptrogenstein und des Malm sowie auch die tonigen Schichten des Opalinustones oder der Effinger-Schichten. Erst vor etwa 50 Millionen Jahren begann mit dem Tertiär wieder eine längere Festlandperiode, während der sich die bereits erwähnten Bohnerztone durch Verwitterungsvorgänge bildeten. Später kam es nochmals zu zwei Meeresvorstössen in das Gebiet des heutigen Jura, diesmal von Süden. Der jüngste datiert ins Miozän. Er ist in Form von Küstenkonglomeraten, die direkt über einer von Bohrmuscheln und Austern besetzten Unterlage aus den erwähnten Kalken des Malm oder Doggers liegen – z.B. auf der Tenniker Flue (BL) –, wunderschön aufgeschlossen.

Mit dem Quartär betreten wir die geologische Gegenwart und damit die Zeit der Grossen Vergletscherungen. Im Bereich des Jura hat nur die grösste, die Riss-Vergletscherung, direkte Spuren in Form von Findlingen aus alpinem Gestein hinterlassen. Die anderen Eiszeiten, die Günz-, Mindel- und Würmeiszeit, sind nur indirekt in Form von Schotterfluren in den grösseren Flusstälern nachweisbar. Erwähnenswert sind in diesem Zusammenhang sicher die Niederterrassenschotter des Rheintales, die als wichtiger Baustofflieferant gelten und grosse nutzbare Grundwasservorkommen beherbergen.

Der Jura und seine Verkehrswege

Zahlreiche Verkehrswege durchziehen seit jeher die Juragegend. So zeugen Karrenspuren im Kalkgestein bei Langenbruck davon, dass der Hauenstein bereits zur Römerzeit als Passübergang benutzt worden ist. Heute sind als wichtigste Verkehrsachsen sicher die von Basel ausgehenden Bahnverbindungen nach Biel, Olten und Zürich sowie die Nationalstrassen N2, N3 und seit jüngster Zeit auch die N16, Transjuranne, zu nennen. Mit dem Beginn des Verkehrswegebaus im letzten Jahrhundert (damals waren es vor allem Eisenbahnstrecken) wurden auch die ersten Juratunnels erbaut. In den letzten Jahren nun kamen viele neue Eisenbahn- und Strassentunnels dazu. Erwähnt sei z.B. der Adlertunnel der Bahn 2000 zwischen Pratteln und Liestal, der Bözbergtunnel der N3, aber auch die zahlreichen im Rahmen des Baues der Transjuranne erstellten Tunnels. Alle haben neben der angestrebten Verbesserung der Verkehrswege zu einer vertieften Kenntnis des Aufbaus des Jura geführt.

In diesem Zusammenhang muss besonders die Autobahn N2 erwähnt werden, die durch den Baselbieter und Solothurner Jura führt. Die gewählte Linienführung entlang von Talhängen war in den Sechzigerjahren eine grosse bautechnische Herausforderung, da die häufig aus weichem Tongestein aufgebauten Jurahänge «lebendig» sind, d.h. sie haben eine Tendenz sich talwärts zu bewegen. Entsprechend hoch war der technische Aufwand bei der Erstellung dieses Autobahnabschnittes. Heute werden viele der Jurahänge entlang der N2 mit empfindlichen Messgeräten überwacht, um die bauliche Sicherheit der Autobahn auch langfristig zu gewährleisten.

Weiterführende Literatur

Bitterli-Brunner, P.: Geologischer Führer der Region Basel. Birkhäuser, Basel 1987
Heierli, H.: Geologischer Wanderführer der Schweiz. Ott, Thun 1982
Hottinger, L.: Wenn Steine sprechen. Über die Geologie der Alpen Birkhäuser, Basel 1980 (vergriffen)
Labhardt, T. P.: Geologie der Schweiz, Ott, Thun 1992

Geologische Karte der zentralen Nordschweiz 1:100 000, Erläuterungen: Geologische Spezialkarte Nr. 121: Herausgegeben von der Nationalen Genossenschaft für die Lagerung radioaktiver Abfälle (NAGRA)
Geologischer Führer der Schweiz. 2. Auflage, Wepf, Basel 1967
Geology of Switzerland. Part A: An outline of the Geology of Switzerland. Wepf, Basel 1980

Diesen Blick auf die Geologie der Schweiz verdanken wir dem www.geo-online.com **Geotechnisches** Institut

1 Zum Rundblick über den Randen

Schleitheim–Strickhof–Randenburg–Räckholterenbuck–Schleitheim

Dauer: 4h

Hie und da geben die dichten Wälder des Randengebietes – etwa vom Randenturm aus – den Blick ins Klettgau frei.

Service

Hin und Zurück
Mit dem Bus ab Schaffhausen oder mit dem Auto nach Schleitheim.

Unterwegs
Rundwanderung in den Wäldern des Klettgaus. Steiler Anstieg zum aussichtsreichen Randenturm am Beginn.

Essen und Trinken
Mehrere Restaurants in Schleitheim, unterwegs keine

Information
Verkehrsverein Schleitheim-Beggingen, Schleitheim
Tel. 079 744 89 20
www.randental.ch
Schaffhausen Tourismus
Tel. 052 632 40 20
www.schaffhausen-tourismus.ch

Wanderkarte 1:60 000,
Schaffhausen–Winterthur
Kümmerly+Frey

Vom Ortsrand von Schleitheim steigen wir in offenem Gelände Richtung Nordosten an. Über den Hallerberg und einem Waldrand entlang führt die Route zum Strickhof, der vor dem äussersten Waldzipfel des Schlossrandens liegt. Über die westliche Geländerippe erreichen wir auf recht steil ansteigendem Weg durch den Wald die Ruine Randenburg und in unmittelbarer Nähe den Schleitheimer Randenturm. Dort bietet sich eine herrliche Aussicht über das Randengebiet und den Schwarzwald.
Bei Pt. 896 nahe Randenburg und Randenturm beginnen wir den Abstieg durch das waldige Gebiet des Schlossrandens und treffen bei der grossen Waldwiese des Zelgli auf den Haupthöhenweg, der auf den Lang Randen führt. Wir biegen rechter Hand Richtung Süden ab und folgen entweder am Waldrand entlang oder durch den Wald wandernd stets dem

Geländekamm. Dann wenden wir uns nach Südwesten und folgen dem waldigen Grat des Lang Randen. Zum Landschaftscharakter des Randen-Tafeljura gehören die reizvollen Kontraste zwischen weiten, lichtdurchfluteten Tälern und steilen, dunkelbewaldeten Hängen. Hier und da erlaubt uns der Wald die Sicht ins Klettgau mit seinen stattlichen Dörfern, über denen sich an südexponierten Hängen bekannte Rebberge ausdehnen. Der Lang Randen und damit unser Weg senken sich schliesslich Richtung Süden zum Räckholterenbuck hinab.

Wir folgen dem nun wiederum Richtung Südwesten führenden und absteigenden Weg weiterhin durch den Wald und über eine ausgedehnte Lichtung, treten ein weiteres Mal in den Wald ein und biegen in spitzem Winkel Richtung Norden ab. Durch den Wald von Homet gelangen wir in offenes Gelände, drehen Richtung Südwesten ab, queren eine Fahrstrasse und erreichen den Brunnenhof. Der Weg beschreibt einen Bogen, führt uns auf die Höhi und in nordwestlicher Richtung absteigend schliesslich nach Schleitheim mit seinen typischen Riegelbauten und verträumten Winkeln zurück.

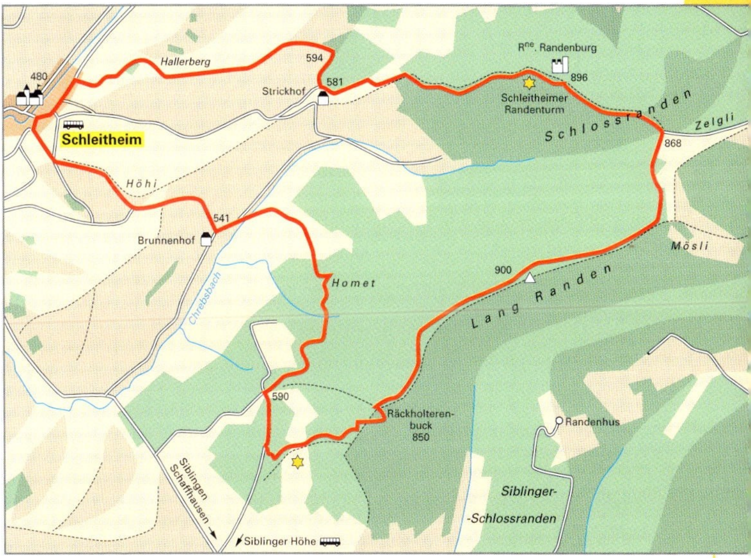

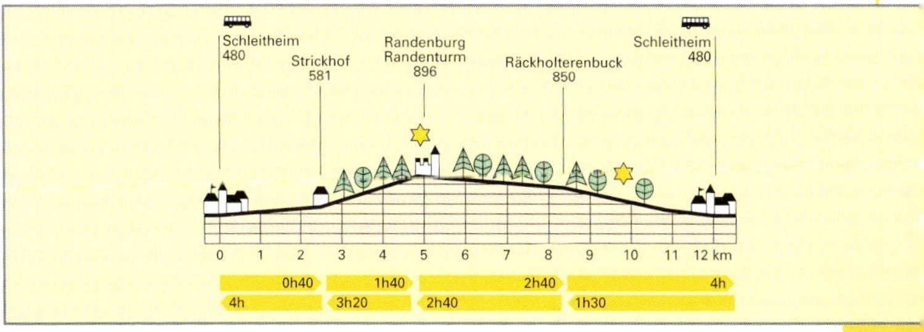

2 Durch die Rebberge des Klettgaus

Neunkirch–Hallau–Wilchingen–Neunkirch

Dauer: 5h

Der Klettgau ist in Jurakalktafeln eingetieft und der trockene Boden lässt die nördlichsten Rebberge der Schweiz zu, wie im Bild bei Hallau.

Service

Hin und Zurück
Von Schaffhausen ist Neunkirch sowohl mit dem Bus als auch mit der Bahn zu erreichen – mit der DB-Linie Schaffhausen–Erzingen (–Waldshut –Basel Bad. Bf).

Unterwegs
Leichte, meist flache Wanderung durch eine herrliche Kulturlandschaft.

Essen und Trinken
Zahlreiche Restaurants in den Dörfern am Wege in Gächlingen, Hallau, Trasadingen, Wilchingen und Neunkirch

Information
Schaffhausen Tourismus
Tel. 052 632 40 20
www.schaffhausen-tourismus.ch
www.neunkirch.ch
www.gaechlingen.ch
www.hallau.ch
www.trasadingen.ch
www.wilchingen.ch

Wanderkarte 1:60 000,
Schaffhausen–Winterthur
Kümmerly+Frey

Zu Beginn der Wanderung betrachten wir das schmucke Dorf Neunkirch. Das Neunkircher Schloss war zunächst Sitz der Konstanzer, seit der Reformation der Schaffhauser Landvögte.

Wir verlassen Neunkirch am nordwestlichen Dorfende, überqueren den Seltenbach und folgen ihm ca. 300 m abwärts. Dann biegen wir rechts ab und ziehen über Feldwege und zwischen den Kornfeldern weiter nach Gächlingen. Westwärts führt unser Weg durch den Gächlinger Rebberg hinauf zum Aussichtspunkt Gälenfritz.

Unter den beiden Linden gönnen wir uns eine erste Rast und lassen den Blick über die Klettgauer Weinberge schweifen. Im Südwesten, eingerahmt von einem Kranz hübscher Weinberge, liegt Hallau. Wir versuchen, die unten im Tal verlaufende Römerstrasse auszumachen. Man vermutet, dass schon zur Zeit um Christi

Geburt römische Legionen durch den Klettgau zur Donau zogen.

Nun steigen wir nach Oberhallau hinunter, folgen ein kurzes Stück der Strasse Richtung Schleitheim und gehen bei der nächsten Weggabelung links auf dem Fahrsträsschen bergan. In einem hohlwegartigen Anstieg wandern wir bis zu den zwei Tannen und anschliessend auf dem Rebweg zur Bergkirche St. Moritz.

Wir erreichen das Dorf Hallau und stärken uns in einem der Gasthäuser, die entlang der Hauptstrasse stehen. Wenn wir die stattlichen Häuser betrachten, wird etwas vom Selbstbehauptungswillen ihrer Bewohner spürbar. Obwohl der Rat zu Schaffhausen die Bewohner des «Chläggi» (so heisst der Klettgau im hiesigen Dialekt) mit «liebe Untertanen» anredete – oder gerade deshalb –, haben die Hallauer stets ihren freiheitlichen Sinn bewahrt. Sie waren es, welche 1831 die Initialzündung zur Auflösung der Vorherrschaft der Stadt Schaffhausen gaben.

Doch bald verlassen wir auch diesen Ort und ziehen südwestwärts weiter. Auf gleicher Höhe bleibend wandern wir durch die Rebberge und erreichen Trasadingen. Beim Wasserreservoir steigen wir ins Dorf hinab. Wer hier die Wanderung abbrechen will, kann bei der Haltestelle den Zug der Deutschen Bundesbahn oder den Autobus besteigen. Wir queren die Bahnlinie und wandern dem Bach Ruussgraben entlang ins Winzerdorf Wilchingen. Am östlichen Dorfausgang ziehen wir durch den Wald Richtung Neunkirch.

Zum Abschluss unserer Wanderung werfen wir am Hasenberg nochmals einen Blick über den Klettgau und erreichen von Süden her wieder das Dorf Neunkirch.

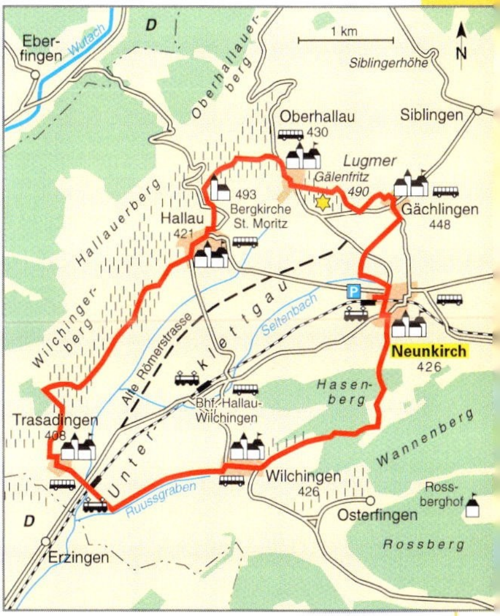

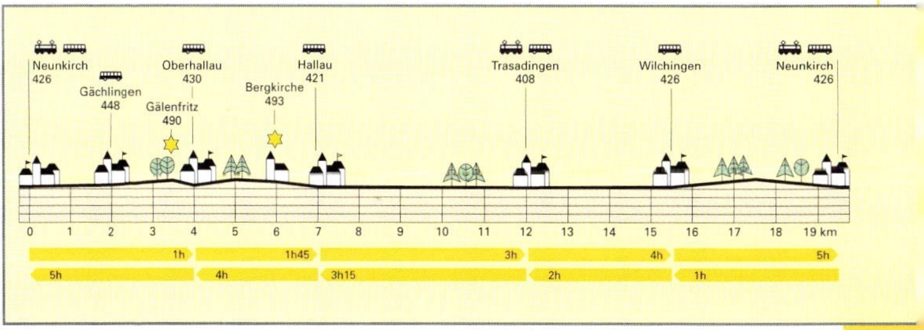

3 Am Rheinufer bei Zurzach

Zurzach–Acheberg/St. Loretto–Koblenz–Barz–Zurzach

Dauer: 3h 45

Die alkalische Glaubersalztherme mit einer Quelltemperatur von 39,9 °C in Zurzach.

Service

Hin und Zurück
Mit Bahn, Bus oder Auto nach Zurzach.

Unterwegs
Nach dem steilen Aufstieg zur Lorettokapelle leichte Wanderung durch den Wald auf dem Acheberg und am Ufer des Rheins.

Essen und Trinken
Restaurant Achenberg, St. Loretto
Tel. 056 249 24 30
Zahlreiche Restaurants und Hotels in Zurzach und Koblenz

Information
Bad Zurzach Tourismus
Tel. 056 249 24 00
www.badzurzach.ch

Wanderkarte 1:60 000,
Schaffhausen–Winterthur
Kümmerly+Frey

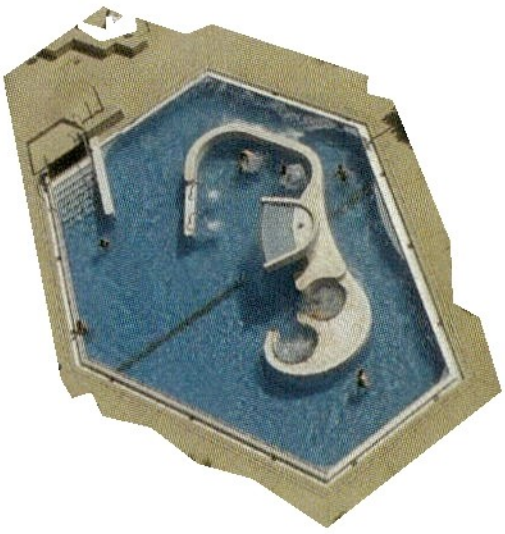

Vom Bahnhof Zurzach aus durchqueren wir in südlicher Richtung das Dorf. Im Zentrum lohnt sich ein Besuch der Verena-Stiftskirche aus dem 10. Jh., die in gotischer und später in barocker Zeit überformt wurde. Am Dorfrand schlagen wir einen Weg ein, welcher uns über Bsetzi steil hinauf zur kleinen Loretto-Kapelle, um 1660 erbaut, und auf den Acheberg führt.
Vom Acheberg führen als Varianten verschiedene Wege zum Klingnauer Stausee, einem Vogelparadies.
Wir zweigen oberhalb des Kirchleins rechter Hand ab und folgen einem Weg durch den Wald. Nach rund 500 m zweigen wir links in einen Pfad ein, steigen leicht an, gelangen in kurzer Zeit auf eine breite Waldstrasse und folgen dieser über Pt. 443 durch den «Bergwald».
Aus dem Wald herausgetreten, wandern wir über freies Gelände in die Aussenquartiere von

Koblenz und schliesslich ins Städtchen. Hier lohnt sich der Besuch der 1959 erbauten Pfarrkirche mit einer spätbarocken Statue der heiligen Verena.
Anschliessend begeben wir uns zur Eisenbahn-Rheinbrücke und zweigen kurz vorher rechts ab. Wir nehmen den Uferweg rheinaufwärts. Schon bald erreichen wir bei Pt. 334 die Römerwarte, einen Wachtturm, der von den Römern im 4. Jh. errichtet wurde.
Vorerst durch den Wald und anschliessend durch offenes Gelände folgen wir weiterhin dem Uferweg am Koblenzer Laufen, wie der hier noch unkorrigierte Lauf des Rheins bezeichnet wird, und geniessen die schöne Aussicht aufs jenseitige deutsche Ufer. Drüben grüssen das Dorf Kadelburg und ein Stück weiter flussaufwärts in erhöhter Lage auf steilem Hügel die Küssaburg. Am alten Zollhaus und an Barz vorbei folgen wir auf dem Weg weiterhin dem Rheinufer und gelangen schliesslich an unseren Ausgangspunkt nach Zurzach zurück.

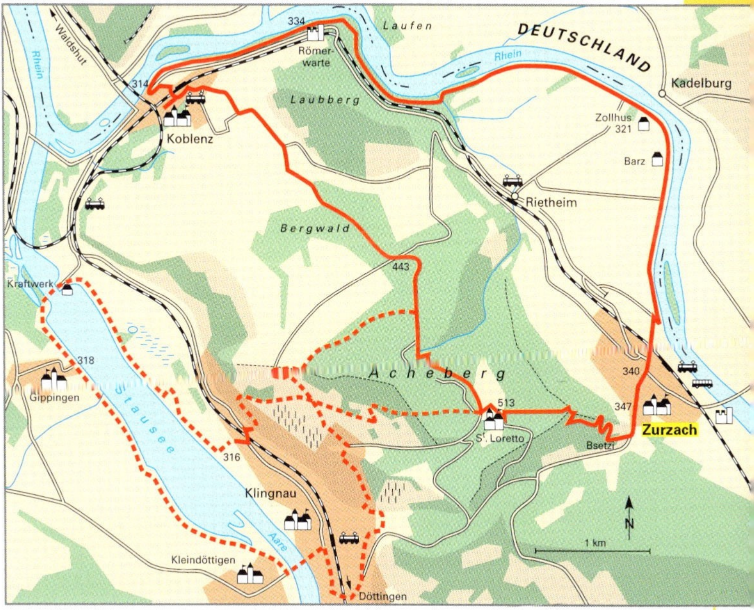

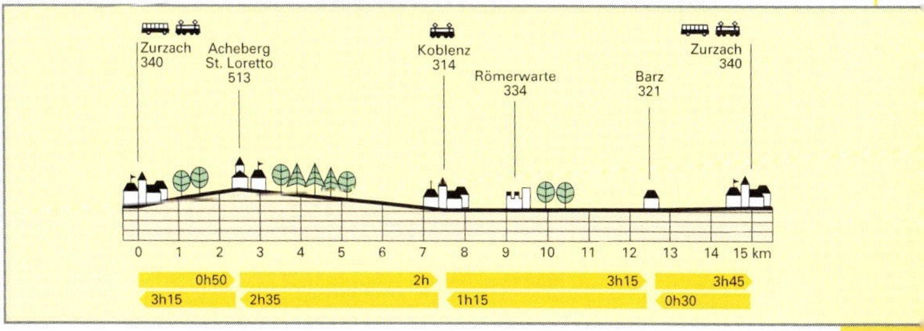

4 Historische Wege im Fricktal

Frick–Ruine Tierstein–Horn–Wittnau–Frick

Dauer: 4h 10

Wegkreuz in Gipf-Oberfrick am Weg hinauf zur Ruine Tierstein.

Service

Hin und Zurück
Frick liegt an der direkten Bahnlinie Basel–Zürich. Hier halten die meisten Schnellzüge. Von Bern oder Luzern her über Olten und in Brugg umsteigen.

Unterwegs
Abwechslungsreiche Wanderung mit kulturellen und landschaftlichen Höhepunkten. Vorsicht beim steilen Abstieg vom Wittnauer Horn nach Wittnau!

Essen und Trinken
Gasthaus Krone, Wittnau
Tel. 062 871 12 22
www.krone-wittnau.ch
Weitere Restaurants in Frick und Gipf-Oberfrick

Information
Verkehrsbüro Laufenburg
Tel. 062 874 44 55
www.laufenburg.ch

Wanderkarte 1:60 000, Aargau–Basel-Stadt–Basel-Landschaft–Olten
Kümmerly+Frey

Vom Bahnhof Frick wandern wir dem Bahngeleise entlang, dann durch die Unterführung nach Gipf. Hier halten wir uns rechts abwärts und queren den Bruggbach. Der Weg steigt nun über die Egg an. Rechter Hand öffnet sich der Blick hinüber in den Schwarzwald. Auf der Höhe des Wendelhofs biegen wir links ab. In einem weiten Bogen, vorbei am Hof Chaltenbrunnen, erreichen wir nun bald in prachtvoller Höhenlage die Ruine Tierstein, auch Alt Tierstein genannt, den ehemaligen Stammsitz der Grafen von Tierstein. Die Burg wurde im 11. Jh. erbaut und war bis gegen Ende des 15. Jh. bewohnt. Wir folgen weiter den gelben Rhomben durch den Wald hinauf zum Aussichtspunkt Tiersteinberg, erbaut 1975 von den Wehrmännern des Füs. Bat. 59. Die moderne Skulptur zur Erinnerung an diese Arbeit stammt von Paul Agustoni.

Weiter verläuft der Weg, immer durch den schönen Mischwald, über die Krete leicht abwärts zum Hof Buschberg, den wir rechts liegen lassen. Erst über freies Feld, dann wieder durch Wald erreichen wir die vorgeschichtlichen Befestigungsanlagen auf dem Wittnauer Horn. Es handelt sich hier um eine der am besten erforschten Bergbefestigungen der Voralpen. Mauerreste aus verschiedenen Epochen zeigen, dass hier sowohl in der Bronzezeit als auch in der Hallsteinzeit Wehranlagen bestanden, die später auch von den Römern ausgebaut wurden.

Der nun folgende Abstieg über die Grotte und vorbei am Hornhof nach Wittnau ist steil und erfordert entsprechende Vorsicht. Hungrige und Durstige finden im Ort einen Gasthof.

Der abschliessende Weg führt durch den Rebberg hinauf zum Rand des Hombergs, dann auf der Krete hinunter nach Oberfrick und weiter der Hauptstrasse entlang zurück nach Frick.

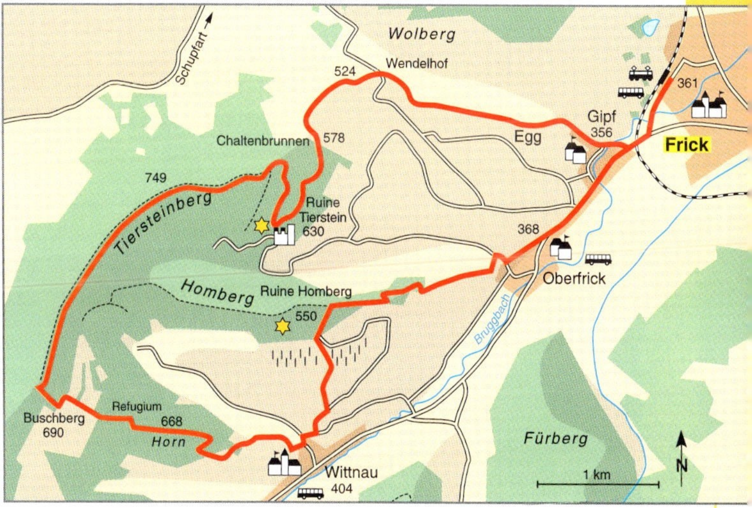

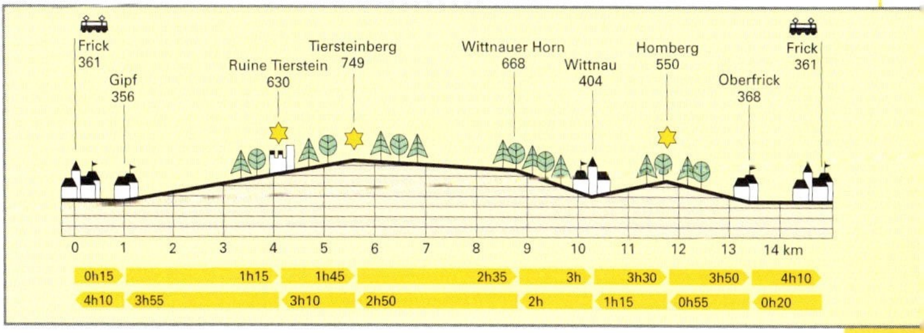

5 Zur romantischen Ruine Farnsburg

Rheinfelden–Sissacher Flue–Farnsburg

Dauer: 5h 30

Die Morgensonne verzaubert den Raureif-Wald bei der Ruine Farnsburg.

Service

Hin und Zurück
Mit der Bahn oder dem Auto nach Rheinfelden. Vom Landgasthof Farnsburg (nur So, Fahrplan beachten!) oder vom Pass Buuseregg (45 min Marschzeit vom Landgasthof Farnsburg, tägliche Verbindung) mit dem Bus zurück.

Unterwegs
Die kurzweilige Wanderung vom Rhein ins obere Baselbiet führt auf rund zwei Dritteln der Strecke durch schöne Wälder.

Essen und Trinken
Restaurant Dornhof
Tel. 061 841 15 55
Bergrestaurant Sissacher Fluh
Tel. 061 971 13 71
www.sissacherfluh.ch
Landgasthof Farnsburg
Tel. 061 985 90 30

Information
Tourismus Rheinfelden
Tel. 061 833 05 25
www.rheinfelden.ch

Wanderkarte 1:60 000,
Aargau–Basel-Stadt–
Basel-Landschaft–Olten
Kümmerly+Frey

Das malerische Städtchen Rheinfelden mit seinen mittelalterlichen Wehrbauten ist Hauptort des gleichnamigen Bezirks und zudem bedeutender Solbadkurort mit Kurzentrum, Solbadklinik und Kurhotels.
Am Bahnhof Rheinfelden gehen wir durch die Unterführung und links über die Treppe hinauf. Der Weg verläuft geradeaus, später auf dem Fussgängersteg über die A3 zum Belchenblick. Wir steigen rechts an und queren den Wald bis an den Rand des Niderwaldes. Nun geht es links auf dem Weg zum Dornhof, Pt. 462. Unser Wanderweg führt geradeaus weiter, steigt zum Waldrand an und kommt an der Westflanke des Halmet zur Kantonsgrenze Aargau/Basel-Landschaft und weiter nach Hersberg. Wir folgen der Strasse in Richtung Nusshof, biegen am Waldrand rechts auf den Fussweg ein und steigen in einem Bogen

im Schwardwald an. Weiter durch den Hardwald zur Wintersingerhöchi, Pt. 603. Nun geht es links und am Waldrand über das Strässchen hinauf zur Sissacher Flue, dem Aussichtsberg mit Restaurant.

Dieser Ort war, wie Funde beweisen, schon in prähistorischer Zeit besiedelt. Die hufeisenförmig um die Flue herum verlaufende Mauer stammt von der Gauburg, die im 9./10. Jh. errichtet wurde. Auf dem äussersten, ins Ergolztal hinausschauenden Felskopf stand eine Basler Hochwacht, die vermutlich bis 1798 benutzt wurde.

Wir gehen über den gleichen Weg zurück bis zur ersten Linkskurve. Dann auf dem Fussweg rechts in den Wald, später im Zickzack, zum Teil über Treppenstufen (Vorsicht!) auf dem Grat steil abwärts und über die Weide hinunter zur Rickenbacher Höchi, Pt. 558. Wir folgen kurz der Strasse nach rechts, dann wandern wir links auf dem Feldweg dem Waldrand entlang und an einer Tafel zur Erinnerung an das Polenlager aus dem Zweiten Weltkrieg vorbei zur Waldegg. Dieses Haus dient heute der Heilsarmee als Tagungs- und Erholungszentrum. Von hier geht es auf der Strasse hinauf zur Buuseregg. Von der Passhöhe gehen wir rechts, auf dem Feldweg bergan in den Wald und am Nordhang des Farnsberges hinauf zu Pt. 761, «Oberi Weid». Entlang dem Grat und dann im Wald wandern wir hinunter zur Ruine Farnsburg und dann zum Landgasthof.

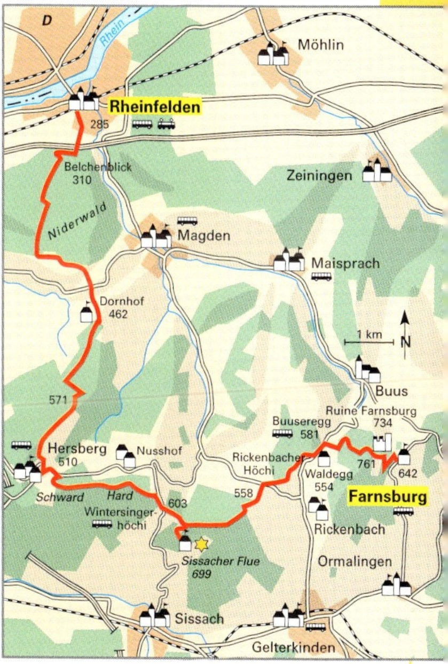

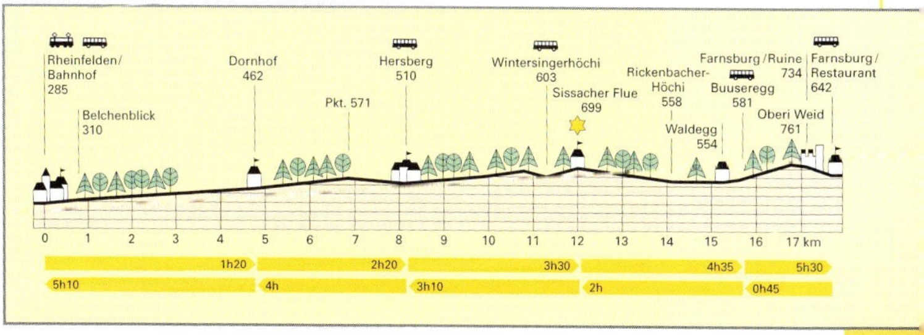

6 Über die Grenzen dreier Kantone

Staffelegg–Schafmatt–Hauenstein

Dauer: 6h

Blick auf die Wasserflue mit der Kantonshauptstadt Aarau.

Service

Hin und Zurück
Mit dem Bus von Aarau oder dem Auto zur Passhöhe Staffelegg. Von Hauenstein mit dem Bus über Olten nach Aarau bzw. Staffelegg.

Unterwegs
Die lohnende Wanderung führt vorwiegend durch Wald und zu vielen prächtigen Aussichtspunkten.

Essen und Trinken
Waldgasthof Saalhöhe
Tel. 062 844 10 14
Berggasthaus Schafmatt
(Naturfreundehaus)
Tel. 062 842 59 00
www.schafmatt.ch
Froburg
Tel. 062 293 29 78
Weitere Restaurants in Hauenstein, das Restaurant Staffelegg ist momentan (seit November 2003) geschlossen

Information
Aarau Info-Verkehrsverein
Tel. 062 824 76 24
www.aarauinfo.ch

Wanderkarte 1:60 000,
Aargau–Basel-Stadt–
Basel-Landschaft–Olten
Kümmerly+Frey

Von der Passhöhe der Staffelegg folgen wir der nach Aarau führenden Strasse und gehen dann rechts über das Strässchen bergan. Bei einem Bauernhof biegen wir links in den Feldweg unterhalb des Volksbildungsheimes Herzberg ein und wandern durch den Wald am Südhang des Asperstrihen zum Bänkerjoch. Beim Parkplatz führt der Weg rechts auf einen Feldweg und zuerst am Waldrand, dann im Wald bergwärts. Nach dem Wald gehen wir auf dem abfallenden Strässchen hinunter an den Waldsaum der Egghalden. Nun geht es in spitzem Winkel aufwärts und über den steilen Fussweg in einigen Kehren hinauf zum Grat. Weiter über die Krete zum markanten Felskopf der Wasserflue, wo wir die prächtige Aussicht geniessen. Wir wandern über den Grat zurück und weiter auf dem bewaldeten Bergrücken hinunter an den Waldrand, dann leicht ansteigend zur Salhöhe. Rechts, unter den Bäumen, befindet sich ein grosser Stein. Er markierte einst die Grenze zwischen dem bernischen Aargau, dem solothurnischen Dorf Kienberg und dem österreichischen Fricktal. Nun geht es am Gasthof vorbei, dann links in den Wald und nach der ersten Rechtskurve auf dem links abzweigenden Pfad bergan. Beim Grenzstein, Pt. 903, gehen wir den Hang hinauf und über den Grat zur Geissflue.

Beim Abstieg lohnt es sich, den Höhenweg zu verlassen und die links liegende Rohrerplatte mit schöner Aussicht aufzusuchen.

Wir wandern zur Abzweigung und hinunter zum Naturfreundehaus Schafmatt, dann auf einem geteerten Weg hinunter zur Strasse. Hier halten wir uns vorerst links, biegen später rechts in den Feldweg und beim Hochspannungsmast in den Wald hinein. Beim Waldaustritt führt der Weg die Weide hinunter an den gegenüberliegenden Waldrand und entlang den Bergmatten zum Burggraben. Auf dem Pfad, der den von der Burgflue herabstossenden Grat links umgeht, steigen wir ein kurzes Stück an, gehen dann zur Burgweid hinunter und auf dem Fahrweg zum Wegweiserstandort. Hier gehen wir den Hang hinauf. Bald nach einer Sendeanlage wird die oberhalb des Kurhauses Froburg liegende Abzweigung erreicht. Der rechts abgehende Feldweg führt hinunter auf die Strasse nach Hauenstein. Diese verlassen wir nach der grossen Linkskurve und steigen links über einen Pfad im Wald auf. Dann abwärts und auf der Strasse nach Hauenstein.

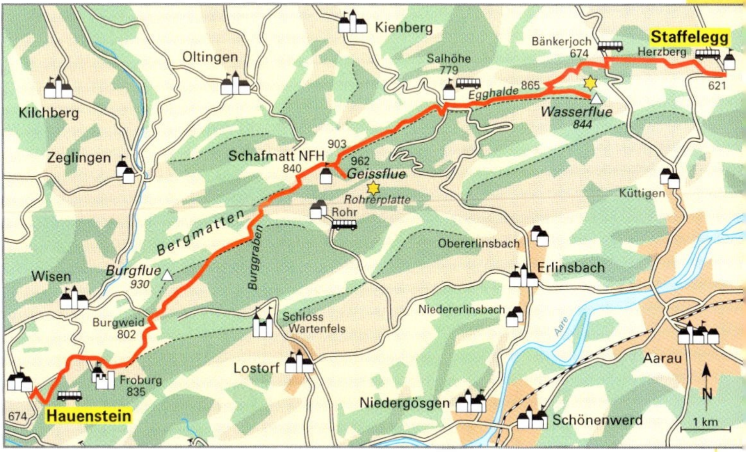

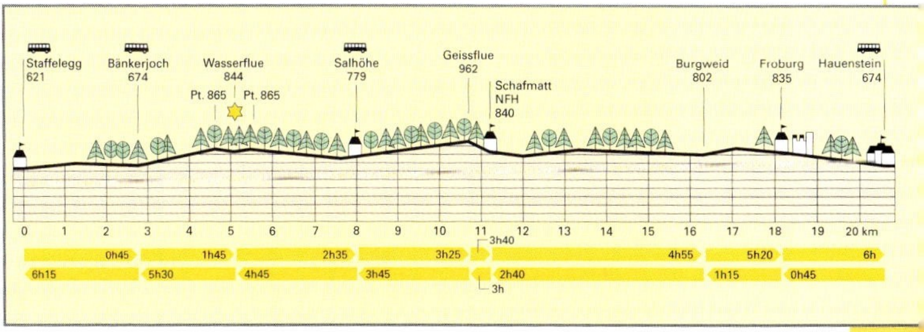

7 Zwischen Hinterer und Vorderer Frenke

Bubendorf–Obetsmatt–Wildenstein–Bubendorf

Dauer: 3h 15

Steile Aufstiege heissen im Volksmund Chatzestäge, wie hier am Murenberg.

Service

Hin und Zurück
Mit Bahn oder Bus von Basel/Olten nach Bubendorf. Mit dem Auto über die N2, Ausfahrt Liestal nach Bubendorf.

Unterwegs
Erholsame Halbtageswanderung zwischen den beiden Frenken ohne grosse Höhenunterschiede.

Essen und Trinken
Restaurant Obetsmatt
Tel. 061 951 10 24

Information
Tourismus-Information Liestal
Tel. 061 921 58 07
www.baselland-tourismus.ch
www.liestal.ch

Wanderkarte 1:60 000,
Aargau–Basel-Stadt–
Basel-Landschaft–Olten
Kümmerly+Frey

Von der Bushaltestelle Bubendorf-Zentrum orientieren wir uns Richtung Murenberg. Wir queren die Hintere Frenke und wandern am Schulhaus vorbei aufwärts zum Waldrand. Ein origineller Wegweiser zeigt den Weg über die Chatzestäge hinauf zum Hochplateau des Murenbergs. Auf der Anhöhe folgen wir dem Weg nach links und wandern geradeaus in den Wald. Leicht abwärts führt der Weg aus dem schattigen Wald hinaus auf die Weid. Bald erblicken wir unter uns das verträumte Dorf Lampenberg. Wir lassen das Dorf im wahrsten Sinne des Wortes links liegen und wandern nach rechts aufwärts. Vorbei an vielen Kirschbäumen erreichen wir auf dem geteerten Strässchen nun bald das Kurhaus Obetsmatt. Hier bietet sich Gelegenheit, Hunger und Durst zu stillen.
Nach einem weiteren, kurzen Aufstieg öffnet sich uns bei Pt. 605 plötzlich der Blick ins Tal der Vorderen Frenke. Über

Niederdorf, Oberdorf und Waldenburg erheben sich die Jurakämme vom Belchen bis ins Passwanggebiet. Wir folgen nun der von Lampenberg heraufführenden Fahrstrasse bis zur Verzweigung bei Pt. 607. Hier benutzen wir den Wanderweg über den Hof Grütsch hinauf zum Gugger. Der Blick über die Tälchen und Hügel lässt erahnen, warum die Gegend auch als «Geissland» bezeichnet wird. Wir steigen nun wieder nordwärts ab zur Kantonsstrasse. Dieser folgen wir ein kurzes Stück nach links, zweigen dann rechts ab und wandern am Hof Schlif vorbei zum Arxhof, der seit 1972 kantonale Arbeitserziehungsanstalt für Jugendliche ist. Von hier auf romantischem Weg durch zwei bewaldete Tälchen hinüber zum Schloss Wildenstein. Im 13. Jh. von den Eptingern erbaut, wechselte es durch die Geschichte wiederholt den Besitzer. Seit 1990 gehört es nun dem Kanton.

Vom Schloss geht es durch den Wald des Siglisbergs hinunter. Über Chäppelen erreichen wir so wieder Bubendorf.

Bubendorf ist ein Ort mit weit in die Vergangenheit zurückreichender Geschichte. Auf Feleten und im Furlenboden wurden Überreste römischer Bauten entdeckt. Alemannische Gräber fanden sich in der Nähe des Bades. Ein hochinteressantes Bauwerk ist der schöne gotische Dinghof mit Treppengiebel an der Hauptstrasse .

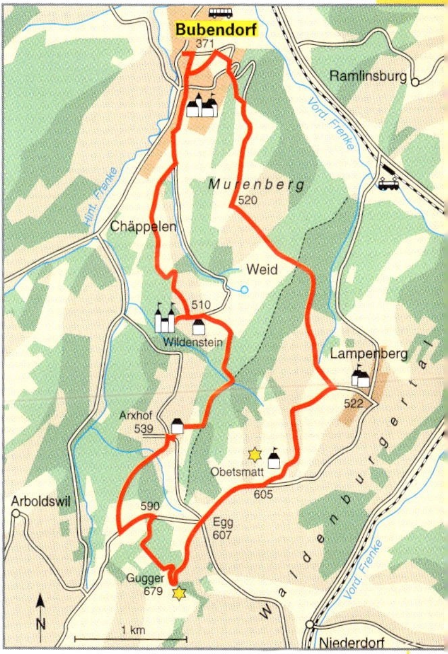

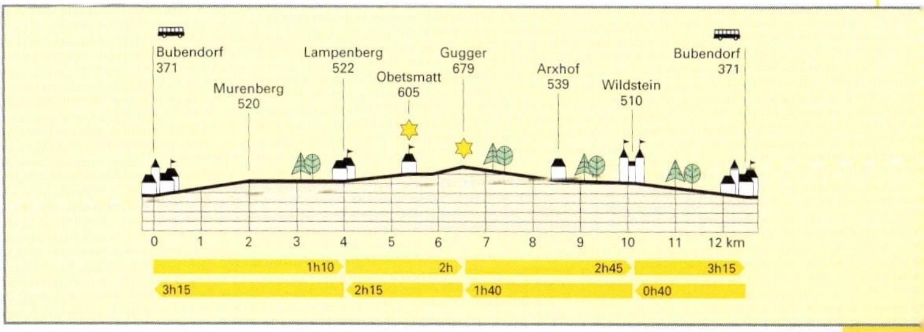

8 Von Liestal zum Passwang

Liestal–Chleckenberg–Passwang

Dauer: 5h 50

Die 1166 als «Ramesten» erwähnte Burg wurde auf einem Felskopf, dem so genannten Schlossberg, durch die Edlen von Ramstein erbaut. Sie zerfiel im 19. Jh.

Service

Hin und Zurück
Mit Bahn oder Bus von Basel/Olten nach Liestal. Mit dem Auto über die N2, Ausfahrt Liestal. Vom Endpunkt der Wanderung sind es 30 Minuten Marschzeit bis zur Bushaltestelle Passwang. Von dort mit dem Bus über Laufen und Basel zurück nach Liestal. Eine ca.1½-stündige Verkürzung bietet ein Wanderbeginn in Lupsingen, erreichbar mit dem Postauto ab Liestal-Bhf.

Unterwegs
Auf diesem kurzweiligen, aber langen Aufstieg vom Ergolztal zu den Höhen des Passwang folgen sich Wald und offenes Gelände in stetigem Wechsel.

Essen und Trinken
Rössli Lupsingen
Tel. 061 911 00 31
Bergwirtschaft Stierenberg
Tel. 061 941 14 73
Berghaus Vogelberg
Tel. 061 941 10 84
Alpenblick Passwang
Tel. 062 391 33 13
www.alpenblick.ch

Information
Tourismus-Information Liestal
Tel. 061 921 58 07
www.baselland-tourismus.ch
www.liestal.ch

Wanderkarte 1:60 000,
Aargau–Basel-Stadt–
Basel-Landschaft–Olten
Kümmerly+Frey

Vom Bahnhof Liestal gehen wir zur Bahnunterführung und entlang des Orisbachs zum Orishof. Nun links auf schönem Weg am Waldrand taleinwärts zur Orismühle. Wir folgen der ansteigenden Strasse bis zur ersten Linkskurve und gehen dann rechts durch den Wald und über die Wiese hinunter nach Lupsingen. Weiter über Felder und durch Wald hinauf zum Chleckenberg. Wir folgen nun dem Waldweg hinunter zum Strässchen Lupsingen–Ziefen. Dann steigen wir im Wald an und gehen später am Hang des Holzenberges abwärts zum Pt. 610, Holzenberg.
Der Strasse folgen wir ein kurzes Stück nach links und gehen dann leicht ansteigend in einem weiten Bogen durch den Wald zu Pt. 626. Weiter wandern wir am Hof Bärsberg vorbei und später, der gelben Markierung lang, durch den Wald des Balsberges. Nun geht es hinab zur Bus-Halte-

stelle Eichhöhe. Am Gegenhang steigen wir durch den Wald auf nach Ramstein und bis an den Fuss des Felsens mit der Burgruine. Später am Waldrand rechts und ins enge Waldtal hinein. Den Bach überschreiten, links steil hinauf zur Weide und in spitzem Winkel zum Stierenberg.

Der Weidbetrieb auf dem Stierenberg gehört der Bürgergemeinde Bretzwil. Der Hirte der Stierenbergweide wird von der Bürgergemeinde durch Urnenabstimmung auf vier Jahre gewählt. Seine Hauptaufgaben sind die Betreuung und Pflege der ihm anvertrauten Sömmerungstiere. Die Dauer der Sömmerung richtet sich nach den Wetterverhältnissen von Mai bis September.

Wir gehen links über die Weide hinauf zu einer Einsattelung und abwärts zur Ulmethöchi. Das Strässchen verlassen wir nun nach rechts und wandern über Weiden und durch Wald bergan.

Links des Weges, am ehemaligen Standort einer Hochwacht mit freiem Blick bis zur Stadt Basel, steht eine Jägerhütte. Die Richtung haltend gehen wir weiter bis zum Grauboden und rechts steil empor zu einer Felslücke, Jägerlücke genannt. Im Wald und über die Weide hinunter zum Berghaus Vogelberg. In einem Rechtsbogen steigen wir zum Grat auf und gehen links zu Pt. 1204 auf dem Passwang.

Von der höchsten Stelle sind es noch rund 30 Gehminuten bis zur Bushaltestelle an der Passwangstrasse.

9 Steinzeitmenschen bei Brislach

Brislach–Chaltbrunnental–Chasteltal–Steffen–Brislach

Dauer: 3h

Der strategisch wichtige Engpass des Birstals zwischen Zwingen und Grellingen wurde während der beiden Weltkriege streng bewacht. Die vielen farbigen Wappen und Gedenksteine erinnern an diese Zeit.

Service

Hin und Zurück
Fahrt mit Bahn, Bus oder Auto von Basel über Zwingen nach Brislach.

Unterwegs
Landschaftlich hochinteressante Wanderung zu den temporären Höhlenbehausungen der Steinzeitmenschen.

Essen und Trinken
Restaurant Chaltbrunnental
Tel. 061 741 12 78
Mehrere Restaurants in Brislach

Information
Tourismus-Information Liestal
Tel. 061 921 58 07
www.baselland-tourismus.ch
www.liestal.ch

Wanderkarte 1:60 000,
Aargau–Basel-Stadt–
Basel-Landschaft–Olten
Kümmerly+Frey

Brislach wurde erstmals 1144 als «Brillaco» im Basler Chartular (einer Sammlung von Urkundenabschriften) erwähnt. Die Geschichte des Ortes reicht jedoch viel weiter zurück. Funde aus der Brislacher Gemarkung belegen, dass der Ort schon in der Steinzeit, vor rund 40.000 Jahren, besiedelt war. Brislach gehört somit zu den ältesten Siedlungsgebieten der heutigen Schweiz.

Von der Post Brislach wandern wir dorfaufwärts. Die katholische Kirche St. Peter und Paul, die wir bald passieren, ist ein sehenswertes Beispiel des Spätbarock. Die Deckengemälde der vier Evangelisten wurden anlässlich der Renovation im Jahre 1976 entdeckt. Weiter dorfaufwärts finden wir bald die Abzweigung nach links, Richtung Chaltbrunnental. Wir verlassen die letzten Häuser des Dorfes. Der Weg steigt einer Vogelhecke entlang zum Wolfgarten hinauf und führt dann geradeaus weiter in den Wald. Wir queren die Lichtung der Neumatt. Dem Dürrbach entlang abwärts erreichen wir das Chaltbrunnental. Vor der Brükke über den Ibach halten wir uns links und folgen dem Bachlauf abwärts durch das schattige und wildromantische Tal. Über mehrere Brücken wechseln wir immer wieder das Ufer. Wir passieren nun die Höhlen des Chaltbrunnentals, zu deren Besuch wir vorsorglich warme Kleidung und eine Taschenlampe mitgenommen haben. Eine Besichtigung der Chastelhöhle, der Kohlerhöhle oder der Bättlerchuchi vermittelt ein anschauliches Bild der Lebensumstände der Steinzeitmenschen.

Bei der Einmündung des Ibachs in die Birs, beim so genannten Chessiloch, halten wir uns dann rechts. Die Wappen und Bilder an den Felsen erinnern an die Grenzbesetzung während der beiden Weltkriege. Wir erreichen bald den Chastelbach bei den Chastelmatten. Hier biegen wir rechts ab und folgen dem Chastelbach aufwärts zum Weiler Steffen. Talaufwärts fasziniert uns die interessante geologische Schichtung des so ganz anders gearteten Tales. Wir befinden uns im Grenzgebiet des Tafel- und Faltenjuras. Der weitere Weg bringt uns hinunter ins Chaltbrunnental, wo wir den Ibach queren.

Den Weg zurück kennen wir vom Hinweg. Durch die Neumatt gehts zum Wolfgarten hinauf und dann hinunter ins stattliche Strassendorf Brislach. Bevor wir uns zu einem wohlverdienten Zvieri in eine Dorfwirtschaft setzen, bleibt genügend Zeit, die Kirche St. Peter und Paul zu besuchen.

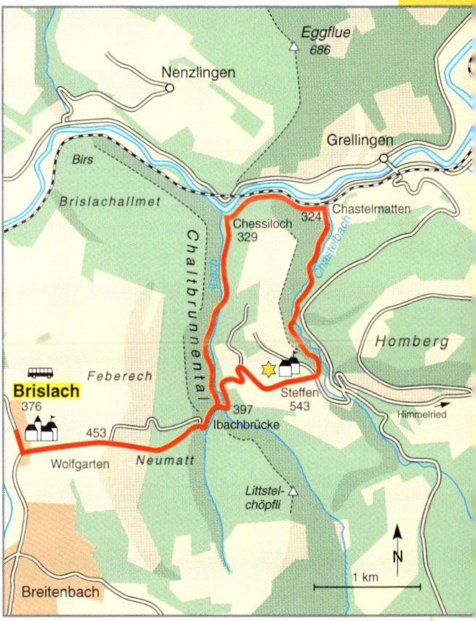

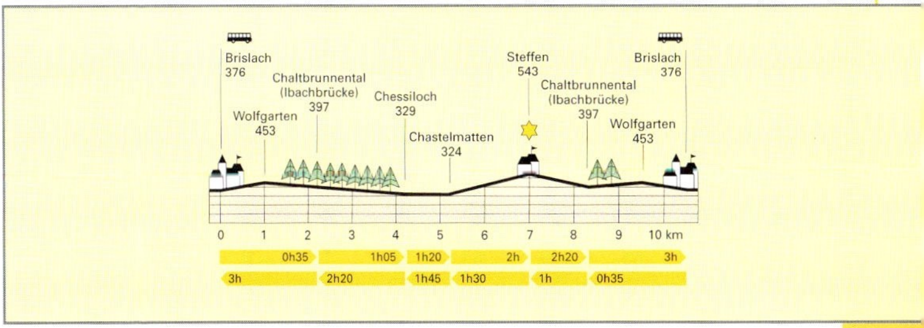

10 Von Welschenrohr auf die Mieschegg

Welschenrohr–Mieschegg–Hinterer Brandberg–Welschenrohr

Dauer: 3h 30

Die kleine Bergkapelle auf der Mieschegg lud die Reisenden in früheren Zeiten zur Andacht.

Service

Hin und Zurück
Fahrt mit Bahn, Bus oder Auto von Oensingen über Balsthal nach Welschenrohr. Parkplatz bei der Post.

Unterwegs
Höhenwanderungen über ausgedehnte Weiden, mit lohnenden Ausblicken sowohl in die Alpen wie auch in die Vogesen.

Essen und Trinken
Vorderer Brandberg
Tel. 062 394 12 24
Obere Tannmatt
Tel. 062 394 12 21
Berggasthof Mieschegg
Tel. 062 394 12 17
Hinterer Brandberg
Tel. 032 639 11 91
Verschiedene Restaurants in Welschenrohr

Information
Kanton Solothurn Tourismus, Solothurn
Tel. 032 626 46 56
www.mysolothurn.com
Gemeindeverwaltung Welschenrohr
Tel. 032 639 50 50
www.welschenrohr.ch

Wanderkarte 1:60 000, Delsberg–Pruntrut–Biel–Solothurn
Kümmerly+Frey

Von der Post Welschenrohr aus orientieren wir uns hinauf zur Kirche, halten uns halbrechts und folgen dem Wegweiser Wolfsschlucht aufwärts zum Dorf hinaus. Über uns dräuen die mächtigen Felsen der Grossi Risi, in welchen sich das «Bäreloch» findet. Bevor wir in den Mischwald des Cholholz eintauchen, blicken wir zurück über das «Rosinlital», im Volksmund so getauft nach dem welschen Namen für Welschenrohr, «Rosières». Bald erreichen wir den Rand der imposanten Wolfsschlucht. Auf steilem Pfad steigen wir hinunter in die Schlucht und dann nach links aufwärts, begleitet vom wilden Rauschen des Baches auf seinem Weg hinunter in die Dünnern. Kurz nach dem Brücklein wählen wir den Weg nach rechts. Durch Weiden mit lichtem Baumbestand führt unser Weg zwischen Vorderer Brandberg und Hornegg hinauf zur Oberen Tannmatt und über die Höhe der Tannmatt, vorbei am weithin sichtbaren Holzkreuz, hinunter zur Mieschegg mit der kleinen romantischen Bergkapelle. Sowohl auf der Oberen Tannmatt wie auch auf der Mieschegg können wir in Bergwirtschaften Hunger und Durst stillen.

In prächtiger Höhenwanderung geht es anschliessend immer etwa auf der Höhenkurve hinüber zum Hof Büx. Bei der Verzweigung verlassen wir das Fahrsträsschen und wählen den Weg nach links. Zuerst wieder leicht aufwärts, zum Teil durch Wald führt uns der Weg zur Bergwirtschaft Hinterer Brandberg. Hier haben wir nochmals Gelegenheit, uns für den kommenden, steilen Abstieg durch den Wald des Rinderbergs und über die Weiden des Stierenbergs gebührend zu stärken. Für den Weg zurück zu unserem Ausgangsort Welschenrohr brauchen wir nicht ganz 1 Stunde.

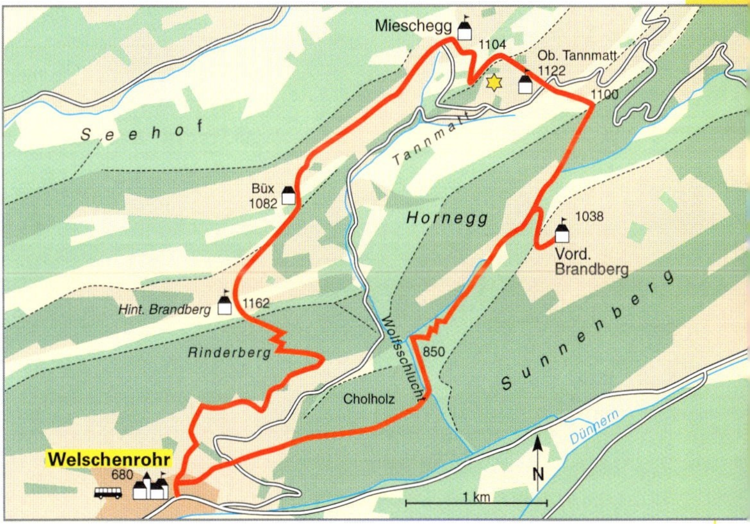

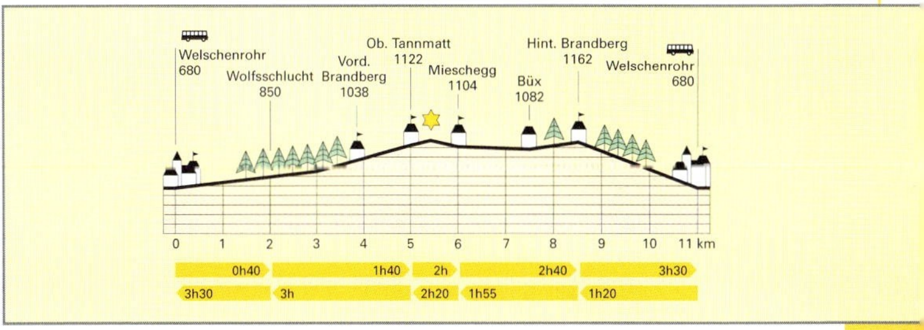

11 Panoramablick vom Weissenstein

**Oberdorf–Weissenstein–
Hinter Weissenstein–Oberdorf**

Dauer: 3h 30

Dieses über 6 m hohe Wasserrad in Oberdorf sorgte in seiner aktiven Zeit für den Mahlbetrieb einer Getreidemühle.

Service

Hin und Zurück
Mit der Bahn aus dem Raum Basel über Delémont nach Moutier, von dort mit der SMB Richtung Solothurn nach Oberdorf. Von Süden her nach Solothurn und mit der Solothurn-Moutier-Bahn nach Oberdorf am Fuss des Weissensteins.

Unterwegs
Klassische Mittelgebirgstour mit herrlichen Aussichten. Sehr steiler Aufstieg im ersten Drittel der Wanderung.

Essen und Trinken
Hotel Kurhaus Weissenstein
Tel. 032 628 61 61
www.hotel-weissenstein.ch
Gasthof Hinter Weissenstein
Tel. 032 639 13 07

Information
Region Solothurn Tourismus, Solothurn
Tel. 032 626 46 46
www.solothurn-city.ch

Wanderkarte 1:60 000,
Delsberg-Pruntrut-Biel-Solothurn
Kümmerly+Frey

Wir beginnen unsere klassische Tour beim Bahnhof Oberdorf am oberen Dorfende. Wir folgen vorerst der Fahrstrasse aufwärts und zweigen bei der ersten Linkskurve nach rechts in den Vorberg ab. Immer etwa auf der 800-m-Höhenkurve wandern wir durch schattigen Mischwald hinüber zum im Volksmund «Stigenlos» genannten Aufstieg durch die Felsen der Pechflue zum Nesselboden. Dabei bewältigen wir auf einem Wegkilometer rund 250 Höhenmeter. Vorbei an der Mittelstation der Sesselbahn steigt unser Weg wieder markant durch eine Waldschlucht hinauf zum Kurhaus Weissenstein. Unseren Hunger und Durst können wir auf der Terrasse stillen und dabei die einmalige Rundsicht vom Mont-Blanc bis zum Säntis geniessen. Die im 18. Jh. aufkommende Begeisterung für die Bergwelt brachte erste Touristen auf den Weissenstein, die zu Hause in Deutschland und England die einzigartige Aussicht priesen. Einem anderen Trend der Zeit folgend, bot die Sennerei auf dem Weissenstein bald auch die beim reichen Publikum beliebten Molkenkuren an. Auf Initiative des Arztes J. C. Kottmann erbaute die Stadt Solothurn das 1828 eingeweihte Kurhaus. Damit waren auch die prekären Unterkunftsmöglichkeiten in der Sennhütte Vergangenheit. Im Jahr 1950 wurde von der Station Oberdorf der SMB aus eine zum Kurhaus führende Sesselbahn erbaut. Die Renovation des Kurhauses erfolgte 1992.

Durch die Senke hinter dem Kurhaus folgen wir dem Fahrsträsschen und zweigen dann nach links in den rot-gelb markierten Jurahöhenweg ab. Es folgt nun eine angenehme Höhenwanderung durch lichten Wald. Unter dem Dilitschchopf hindurch, vorbei am Einstieg zum Höhlensystem des Nidlelochs erreichen wir das Bergrestaurant Hinter Weissenstein.

Ab hier folgen wir noch ein Stück weiter dem zur Hasenmatt führenden Jurahöhenweg bis Pt. 1182. Hier biegt unsere Route nach links ab und führt ziemlich steil durch den Wald des Steinig hinunter durch die Chlus und die Ausläufer der Geissflue. Beim Wäberhüsli treffen wir wieder auf die Fahrstrasse und sind bald darauf zurück bei der Station Oberdorf.

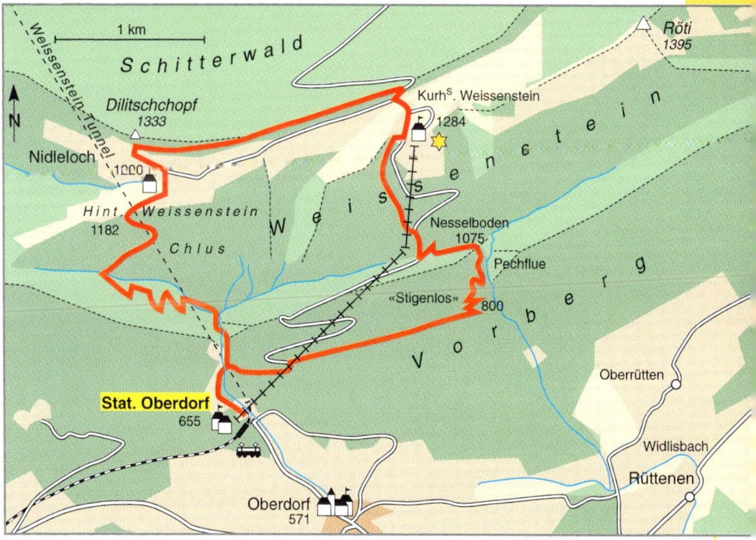

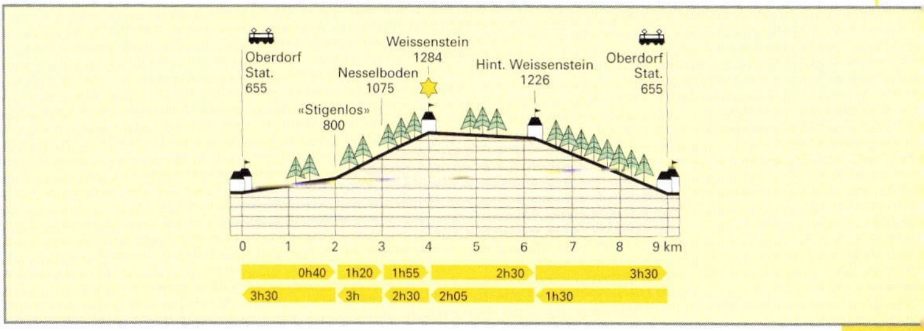

12 Rundwanderung oberhalb Grenchen

Grenchen–Untergrenchenberg–Bettlachberg–Grenchen

Dauer: 4h 30

Hinter dieser Tür der Allerheiligenkapelle bei Grenchen entdeckte man 1864 die Solothurner Madonna.

Service

Hin und Zurück
Mit der Bahn über Olten oder Biel nach Grenchen-Süd. Mit Auto über die N1, Ausfahrt Solothurn nach Grenchen.

Unterwegs
Schöne, nicht allzu anstrengende Tagestour im Solothurner Kettenjura zu herrlichen Ausblicken in die Schweizer Alpenwelt.

Essen und Trinken
Stierenberg
Tel. 032 652 16 44
Unter-Grenchenberg
Tel. 032 652 16 43
www.untergrenchenberg.ch
Bettlachberg
Tel. 032 645 19 29

Information
Grenchen Tourismus
Tel. 032 644 32 11
www.grenchentourismus.ch

Wanderkarte 1:60 000,
Delsberg-Pruntrut-Biel-Solothurn
Kümmerly+Frey

Grenchen, das frühere Bauerndorf, liegt unmittelbar an der Grenze zum französischsprachigen Teil des Kantons Bern. Hier ist man nach wie vor stark der vor allem im Welschland beheimateten Uhrenindustrie verpflichtet. Kulturhistorisch am interessantesten ist wohl die an der Strasse nach dem 5 km entfernten Romont gelegene Allerheiligenkapelle von 1682. Dort entdeckte man 1864 die berühmte Solothurner Madonna von Hans Holbein d. J.
Vom Bahnhof Grenchen-Süd aus orientieren wir uns an den gelben Wegweisern nach Stierenberg und Untergrenchenberg. Der Weg führt uns vorerst mitten durch die Stadt Grenchen, immer leicht aufwärts vorbei an Läden und öffentlichen Gebäuden an den nördlichen Stadtrand bei der Allmend. Weiter, dem Waldrand entlang aufwärts, teilt sich bald der Weg. Wir folgen der Route nach links. Der schatti-

ge Weg durch den Wald steigt zunächst mittelprächtig. Im Vorberg allerdings wird der Aufstieg recht nahrhaft. Wir begrüssen daher sehr, dass der Name Stierenberg nicht nur für eine schöne Weide, sondern auch für eine Gastwirtschaft steht. Gestärkt steigen wir weiter bergan, wobei uns der würzige, kühle Mischwald an heissen Tagen willkommene Kühlung verschafft. Bald erreichen wir den höchsten Punkt unserer Route, den nicht ganz 1300 m hohen Untergrenchenberg. Vom Garten des Restaurants geniessen wir eine grandiose Rundsicht in die Alpen. Weiter folgen wir nun dem Weg, der immer etwa auf der gleichen Höhenkurve, zuletzt leicht abwärts zum Hof Bützen hinüberführt.

Von hier leitet der Pfad zum Teil recht steil hinunter zum Bettlachberg, wiederum mit gleichnamigem Restaurant. Von hier folgen wir zunächst der Fahrstrasse abwärts bis zur ersten Haarnadelkurve, wo wir nach rechts steil hinunter durch die Felsen absteigen. Versteckt im Wald über uns liegt nun die Ruine Grenchen, Zeuge der Freiherrschaft im Mittelalter.

Vorerst weiter durch felsigen Wald, später dem Waldrand entlang, vorbei am Burghof, erreichen wir bei der Allmend wieder die ersten Häuser von Grenchen. Von hier, durch die Stadt abwärts, folgen wir derselben Route wie beim Aufstieg bis zu unserem Ziel beim Bahnhof Grenchen-Süd.

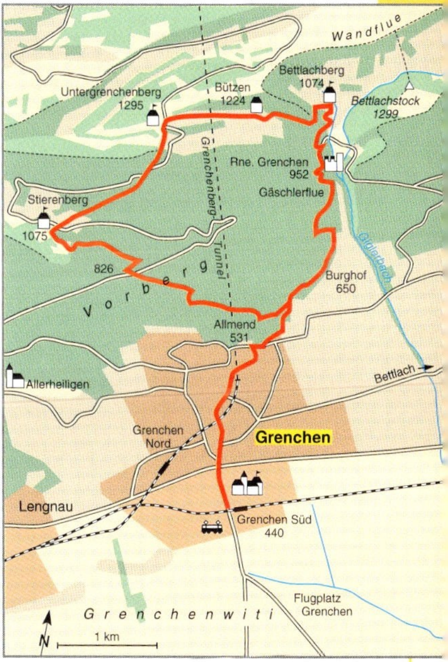

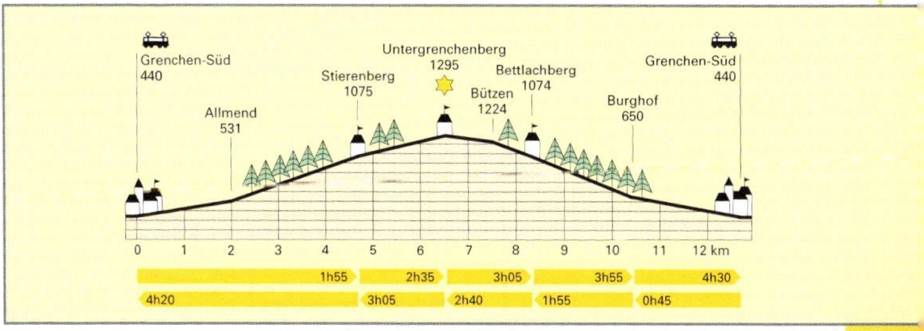

13 Die Taubenlochschlucht bei Biel

Biel/Bözingen–Taubenlochschlucht–Biel/Ried

Dauer: 1h 45

Der Weg durch die Taubenlochschlucht ist an exponierten Stellen durch Geländer gesichert.

Service

Hin und Zurück
Mit Bahn oder Auto nach Biel. Vom Bahnhof Biel mit dem Bus Richtung Bözingen bis zur Haltestelle Taubenloch. Von Biel/Ried mit dem Bus zurück zum Bahnhof Biel.

Unterwegs
Interessante Erlebniswanderung durch eine kühle Juraschlucht. Nur geringe Höhendifferenzen.

Essen und Trinken
Eau-berge Tubeloch
Tel. 032 358 11 32

Information
Tourismus Biel-Seeland, Biel
Tel. 032 329 84 84
www.biel-seeland.net

Wanderkarte 1:60 000,
Berner Jura–Seeland
Kümmerly+Frey

> Der Weg durch die Taubenlochschlucht ist bis auf weiteres gesperrt (Stand Frühling 2004); Auskunft bei Tourismus Biel-Seeland.

Vor Urzeiten erstreckte sich zwischen der ersten und zweiten Jurafalte nördlich von Biel ein grosser See. In geduldiger und Jahrmillionen dauernder Erosionsarbeit hat sich die Schüss als Abfluss dieses Sees einen Weg durch den mächtigen Kalkfelsriegel gefressen. Dabei entstand direkt vor den Toren der Stadt Biel eine eindrückliche Schlucht. Diese 2 km lange Juraklus ist ein faszinierendes Naturschauspiel. Sie ist durchsetzt mit vielen Felsmühlen und Strudellöchern und Wasserfällen. Die wildromantische Szenerie wird beherrscht von senkrechten Wänden mit zum Teil überhängenden Felsnasen.
Der gut ausgebaute Weg wird von der gemeinnützigen Taubenlochgesellschaft unterhalten. Es wird kein Eintrittsgeld erhoben, doch dankt die Gesellschaft für freiwillige Spenden in die eingemauerte Kasse am unteren Eingang zur Schlucht in Biel/Bözingen.

Nirgendwo sonst gelangt man so unvermittelt aus dem hektischen Treiben einer Stadt in das Naturschauspiel einer Juraschlucht: Man besteigt am Bahnhof Biel den Trolleybus Nr. 1 und fährt Richtung Bözingen. Bei der Haltestelle Taubenloch weisen Hinweisschilder den Weg zum Eingang in die Schlucht. Über Treppenstufen gewinnen wir rasch an Höhe und verlassen bald die letzten Häuser. Schon verengt sich das Tal der rauschenden Schüss und die Natur hat uns in ihrem Bann. Ohne grosse Anstrengung wandern wir durch die kühle Schlucht talaufwärts.

Der Weg führt zunächst rechts der Schüss entlang und geht dann – ganz in Fels gehauen, aber an exponierten Stellen mit einem Geländer gesichert – unter einer Bahnbrücke durch. Der Pfad führt nun immer tiefer in die von hohen Felswänden umschlossene Schlucht hinein. Vom Weg aus kann man Höhlen und bizarre Gesteinsformationen von gigantischen Ausmassen bewundern.

Der Weg durch die eigentliche Schlucht dauert etwa eine halbe Stunde. Am oberen Ende der Schlucht befindet sich das Restaurant Eau-berge Tubeloch. Hier kann bei einer Rast dem Hunger und dem Durst abgeholfen werden. Kinder erfreuen sich zusätzlich am hübschen Kleintierzoo. Für den Rückweg nach Biel bieten sich mehrere Varianten an, sowohl zu Fuss als auch mit dem Bus oder dem Regionalzug. Wir schlagen die rund einstündige Wanderung durch den schönen Malewagwald vor (Feuerstelle beim Lysserbrunnen). Diese führt hoch am Schluchtrand entlang nach Biel/Ried. Von dort besteht eine Busverbindung zum Bahnhof Biel. Als Ausklang zu dieser Tour bietet sich ein Bummel durch die Bieler Altstadt an.

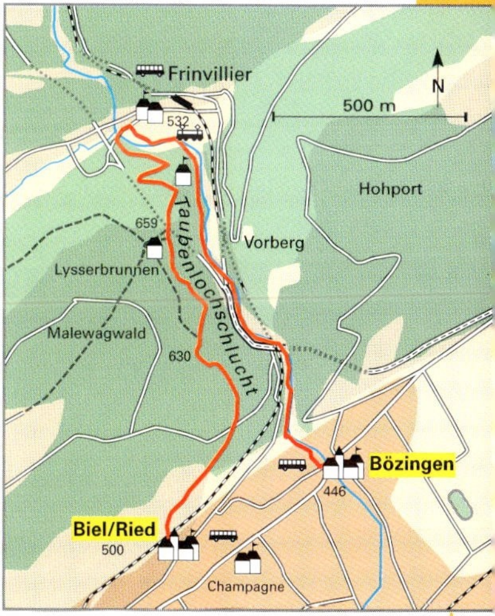

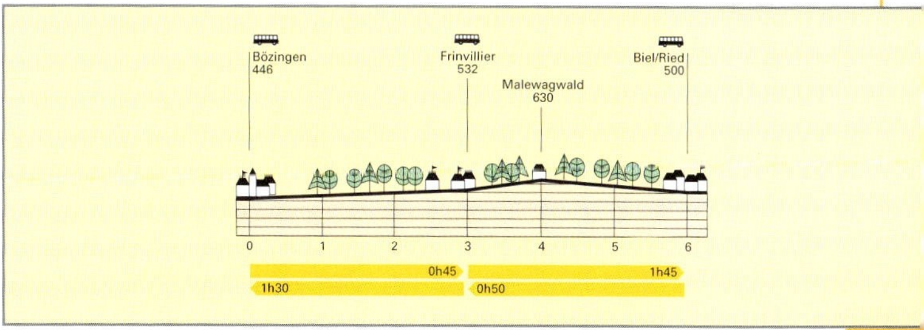

14 Durch die Gorges de Court

Moutier–Gorges de Court–Court–Pâturage de Mont Girod–Petit Champoz–Moutier

Dauer: 4h 50

Gorges de Court: Schon die Mönche der Abtei Moutier-Grandval hatten hier einen ersten Fusspfad angelegt.

Service

Hin und Zurück
Mit der Bahn oder dem Auto bis zum Bahnhof Moutier.

Unterwegs
Eindrucksvolle Wanderung mit vorzüglichen Einblicken in die verschiedenen Charaktere des Faltenjura. Auf dem Hinweg attraktiver Wanderweg abseits des Verkehrs, der Rückweg über den Mont Girod bildet einen wohltuenden Kontrast zum industrialisierten Talboden.

Essen und Trinken
Mehrere Restaurants in Court und Moutier

Information
Jura bernois Tourisme, Moutier
Tel. 032 494 53 43
www.jurabernois.ch

Wanderkarte 1:60 000,
Berner Jura–Seeland
Kümmerly+Frey

Vom Bahnhof Moutier folgen wir der Bahnlinie bis zur Place du Marché. Nun durch die Rue des Œuches zur Birs. Wir überschreiten den Fluss und gehen am Friedhof mit der Kapelle aus dem 11. Jh. vorbei. Weiter durch das bewaldete Tälchen der La Foule zum 1991 erstellten Wanderweg in der Gorges de Court. Unter Brücken aufgehängte Passerellen, in Fels verankerte Stege und ein Tunnel prägen den malerischen Weg, der der 1937 durch einen Felssturz verschütteten alten Strasse folgt. Die Einblicke in die Kalkbänder und die Wildnis dieser typischen Jura-Klus sind ebenso beeindruckend wie die Leistung der Wegebauer.
Vom Südeingang der Schlucht erreicht man mit wenigen Schritten das stattliche Dorf Court. Schon zur Römerzeit hatte die Ortschaft als Stützpunkt gedient, lag sie doch an der Verbindungsstrasse Aventicum–Pierre Pertuis–Augusta

Raurica. Das Dorf wird in der ganzen Länge durchschritten. Bei der Kirche steigen wir erst gemächlich, im Wald dann recht steil zum Gehöft Mont Girod an. Über baumbestandene Juraweiden erreichen wir den Wegweiser auf der Pâturage de Mont Girod. Hier bieten sich verschiedene Abstiegsvarianten an (nach Champoz 15 min, nach Sorvilier 1h15, nach Moutier durch die Combe Fabet 2 h).

Wir steigen sanft auf über die Pâturage de Mont Girod. Mit jedem Schritt weitet sich der Rundblick auf den Montoz im Süden, den Moron im Westen und das breit dazwischen gebettete Vallée de Tavannes. Nach der Umgehung des geschlossenen Waldstücks bietet sich bei Pt. 995 die Möglichkeit eines zehnminütigen Abstechers zur Oberkante der Gorges de Court. Der Tiefblick in die Schlucht und auf Moutier sowie die Sicht zum gegenüberliegenden Rücken des Graitery sind einmalig.

Durch dichten Wald geht es nun steil hinunter und am Hof Petit Champoz vorbei in den Talkessel von Moutier.

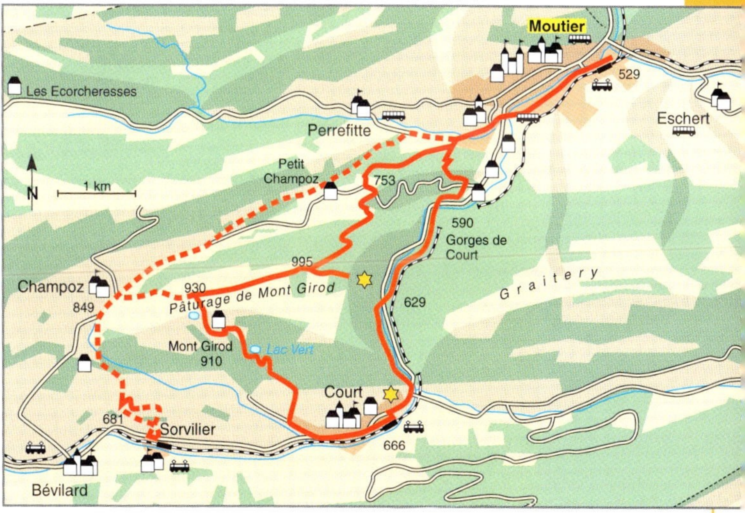

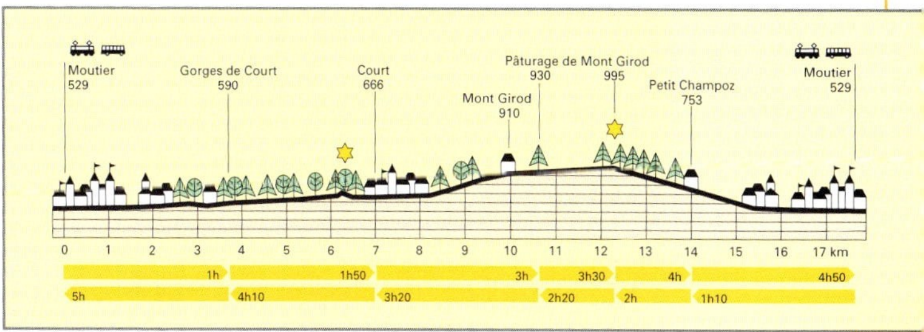

15 Über die Haute Borne bei Delémont

Delémont–La Haute Borne–Les Rangiers

Dauer: 3h 30

Die Porte au Loup in Delémont mit dem Löwenbrunnen im Vordergrund.

Service

Hin und Zurück
Mit der Bahn oder dem Auto bis zum Bahnhof Delémont. Zurück vom Pass Les Rangiers zu Fuss in 1h zur Haltestelle Abzweigung nach La Burgisberg, von dort mit dem Bus nach Delémont.

Unterwegs
Die abwechslungsreiche Höhenwanderung im Nordjura führt über einige Streckenabschnitte mit Hartbelag.

Essen und Trinken
Restaurant de La Haute Borne
Tel. 032 422 14 15
Hotel-Restaurant Les Rangiers
Tel. 032 426 66 51

Information
Jura Tourisme, Delémont
Tel. 032 422 97 78
www.juratourisme.ch

Wanderkarte 1:60 000,
Delsberg–Pruntrut–Biel–Solothurn
Kümmerly+Frey

Delémont ist Hauptstadt des jungen Kantons Jura seit seiner Gründung im Jahr 1979. Am nördlichen Ende des weiten Delsbergerbeckens und nahe der Einmündung der Sorne in die Birs gelegen, ist der Marktort wichtiges funktionelles Zentrum der Region mit Handel, Industrie und vielen Sehenswürdigkeiten wie dem Musée Jurassien mit Funden aus prähistorischer und römischer Zeit, das auch kostbare Werke aus dem Kloster Moutier-Grandval birgt.

Vom Bahnhof Delémont gehen wir über die Avenue de la Gare, die Rue Molière und die Rue des Moulins zur Place de la Liberté. Dann am Löwenbrunnen vorbei, durch die Porte au Loup (Wolfstor) auf die Place de l'Etang. Nun geht es die Rue de Chêtre hinauf und längs der von Bäumen gesäumten Strasse zum Wald Les Côtattes. Wir verlassen die Strasse in der ersten Rechtskurve nach links und steigen über den Pfad im Wald steil bergan. Weiter oben, unmittelbar vor einer Lichtung, Pt. 831, erreicht der Pfad die Strasse, der wir nun bis zum Hof und Landgasthaus La Haute Borne folgen. Der 1694 erbaute Hof ist im Besitz der Bürgergemeinde Delémont. Früher befand sich an dieser Stelle ein Grenzstein (borne) zwischen den Diözesen Besançon und Basel. Vom Gasthaus gehen wir hinunter auf den Feldweg, der parallel zum Wald von Gentilpran verläuft und am Naturfreundehaus vorbeiführt. Es lohnt sich, den Weg etwa nach 400 m kurz zu verlassen und rechts zu Pt. 892 aufzusteigen, wo die schöne Aussicht gegen Süden auf die Juraketten vom Weissenstein zum Chasseral und in die Alpen wartet. Im Norden zeigen sich die Vogesen und der Schwarzwald.

Weiter geht es in westlicher Richtung zur Strasse Develier–Bourrignon. Auf dieser geht es rechts hinunter zur Bus-Haltestelle Abzweigung nach La Burgisberg (von hier Rückfahrt möglich). Nun halten wir uns links zu dem von mächtigen Bäumen umrahmten Hof Les Côtes. Geradeaus, auf der Kuppe von Les Ordons, sehen wir den Turm der Radio- und TV-Station. Nach dem Hof biegen wir links in den Feldweg ein und wandern durch den Wald zur Höhe von Les Rangiers, dem schon in der Römerzeit wichtigen Passübergang.

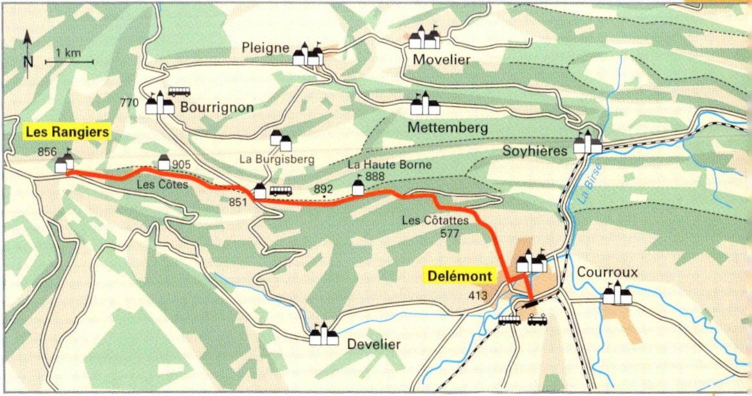

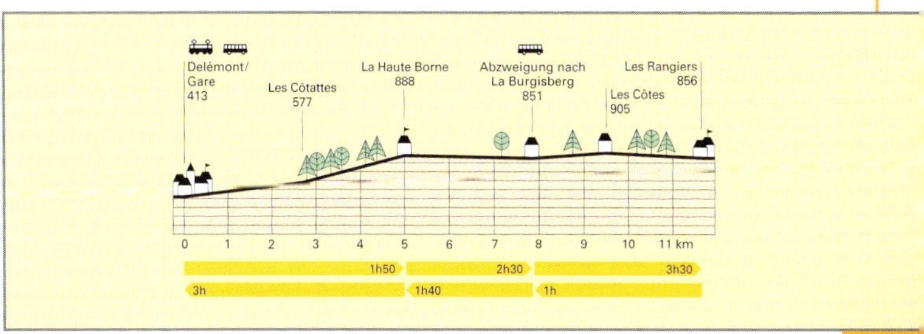

16 Die romantische Schlucht des Tabeillon

**Saulcy–La Combe–
Combe Tabeillon–Saulcy**

Dauer: 4h

Typische Szenerie in den Freibergen des Jura.

Service

Hin und Zurück
Von Delémont mit der Bahn nach Glovelier, von dort mit dem Bus zum Ausgangs- und Endpunkt Saulcy.

Unterwegs
Leichte Wanderung durch die mannigfaltige Pflanzenwelt des Jura und in die romantische Schlucht des Tabeillon.

Essen und Trinken
Restaurant La Combe
Tel. 032 484 94 51
Hotel Bellevue, Saulcy
Tel. 032 433 45 32
www.le-bellevue.ch

Information
Jura Tourisme, Delémont
Tel. 032 422 97 78
www.juratourisme.ch

Wanderkarte 1:60 000,
Delsberg–Pruntrut–Biel–Solothurn
Kümmerly+Frey

Die Wanderung beginnt in Saulcy beim Hotel Bellevue. In der Mitte des kleinen Juradorfes verlassen wir für eine kurze Zeit die nach Lajoux führende Strasse und schlagen den Fussweg ein, der uns zum Teil durch Wald auf eine Anhöhe führt, wo die Route wieder in die Strasse einmündet. Nach ungefähr 600 m wählen wir die Abzweigung nach rechts (auf den Wegweiser achten). Nun öffnet sich die Weite der Prés de Saulcy.
Über Felder und Wiesenpfade erreichen wir den Hof Sur les Roches und steigen dann, immer den Markierungen folgend, nach La Combe hinab. Hier können wir uns in einem Juragasthof verpflegen. Die Freiberge sind bekannt für ihre traditionsreichen Produkte auf natürlicher Basis, wie etwa dem sämig schmelzenden Käse Tête de Moine, «Mönchskopf», eine Kreation der Mönche des ehemaligen Klosters Bellelay. Der Käse wird heute an ver-

schiedenen Orten hergestellt. Wer einen solchen Käse geniesst, wird durch den Milch- und Blütenduft an die im Jura wachsenden Kräuter erinnert!

Nach der Überquerung der Bahngeleise biegt der Weg nach rechts ab und kurz darauf wieder zurück auf die andere Seite der Bahn, der wir nun folgen. Nun beginnt die prächtige Wanderung durch die wildromantische Schlucht des Tabeillon.

Der stille Etang de Bollement liegt gut versteckt im Schilf und Gehölz. Das Gewässer steht unter Naturschutz.

Unterwegs erfreuen wir uns am geheimnisvollen Murmeln des durch die unberührte Landschaft fliessenden Baches Tabeillon. Eindrucksvoll sind die hoch in den Himmel ragenden mächtigen Felsbastionen.

Bei der Bahn-Haltestelle Combe Tabeillon entdecken Bahn-Fans eine der ganz wenigen Eisenbahn-Spitzkehren der Schweiz.

Kurz vor der Ferme de Combe Tabeillon weist uns ein Wegweiser nach rechts auf den zum Bauernhof Le Cerneux hinaufführenden Waldweg. Über Wiesen und teilweise durch Wald zieht sich der leicht ansteigende Pfad südwestwärts dem Dorf Saulcy, unserem Ausgangspunkt, entgegen.

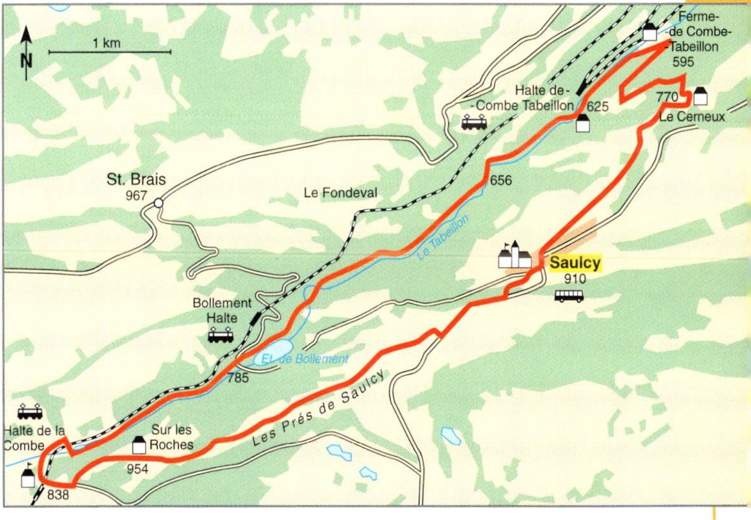

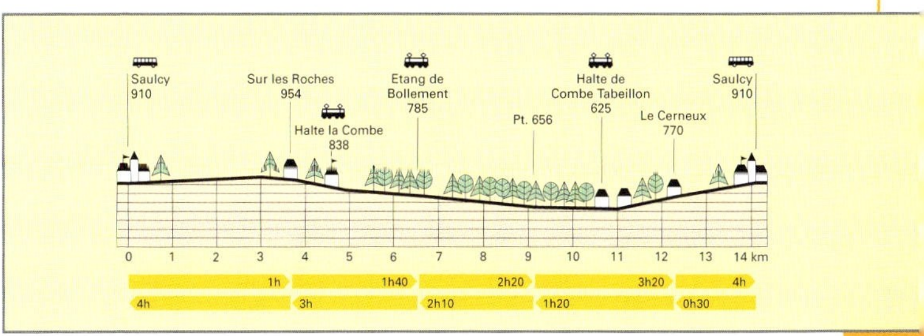

17 Durch die malerische Ajoie nach St-Ursanne

Porrentruy–Fontenais–Villars–Vacherie Mouillard–Seleute–Monnat–St-Ursanne

Dauer: 3h 45

Im Kreuzgang von St. Ursanne zeugen die sauber gestalteten Spitzbogenfenster auch nach 700 Jahren von der sorgfältigen Arbeit der damaligen Mönche.

Service

Hin und Zurück
Mit der Bahn oder dem Auto nach Porrentruy. Von St-Ursanne mit der Bahn zurück nach Porrentruy.

Unterwegs
Abwechslungsreiche, leichte Wanderung, die einen guten Einblick in Kultur und Natur des Jura gibt.

Essen und Trinken
Auberge La Fontaine, Seleute
Tel. 032 461 30 30
Weitere Restaurants in Fontenais, Villars, Selente und St-Ursanne

Information
Jura Tourisme, Delémont
Tel. 032 422 97 78
www.juratourisme.ch

Wanderkarte 1:60 000,
Delsberg–Pruntrut–Biel–Solothurn
Kümmerly+Frey

Porrentruy, zu deutsch Pruntrut, in der Ajoie hat eine bewegte Vergangenheit: Mehr als 300 Jahre, 1527–1792, war das Schloss Sitz der Fürstbischöfe von Basel. Später Teil Frankreichs, wurde die Region 1815 vom Wiener Kongress Bern zugeschlagen.

Vom Bahnhof Porrentruy wandern wir in südlicher Richtung durch den Faubourg de St-Germain zum Ort hinaus und folgen der Strasse nach Fontenais. Das in der Mitte des Dorfes stehende mittelalterliche Schloss mit seinen zwei Türmen diente als Residenz von Notabeln des bischöflichen Hofes.

Über die Anhöhe von Vabecha gelangen wir anschliessend ins verträumte Villars. Wir folgen der Strasse, die nach dem in Frankreich gelegenen Montancy führt, zum Dorf hinaus bis zum Waldrand und zweigen dann nach links in einen Waldweg ab. Der Weg führt durch eine felsige Mulde, einem zumeist ausgetrockneten Bachlauf entlang hinauf zur grossen Alpweide der Vacherie Mouillard. Zum Gehöft gehört auch eine kleine Bergkapelle. Wir steigen über die Weide hinauf zur ostwärts liegenden Krete bei Pt. 827. Von hier führt der Weg vorerst durch Wald, dann über die Weide hinab in das kleine Dorf Seleute. Im Dorfrestaurant können wir uns von den Mühen des Aufstiegs erholen. Der weitere Weg bringt uns ostwärts zum Dorf hinaus leicht ansteigend zum Weiler Monnat und weiter zur Passstrasse, die zum Col de la Croix führt. Wir folgen der Strasse auf einem Pfad abwärts und erreichen bald St-Ursanne. Das Städtchen hat seinen verträumten Charakter bewahrt. Entstanden aus der Einsiedelei des irischen Mönchs Ursicinus im 6. Jh., entwickelte es sich nach dem Brand von 1403 zu einer befestigten Handwerker- und Krämerstadt. Die drei erhaltenen Stadttore stammen aus dem 17. Jh. Die Kirche und der wohlerhaltene Kreuzgang stammen aus der Übergangszeit von der Romanik zur Gotik.

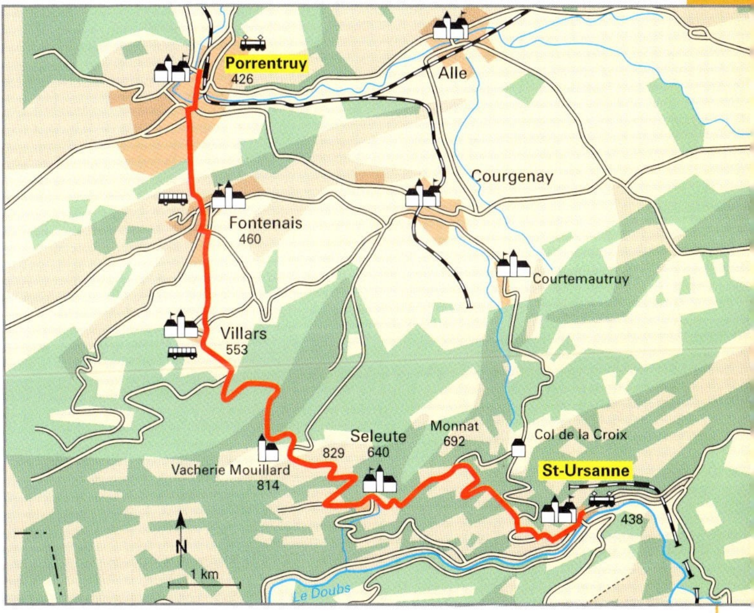

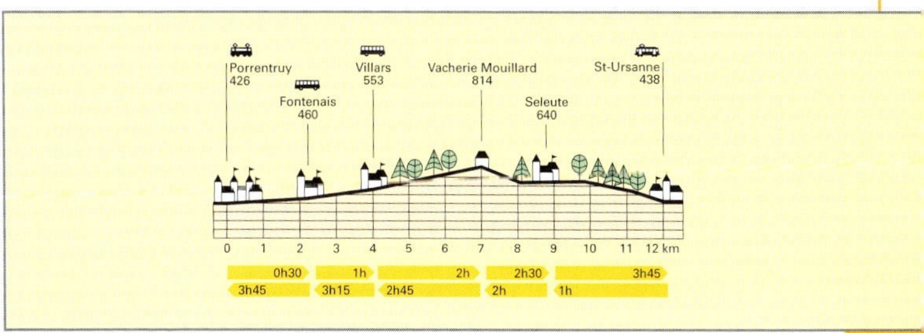

18 Von Saignelégier an das Ufer des Doubs

Saignelégier–Goumois–Le Theusseret–Muriaux–Saignelégier

Dauer: 4h 20

Der Doubs hat noch weitgehend natürliche Ufer, wie hier bei Goumois.

Service

Hin und Zurück
Die Regionalzugstation Saignelégier liegt auf der Strecke La Chaux-de-Fonds–Glovelier; von Basel Schnellzug via Delémont (umsteigen in Glovelier), von Biel Schnell- oder Regionalzug (umsteigen in La Chaux-de-Fonds).

Unterwegs
Problemlose Wanderung durch das Herz der Freiberge und am Flussufer des Doubs, die bis in die letzten Herbsttage unternommen werden kann.

Essen und Trinken
Restaurant Le Theusseret
Tel. 032 951 14 51
Weitere Restaurants in Goumois und Muriaux

Information
Jura Tourisme, Delémont
Tel. 032 422 97 78
www.juratourisme.ch

Wanderkarte 1:60 000,
Delsberg–Pruntrut–Biel–Solothurn
Kümmerly+Frey

Die Wanderung beginnt beim Bahnhof von Saignelégier (Wegweiser). Auf markierten Wegen wandern wir über Weiden und durch Wälder zum Dorf Goumois hinab. Hier, in der Umgebung von Saignelégier, befinden wir uns im Herzen der Freiberge.

Das Plateau der Freiberge (Franches-Montagnes) hat eine Ausdehnung von 200 km^2 und liegt durchschnittlich 1000 m ü.M. hoch. Tektonisch zählen die Freiberge zum Faltenjura. Die ehemals vorhandenen Juraketten wurden abgetragen, und deshalb durchziehen heute anstelle einstiger Berge nur noch niedrige Kämme die weitgehend verkarstete Hochebene. Oberirdische Flussläufe fehlen auf diesem Plateau fast gänzlich, und obwohl die Niederschlagsmengen hier grösser sind als im Mittelland, leiden die Freiberge unter Trockenheit. Denn das Wasser versicker in zahlreichen Dolinen und Schlundlöchern (emposieux), um später als Stromquelle an tieferer Stelle wieder zu Tage zu treten. Wir erreichen Goumois am Doubs. Seit 1780 sind die beiden Ortsteile durch die Grenze getrennt. Die beiden Dorfteile kamen zu zwei verschiedenen Staaten. Vorher hatte Goumois zur basel-fürstbischöflichen Herrschaft Franquemont gehört, deren grosse Ländereien sich beidseits des Flusses erstreckten. Goumois/Suisse hat heute noch rund 100 Einwohner, darunter auch Franzosen. Einige Schweizer wohnen in Goumois/France, und manche Bauern bewirtschaften Güter am jeweils andern Ufer. Man kennt die «Fremden» wie die eigenen Dorfgenossen.

Die Route biegt vor der Brücke nach links ab und folgt, leicht ansteigend, auf einer Strecke von ungefähr 500 m der nach Saignelégier führenden Strasse. Dann weist die Markierung auf einen rechts abzweigenden Weg, der uns dem Doubs entlang nach Le Theusseret führt. Die Wanderung führt durch die weitgehend unberührte Flusslandschaft, und mit etwas Glück können wir einen über das Wasser fliegenden Reiher erspähen. Schliesslich lädt uns der Gasthof Le Theusseret zur Einkehr ein.

Beim Gasthaus zweigt der Weg nach links ab. Frisch gestärkt wandern wir durch den schattigen Wald zum Weiler Belfond-Dessous hinauf. Hier erwartet uns ein rechts abbiegender Pfad. Zuerst über Wiesen und nachher auf einem stillen Waldweg steigen wir durch die Combe de la Rochette zu Pt. 948 hinauf.

Im typischen Juradorf Muriaux – es beherbergt ein Automuseum – wählen wir die in südöstlicher Richtung führende Strasse und überqueren bei der Bahn-Haltestelle auf einer Brücke die Bahnlinie. Über die Felder von Les Chargeoux führt der Weg an den Ausgangspunkt Saignelégier zurück.

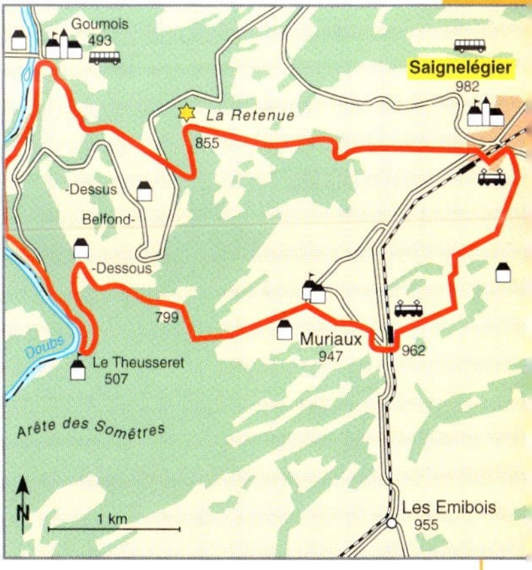

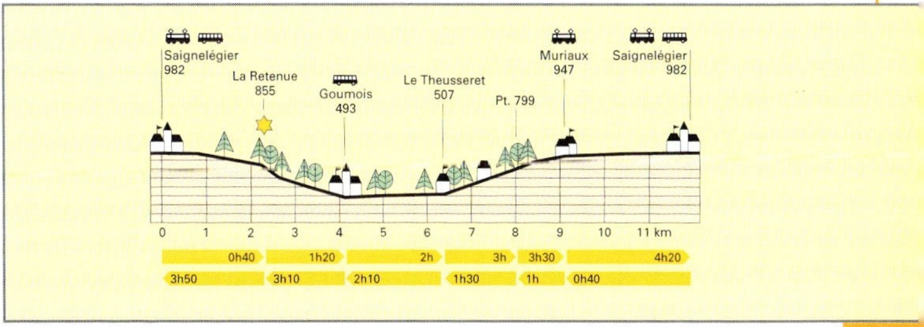

19 Die Heimat der Freiberger Pferde

**Le Noirmont–Sous les Craux–
Le Boéchet–Le Noirmont**

Dauer: 4h

Die Freiberger Pferde sind auf Grund ihres guten und genügsamen Charakters auch bei Pferdekennern im Ausland beliebt.

Service

Hin und Zurück
Mit der Bahn oder dem Auto über Biel und Tavannes nach Le Noirmont. Parkplatz in Le Noirmont beim Bahnhof.

Unterwegs
Eine Wanderung im Herz der Freiberge. Sie führt uns durch eine ursprüngliche, wenig besiedelte Landschaft.

Essen und Trinken
Restaurant Les Chatons,
Les Barrières
Tel. 032 953 14 07
Restaurant de l'Union, Le Boéchet
Tel. 032 961 12 24
Mehrere Restaurants in Le Noirmont

Information
Jura Tourisme, Delémont
Tel. 032 422 97 78
www.juratourisme.ch

Wanderkarte 1:60 000,
Delsberg–Pruntrut–Biel–Solothurn
Kümmerly+Frey

Wir beginnen unsere Wanderung in Le Noirmont. Die Anfänge des Dorfes gehen auf das Ende des 14. Jh. zurück. Einwanderer nahmen im Waldgebiet von «La Noire Montagne» Rodungen vor und nannten ihre Wohngemeinschaft «Le Noirmont». 1384 erhielten die Freiberge und damit auch Le Noirmont von Bischof Imier von Ramstein den Freibrief, der sie von der Abgabe von Zinsen und Zehnten befreite. Bis Ende des 18. Jh. betrieben die Einwohner Landwirtschaft. Dann wurde die Uhrmacherei, zunächst als Heimarbeit, später in den Fabriken eingeführt. Die katholische Kirche St. Hubertus wurde 1967/69 erbaut; die alte, oben im Dorf stehende Kirche stammt aus dem 19. Jh.

Markierungen zeigen uns den Weg vom Bahnhof durch das Dorf hinauf zu Pt. 985. Nun folgen wir auf einer Strecke von ungefähr 800 m dem Jurahöhenweg (Markierung rot-gelb) und wählen dann den nach rechts durch den Wald leicht absteigenden Weg. Über den grossen Jurahof Saigne-aux-Femmes gelangen wir in das stille, nur wenige Einzelhöfe aufweisende Gebiet von Sous les Craux. Der Weg führt durch eine typische, weitgehend unberührte Landschaft, die Heimat der Freiberger Pferde. Das Freiberger Pferd zeichnet sich aus durch Kraft, guten Charakter, Mut und Zuverlässigkeit.

Kurz nach dem Bauernhaus bei Pt. 917 zieht sich die Route über ein Waldsträsschen hinauf zu Pt. 941. Über Weiden, teilweise auf einem Wiesenpfad, erreichen wir nach dem Hof Chez Chailat wieder den Jurahöhenweg, dem wir in nordöstlicher Richtung folgen. Im Weiler Le Boéchet berührt die Route die von Les Bois nach Le Noirmont führende Strasse und zweigt, ein wenig ansteigend, nach links ab. Der sehr gut bezeichnete Höhenweg (rot-gelb) bringt uns nun über weite Felder und Wiesen, vorbei an zahlreichen Bauernhöfen, zum Ausgangspunkt zurück.

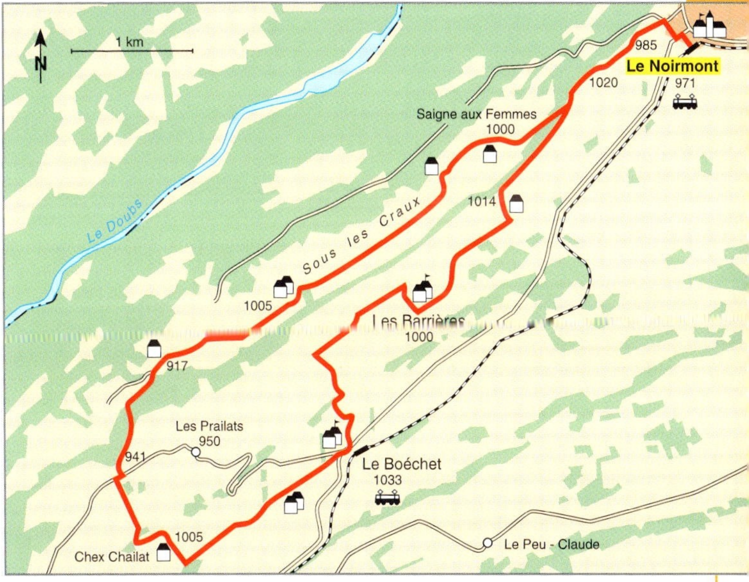

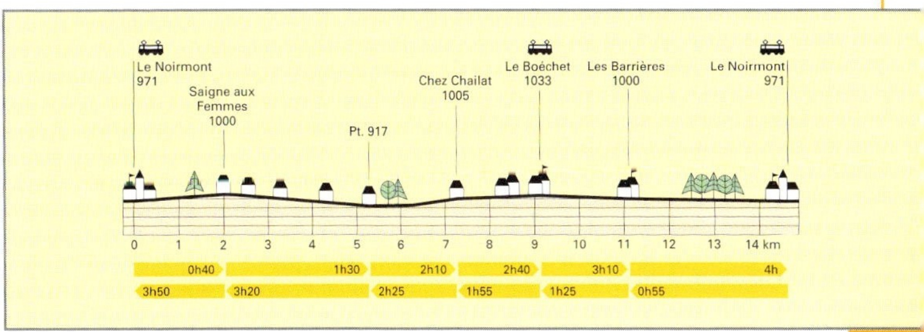

20 Rundwanderung zum Etang de la Gruère

Tramelan–Etang de la Gruère–La Chaux-des-Breuleux–Tramelan

Dauer: 4h 10

Am Etang de la Gruère.

Service

Hin und Zurück
Hinfahrt mit der Bahn: Von Basel her mit den SBB über Delémont, Moutier und Tavannes nach Tramelan (umsteigen in Moutier und Tavannes). Von Bern und der Westschweiz via Biel in den Jura. Umsteigen in Sonzeboz und Tavannes, um nach Tramelan zu gelangen.

Unterwegs
Leichte Rundwanderung über die Hochebene der Freiberge zu einem einzigartigen Naturreservat.

Essen und Trinken
Auberge de la Couronne, La Theurre
Tel. 032 951 11 15
Weitere Restaurants in Les Reussilles, Le Cernil, La Chaux des Breuleux und Tramelan

Information
Jura bernois Tourisme, Moutier
Tel. 032 494 53 43
www.jurabernois.ch
Jura bernois Tourisme, Tramelan
Tel. 032 487 69 55
www.jurabernois.ch

Wanderkarte 1:60 000,
Berner Jura–Seeland
Kümmerly+Frey

Von der Bahnstation Tramelan begeben wir uns zur Hauptstrasse hinauf, folgen ihr nach links bis zur Shell-Tankstelle und halten steil rechts aufwärts zum Waldrand. Diesem folgt ein geteertes Strässchen, das schliesslich den Wald durchquert und zur nordöstlichen Häusergruppe von Les Reussilles führt. Wir steigen über die nächste Anhöhe, die einen schönen Ausblick auf die gewellte Hochfläche der Freiberge gewährt, nach Le Cernil. Wir folgen der Strasse nach rechts bis zur Biegung (Pt. 1014), wo die Route nach links abzweigt. Rechter Hand liegt die Métairie du Cernil (datiert 1720), die ehemals dem Kloster Bellelay gehörte. Über Weideland steigen wir gegen die Kuppe bei Pt. 1039 an. Nach Westen abbiegend, wandern wir an weidenden Pferden vorbei zum Gehöft Gros Bois Derrière. Gut markiert, führt die Route durch Moorgelände und lockeren Tannenwald weiter zum Etang de la Gruère. Am Ufer dieses mehrarmigen, mit seiner Umgebung an nordische Landschaften erinnernden Moorweihers gibt es Pflanzen, die in Europa sonst nur noch in Norwegen vorkommen. Er kann auf einem neuen Uferweg umwandert werden.

Südlich von La Theurre (Postauto-Haltestelle) kreuzen wir die Strasse und folgen einem geteerten Strässchen über die Anhöhe von Le Chaumont nach La Chaux-des-Breuleux. Im gut erhaltenen Zeilendorf stehen einige Häuser aus dem 17. und 18. Jh., teilweise mit tiefliegenden, altertümlichen Erdgeschossfenstern.

Nach der Bahnunterführung führt ein Feldfahrweg über die Ebene zu einem Wegweiser, der die Richtung Sur le Crêt–Tramelan angibt. Der breite Weg geht bald zu Ende. Die Markierung leitet zu einem Waldrand und diesem entlang steil zur oberen, südöstlichen Ecke einer Lichtung. Ein Weg führt uns nun in östlicher Richtung zum Hof Sur le Crêt. Während wir über einen breiten Rücken absteigen, zeigt uns der freie Ausblick gegen Osten den Übergang vom Ketten- zum Plateaujura. Wir kreuzen bei der Station Les Reussilles die Hauptstrasse und biegen bei einem Wegweiser in einen Fussweg ein, der uns durch den Wald nach Tramelan zurückführt.

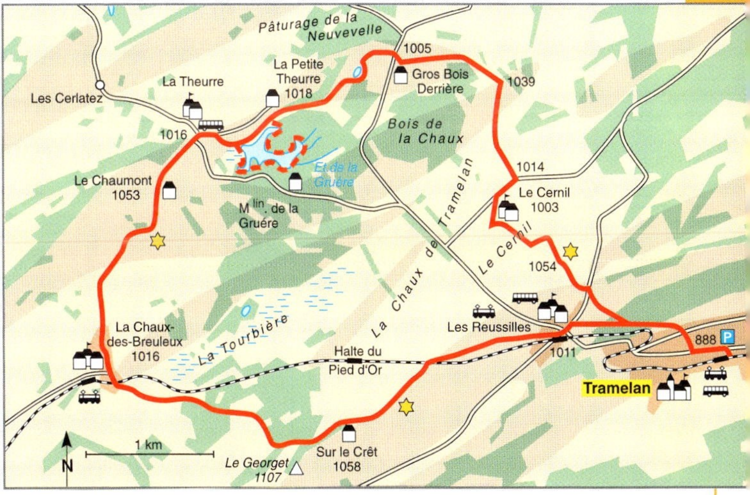

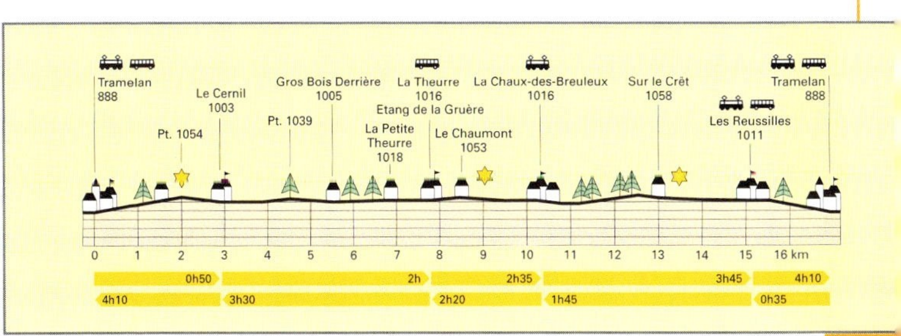

21 Kraft aus Sonne und Wind am Mont Soleil

Mont Soleil–Mont Crosin

Dauer: 1h

Die von der grössten Solaranlage der Schweiz produzierte Energie kann man nicht kaufen, denn die Anlage dient ausschliesslich Forschungszwecken.

Service

Hin und Zurück
Mit Bahn oder Auto via Biel oder Neuchâtel nach St-Imier, von dort Drahtseilbahn auf den Mont Soleil; zurück mit dem Bus.
Kutschenfahrt: Auskunft und Reservation unter Tel. 032 941 59 51

Unterwegs
Fast ebene, leichte Wanderung auf einem Erlebnispfad.

Essen und Trinken
Restaurant Manoir, Mont Soleil
Tel. 032 941 23 77
Auberge Vert-Bois, Mont Crosin
Tel. 032 944 14 55
Chalet Mont Crosin, Mont Crosin
Tel. 032 944 15 64

Information
Jura bernois Tourisme, St-Imier
Tel. 032 942 39 42
www.jurabernois.ch
Geführte Besichtigungen der Kraftwerke:
Tel. 031 330 51 25
www.juvent.ch

Wanderkarte 1:60 000,
Berner Jura–Seeland
Kümmerly+Frey

Mit dem Sonnenkraftwerk auf dem Mont Soleil und dem Windkraftwerk auf dem Mont Crosin besitzt der Berner Jura eines der bedeutendsten Zentren für erneuerbare Energien in Europa. Die beiden Anlagen, bei denen es sich um die jeweils grössten Installationen ihrer Art in der Schweiz handelt, sind durch einen 4 km langen Erlebnispfad verbunden. Eingebettet in die typische Juralandschaft bietet der Pfad den Besucherinnen und Besuchern elf Informationstafeln, die über zahlreiche technische Themen wie Energieversorgung, Windenergie und Fotovoltaik, aber auch andere Bereiche wie Tiere, Pflanzen, das Wetter, die Landwirtschaft sowie den Jura informieren.
Die Drahseilbahn ab St-Imier bringt uns direkt an den Start des Erlebnispfads auf den Mont Soleil. Erste Station ist die Solaranlage: Die rund 4500 Quadratmeter Silizium-Solarzellen entsprechen einer

Fläche von etwa drei Fussballfeldern. Bei optimaler Sonneneinstrahlung erbringt das Sonnenkraftwerk eine maximale Leistung von 500 Kilowatt. Doch die Anlage dient nicht primär der Produktion von Energie, sondern der Forschung und Entwicklung.
Technisch weniger Versierte müssen aber keine Angst haben. Im weiteren Verlauf des Erlebnispfads findet sich auch viel Wissenswertes über Naturthemen, so beispielsweise über den Aufbau des Waldes und seine Bewohner wie Igel, Fuchs und Schmetterling. Später erfährt man etwas über die Dolinen, das sind trichterförmige Vertiefungen im Kalk. Oder wir versuchen uns als Wetterfrösche und lesen etwas über die verschiedenen typischen Wolkenbilder und wie man herausfindet, wie das Wetter von morgen wird. Am Schluss des Erlebnispfads in Mont Crosin wird es mit den Informationen über das Windkraftwerk dann wieder technisch. Vom Mont Crosin aus fährt ein Bus zurück nach St-Imier.
Die Sonne geniessen und den Wind um die Ohren pfeifen lassen kann man sich auch auf einer Kutschenfahrt. Die Pferdekutschen verkehren in beiden Richtungen zwischen den Kraftwerken auf dem Mont Soleil und dem Mont Crosin. Die Fahrt kann auch mit einer geführten Besichtigung der Anlagen verbunden werden.

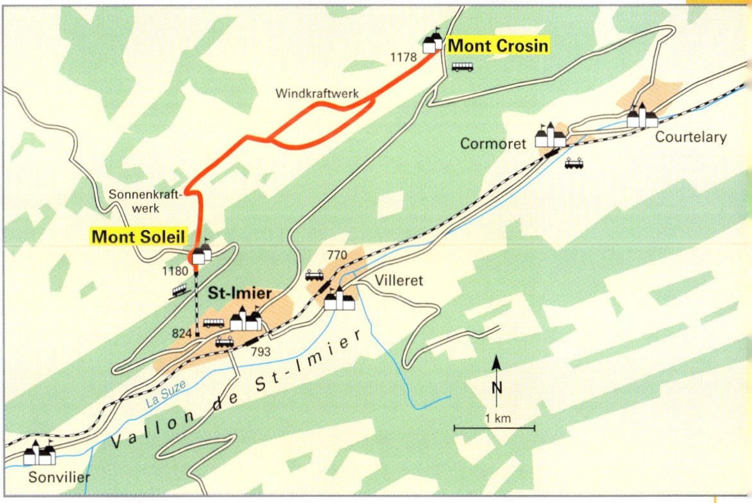

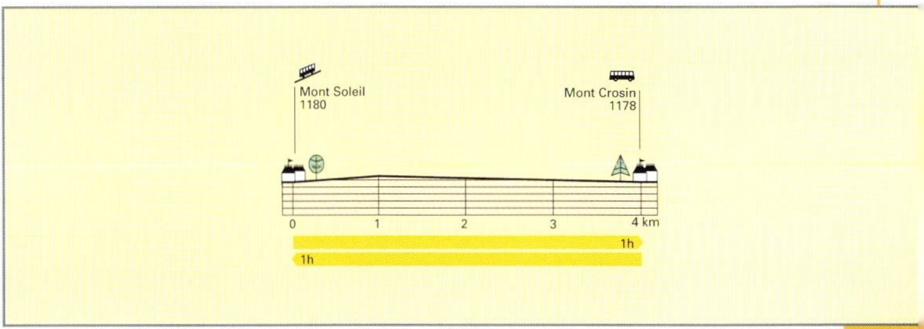

22 Durch die Combe Biosse am Chasseral

Chasseral–Le Pâquier–Vue des Alpes

Dauer: 5h 10

Die Silberdistel (Carlina acaulis) liebt den trockenen, meist steinigen Boden. Ihre weissen bis silbern glänzenden Hüllblätter geben der Blume ihr charakteristisches Aussehen.

Service

Hin und Zurück
Mit dem Auto oder von St-Imier (Bahnstation) mit dem Bus (wenig Kurse) zum Hotel Chasseral. Von der Vue des Alpes mit dem Bus (wenig Kurse) über La Chaux-de-Fonds und St. Imier zurück zum Chasseral (Busfahrplan beachten).

Unterwegs
Die kurzweilige Wanderung auf dem Höhenweg bietet viele schöne Ausblicke und Waldpartien.

Essen und Trinken
Hotel Chasseral
Tel. 032 751 24 51
Métairie de Dombresson (Frienisberg)
Tel. 032 751 20 10
Restaurant de la Vielle Fontaine, Le Pâquier
Tel. 032 853 16 84
Restaurant des Vieux Prés
Tel. 032 853 25 46
Hotel Vue des Alpes
Tel. 032 854 20 20

Information
Jura bernois Tourisme, Moutier
Tel. 032 494 53 43
www.jurabernois.ch
Tourisme neuchâtelois-Val de Ruz, Cernier
Tel. 032 889 68 91
www.region-val-de-ruz.ch

Wanderkarte 1:60 000,
Berner Jura–Seeland
Kümmerly+Frey

Das Gebiet des Chasseral wurde erst mit dem Bau der Strasse von Nods nach St-Imier (1933–36) aus der Abgeschiedenheit gelöst. Davor galt der lang gestreckte Gebirgszug über Jahrhunderte als unwirtliche und gefährliche Gegend. In schwerer Arbeit kultivierten die Bergbauern den kargen Juraboden. Im Sommer bewahrten sie Milch, Käse und Rahm in der so genannten «Eishöhle» auf, einem tiefen Loch im Bereich der Weide der Métairie-des-Limes-du-Haut, das ganzjährig beeist ist. Eine weitere Einkommensquelle bot sich Anfang des 20. Jh.: Als der Absinth 1908 verboten wurde, erhielten die Bauern das Recht, die bekannte Enzianwurzel zu verwerten. Dabei entschied der vorhandene Viehbestand über die erlaubte destillierte Menge an Schnaps, die «Fussrechte». Man versprach sich vom Enzianschnaps medizinische Hilfe für die Tiere – und bekanntlich schmeckte der

«Jänzene» auch den Menschen! Vom Hotel Chasseral wandern wir auf dem Hangweg an der Seite des Vallon de St-Imier hinab zur grossen Rechtskurve der Chasseralstrasse bei Pt. 1389. Hier gehen wir links über die Weide, queren eine Weidmauer und folgen zum Teil weglos der rechten Seite der Talmulde. Später verläuft der Weg steinig durch die wildromantische Combe Biosse hinab zur Strasse Le Pâquier–St-Imier. Die Combe ist seit 1977 Naturschutzgebiet. Ohne die Strasse zu betreten steigen wir links im Wald zunächst leicht an und danach hinab nach Le Pâquier. Der Name des kleinen Bauerndorfes, das zuhinterst im Val de Ruz liegt, stammt wahrscheinlich von einer Dialekt-Abwandlung des Wortes «pâturage» = Weide. Hier gehen wir auf der Hauptstrasse talauswärts und verlassen diese bei der scharfen Linkskurve geradeaus. Bei Pt. 892 im Tälchen Le Côty geht es links in die Mulde hinab, dann hinauf und durch den Wald. Nach dem Waldaustritt wandern wir über die Weide, folgen ein kurzes Stück nach rechts der Strasse nach Blanche Herbe und gehen links wieder durch den Wald. Bei der nächsten Wegkreuzung rechts, hinauf zum Mont d'Amin. Der höchste Pt. 1417 liegt etwas oberhalb des Höhenweges. Nun geht es durch den Wald und später über offenes Gelände hinab zum Passübergang Vue des Alpes.

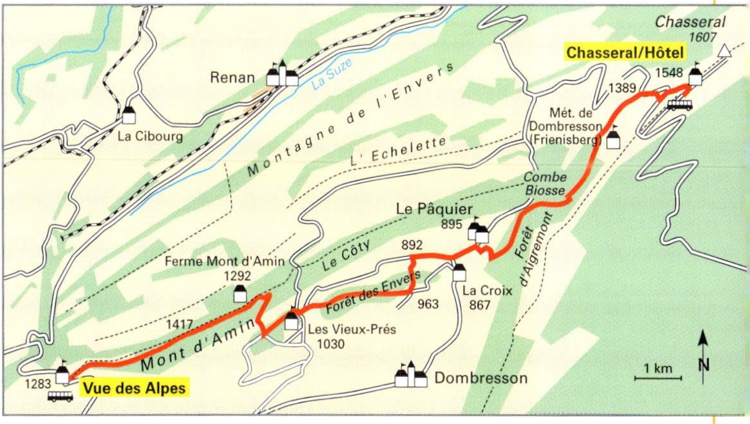

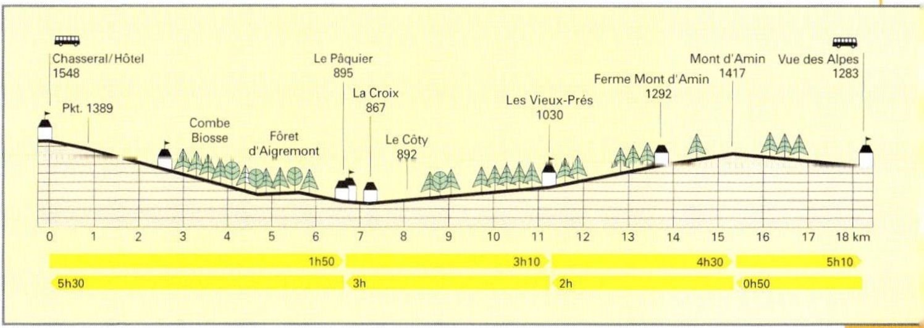

23 Auf einsamen Wegen im Val de Ruz

Le Pâquier–La Cartière–Pertuis–Le Pâquier

Dauer: 4h 10

Am Eingang des Val de Ruz liegt das malerische Städtchen Valangin. Das Schloss wurde zwischen dem 13. und 16. Jh. errichtet.

Service

Hin und Zurück
Mit dem Auto über Neuchâtel, Valangin und Villiers nach Le Pâquier (18 km).

Unterwegs
Diese leichte Wanderung führt in eine reizvolle, einsame Landschaft. Wir lernen einen wenig begangenen Teil des Val de Ruz kennen.

Essen und Trinken
Restaurant de la Vielle Fontaine, Le Pâquier
Tel. 032 853 16 84

Information
Tourisme neuchâtelois-Val de Ruz, Cernier
Tel. 032 889 68 91
www.region-val-de-ruz.ch

Wanderkarte 1:60 000, Chasseral–Neuenburg–Val de Travers–Ste-Croix
Kümmerly+Frey

Das Val de Ruz liegt weder ganz auf den Jurahöhen noch in der Ebene. Das Klima im Tal kann daher mild sein wie im Tiefland oder rau wie im Jura. Betrachten wir von Les Hauts-Geneveys aus das weite Val de Ruz, das sich vom Chasseral bis zum Serroue-Plateau ausdehnt und seitlich von der Chaumont-Kette im Süden und vom Mont d'Amin im Norden begrenzt wird, so entdecken wir seine eigentümliche Schönheit. Im Frühling erstrahlt es im Gold des Löwenzahns, im Sommer zeigt es das Mosaik der Äcker und das Leuchten der Rapsfelder, im Herbst den warmen Ton des reifen Korns und im Winter die schlafende Erde, die hier oft mit Schnee bedeckt ist. Verstreut im Tal liegen rund zwanzig Bauern- und Industriedörfer.

Le Pâquier ist ein einfaches Bauerndorf mit alten Jurahäusern. Die Wanderung beginnt bei der Post am nordöstlichen Dorfausgang. Auf einem sehr schönen Pfad steigen wir durch den schattenspendenden Wald von Le Chargeoir bergauf. Nachdem wir den prächtigen Jurawald verlassen haben, leitet uns die Markierung auf einer Strecke von ungefähr 250 m leicht absteigend weglos über Weiden. Die Route biegt alsdann nach links ab. Ein Wiesenweg führt uns durch die reizvolle Landschaft von La Joux du Plane über La Cartière bis zum Bauernhof La Combe.

Ab diesem Gehöft wandern wir zum Teil weglos den Markierungen folgend durch die einsame Combe Mauley nach Pertuis und freuen uns dabei am Geläute weidender Kühe. Bewundernswert sind die überall am Weg stehenden mächtigen Bergahorne. Die bewaldete Enge von Pertuis (Pertuis geht zurück auf lateinisch pertusus und bedeutet durchbohrt) durchwandern wir auf einer asphaltierten Strasse.

Bei Pt. 1030 leitet uns ein Wegweiser nach links auf den Jurahöhenweg (Markierung rot-gelb) durch den stillen Forêt des Envers. Am Waldausgang bei Pt. 963 biegt der Pfad nach links ab und zieht sich ins Tal Le Côty zum Weiler Les Champs Cordon hinab. Über La Croix gelangen wir zurück nach Le Pâquier.

Auf der Rückfahrt lohnt sich für Interessierte ein Besuch des Städtchens Valangin mit dem Regionalmuseum im Schloss.

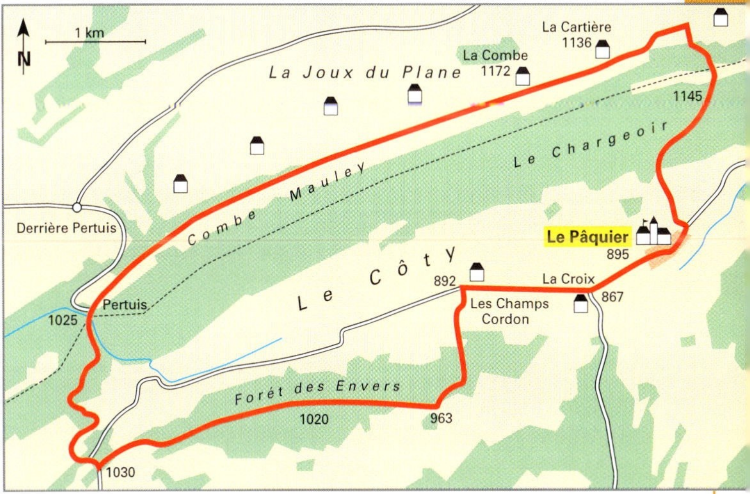

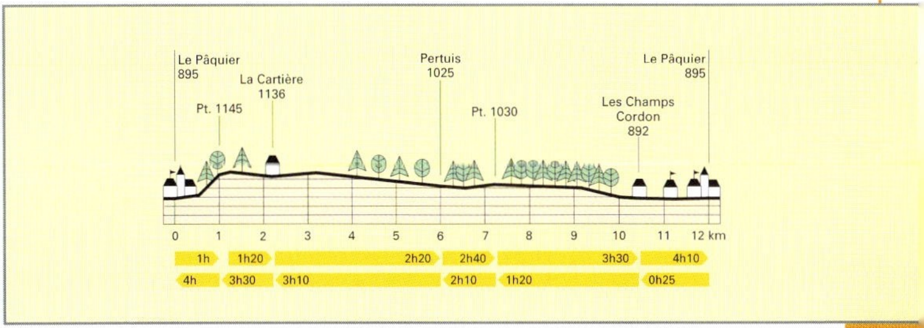

24

Am Chaumont Erdgeschichte erleben

Chaumont–Neuchâtel

Dauer: 1h 15

Aus Holz geschnitzte Lebewesen aus verschiedenen Erdzeitaltern.

Service

Hin und Zurück
Vom Bahnhof Neuchâtel mit dem Bus Nr. 7 zur Haltestelle La Coudre. Von der Haltestelle Ermitage oder dem Centre Dürrenmatt mit dem Bus Nr. 9 zurück zum Bahnhof.

Unterwegs
Hochinteressante, kurze Wanderung, die ausschliesslich leicht bergab führt.

Essen und Trinken
Restaurants auf dem Chaumont und in Neuchâtel

Information
Tourisme neuchâtelois, Neuchâtel
Tel. 032 889 68 90
www.neuchateltourisme.ch

Wanderkarte 1:60 000,
Chasseral–Neuenburg–
Val de Travers–Ste-Croix
Kümmerly+Frey

Vor rund 4,5 Milliarden Jahren, so die Erkenntnisse der Wissenschaft, ist unser Sonnensystem entstanden. Noch sollten hunderte von Millionen Jahre vergehen, bevor erstmals Leben in irgendeiner Form auf dem Planeten Erde entstand. Die ersten Menschen (Hominiden) tauchen erst vor rund zwei Millionen Jahren auf.
Auf dem «Sentier du temps» am Chaumont oberhalb von Neuchâtel lässt sich die erdgeschichtliche Evolution hautnah erleben: Der Wanderweg ist 4,5 km lang. Somit entspricht jeder gewanderte Meter einer Million Jahre der Erdgeschichte. Dem Weg entlang stehen Holzplastiken, die charakteristische Lebewesen der verschiedenen Erdzeitalter darstellen. Erst ganz am Schluss des Wegs, kurz vor dem Ziel, werden wir unserem eigenen Ebenbild, dem Homo sapiens sapiens, begegnen.
Die Chaumont-Standseilbahn bringt uns zuerst in gemüt-

licher Bergfahrt in das Naherholungsgebiet auf dem Neuenburger Hausberg. Hier oben geniesst man eine herrliche Aussicht über das Mittelland und und in die Alpen. Es soll der einzige Ort sein, wo man vom Säntis (200 km) bis zum Mont Blanc (140 km) die gesamten Schweizer Alpen erspähen kann, sofern das Wetter es erlaubt; leider nur ca. 1–2 mal pro Jahr. Von der Bergstation folgen wir dem Hinweis «Sentier du temps» zum Anfang des Wanderwegs beim nahe gelegenen Restaurant. Der durchwegs bergab führende Weg ist mit blauen Signalen gekennzeichnet. Die riesige Zeitspanne von der Geburt des Sonnensystems bis zum Entstehen von Leben auf der Erde wird uns vor Augen geführt, wenn wir erst nach rund einer Stunde Wanderzeit den Sauriern begegnen, die zwischen der Devonzeit vor rund 340 Millionen Jahren und dem Ende der Kreidezeit vor 70 Millionen Jahren die Erde beherrschten. Die erste Holzplastik zeigt den Herrerasaurus, einen der ältesten unter den Sauriern, und die letzte den mächtigen, räuberischen Tyrannosaurus Rex. Rund 70 Meter weiter, also 70 Millionen Jahre später, begegnen wir schliesslich dem ersten Menschen. Auf dem letzten Stück des Spaziergangs gelangen wir zum Centre Dürrenmatt, das einem «Leitfossil» der deutschsprachigen Literatur gewidmet ist: Friedrich Dürrenmatt. Das Centre Dürrenmatt wurde im Herbst 2000 eröffnet, zehn Jahre nach dem Tod des Schriftstellers. Der Tessiner Architekt Mario Botta hat ein imposantes Gebäude gebaut, das nun als Forschungszentrum und Museum dient. Der Bau widerspiegle, so sagen Architekturkritiker, den Geist Dürrenmatts: mächtig, etwas düster von aussen und labyrinthisch im Innern.

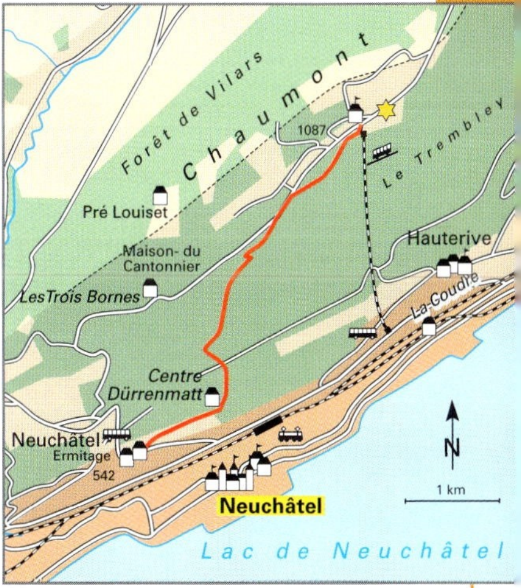

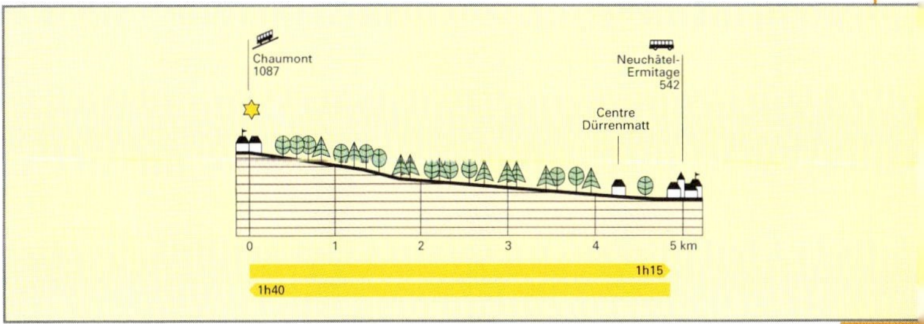

25

Auf den Gipfel des Tête de Ran

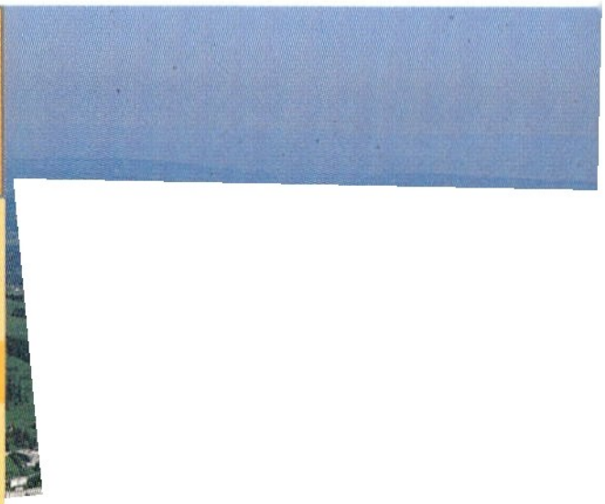

Hotel Tête de Ran–La Corbatière–La Sagne-Eglise–Tête de Ran

Dauer: 4h 30

Auf 1000 m ü.M. liegt die Stadt La Chaux-de-Fonds mit ihren 37 000 Einwohnern eingebettet zwischen den rauen Ketten des Jura.

Service

Hin und Zurück
Mit dem privaten Auto von Neuchâtel oder von La Chaux-de-Fonds zur Passhöhe La Vue des Alpes und weiter zum Hotel Tête de Ran. Dieser Ausgangspunkt ist nicht mit öffentlichen Transportmitteln erreichbar. Ein Autobus mit sehr wenig Kursen verkehrt von La Chaux-de-Fonds auf die Vue des Alpes (Autobus-Fahrplan beachten).

Unterwegs
Schöne Wanderung mit stetigem Auf und Ab, zuletzt aussichtsreich auf dem Jurahöhenweg.

Essen und Trinken
Restaurants in La Sagne-Eglise
Hotel La Clef des Champs
(Tête de Ran)
Tel. 032 853 67 78
Relais du Mont-Dard
Tel. 032 853 20 74
Hotel de la Corbatière
Tel. 032 913 72 00
www.hotel.corbatiere.bluewin.ch

Information
Tourisme neuchâtelois-Montagnes,
La Chaux-de-Fonds
Tel. 032 889 68 95
www.neuchateltourisme.ch

Wanderkarte 1:60 000,
Chasseral–Neuenburg–
Val de Travers–Ste-Croix
Kümmerly+Frey

Die Wanderung beginnt beim Hotel Tête de Ran (Wegweiser). Eine markierte Wegspur führt uns in westlicher Richtung leicht absteigend zum Gehöft Mont Dard. In einer kleinen Gegensteigung erreichen wir die Krete von Les Côtes und steigen dann durch den schattigen Wald in das Tal von La Sagne hinab, wo der Weg die von La Chaux-de-Fonds herkommende Strasse überquert.
Bei der Haltestelle La Corbatière kreuzen wir die nach Les Ponts-de-Martel führende Bahnlinie und wandern zu Pt. 1158 hinauf. Hier leitet uns die Markierung nach links. Nach ungefähr 1 km (bitte Wegweiser beachten) beginnt links abzweigend der Abstieg nach La Sagne-Eglise. Beim Waldausgang oberhalb des Dorfes erfreut uns ein schöner Ausblick auf die Streusiedlung von La Sagne mit der sehenswerten Kirche und das Tal des

Flüsschens Le Grand Bied.
Die Kirche von La Sagne ist eines der bedeutendsten Bauwerke des neuenburgischen Jura. Der romanische Turm stammt aus dem 15. und 16. Jh.; die Kirche selbst wurde im 16. Jh. in burgundischer Gotik erbaut. La Sagne wurde Ende des 15. Jh. eine selbstständige Kirchgemeinde.
Die Route überquert jetzt wieder die Talsohle. Über Les Cugnets–La Charbonnière steigen wir auf gut markierten Wegen zum stattlichen Jurahof Grandes Pradières-Dessus hinauf. Rinderherden, die sich den Winter über im Tiefland aufhalten, verbringen hier – auf den grossen Weiden des Pradières-Hochplateaus – den Sommer. Nun zieht sich der Jurahöhenweg (Markierung rot-gelb) dem höchsten Punkt unserer Wanderung entgegen: dem Gipfel des Tête de Ran. Bei klarem Wetter geniessen wir die umfassende Aussicht auf die mächtige Kette der Alpen. Ein kurzer, steiler Abstieg führt uns vom Gipfel zurück an den Ausgangspunkt, das Hotel Tête de Ran.

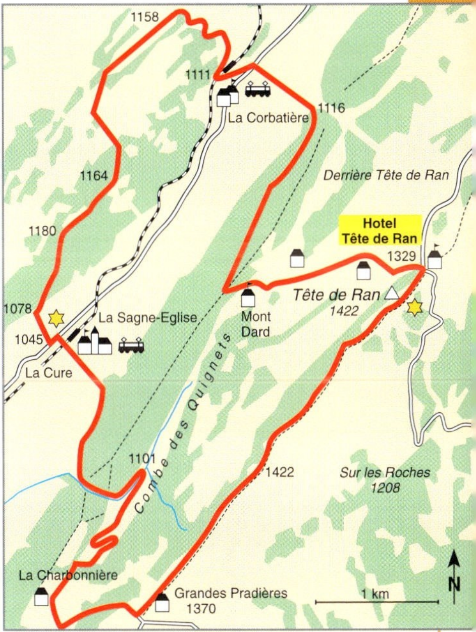

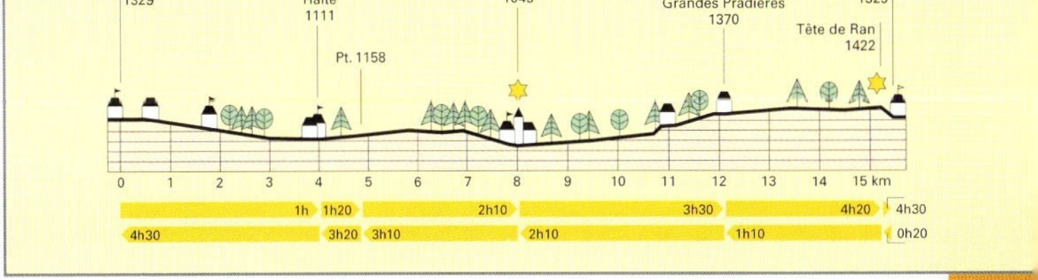

26 Imposanter Wasserfall Saut du Doubs

**Les Brenets–Saut du Doubs–
Roches de Moron–Belvédère–
Les Brenets**

Dauer: 4h 30

Die liebliche Flusslandschaft des Doubs kann man auf einer Wanderung oder per Schiff entdecken.

Service

Hin und Zurück
Mit der Bahn und dem Auto über Le Locle nach Les Brenets. Parkplatz im Dorf oder bei der Schiffsstation.
Von Mai bis Oktober verkehren Boote ab Les Brenets bis zum Saut du Doubs und zurück.

Unterwegs
Leichte Wanderung durch eine einmalige Flusslandschaft.

Essen und Trinken
Hotel-Restaurant du Doubs
Tel. 032 932 12 66
www.rives-du-doubs.ch
Restaurant Saut-du-Doubs
Tel. 032 932 10 70
www.nlb.ch

Information
Tourisme neuchâtelois-Montagnes,
La Chaux-de-Fonds
Tel. 032 889 68 95
www.neuchateltourisme.ch

Wanderkarte 1:60 000,
Chasseral–Neuenburg–
Val de Travers–Ste-Croix
Kümmerly+Frey

Beim Bahnhof Les Brenets folgen wir der Hauptstrasse, die von Le Locle herführt, Richtung Norden, verlassen das Dorf und die Strasse bei der grossen Linkskurve. Dann wandern wir in östlicher Richtung leicht abwärts über ein Strässchen durch den Wald. Anschliessend führt der Weg gegen Westen dem Waldrand entlang und wiederum in den Wald hinein. Beim Hôtel du Saut du Doubs ist man schliesslich auf der Höhe des Seespiegels. Die Aussicht ist grossartig und schon bald taucht im Blickfeld der Saut du Doubs auf. Ein einmaliges Spektakel: Mit weissen Gischtkaskaden, auf denen die Sonne kleine Regenbögen zaubert, hebt sich der imposante Wasserfall 27 m hoch leuchtend von der dunklen Kulisse des Waldes ab. Von hier an gehört der Lauf des Doubs zu den malerischsten Landschaften des Neuenburger Jura. Wir lösen unseren Blick vom Wasserfall und wandern weiter durch den Wald zum Lac de Moron, der durch den Doubs mit dem Lac des Brenets verbunden ist. Wie der Fluss bildet auch der Lac de Moron die Grenze zu Frankreich. Der Weg führt nun am Seeufer entlang bis rund 800 m vor die Staumauer, die den Lac de Moron an seinem nördlichen Ende abschliesst. Hier zweigt man nach rechts ab, quert im Wald zwei Strässchen und erreicht bald die Roches de Moron. Hoch über dem See, der durch den Tannenwald schimmert, geht es durch den steilen Wald der Creux de Moron weiter Richtung Südwesten zum Aussichtspunkt Belvédère (Pt. 1080), wo sich eine herrliche Aussicht bietet. Von hier kann der Blick über die beiden Seen und jenseits des Flusses weit nach Frankreich hinein schweifen. Nach dem Feriendorf Les Recrettes, wo der Wanderweg in die Hauptstrasse einmündet, beginnt der Abstieg zum Ausgangspunkt der Wanderung. Nach gut einer Stunde erreicht man schliesslich Les Brenets.

Als Variante und abgekürzte Wanderung bietet sich die Route Les Brenets–Les Recrettes–Saut du Doubs an (Dauer: 1h30). Wer will, kann nach dem Aufstieg nach Les Recrettes noch einen Abstecher zum Aussichtspunkt Belvédère machen. Vom Wasserfall aus nimmt man dann das Schiff zurück nach Les Brenets (Fahrzeit: 20 min). Der Fussmarsch von der Schiffsstation zurück bis zum Bahnhof dauert nur rund 20 Minuten.

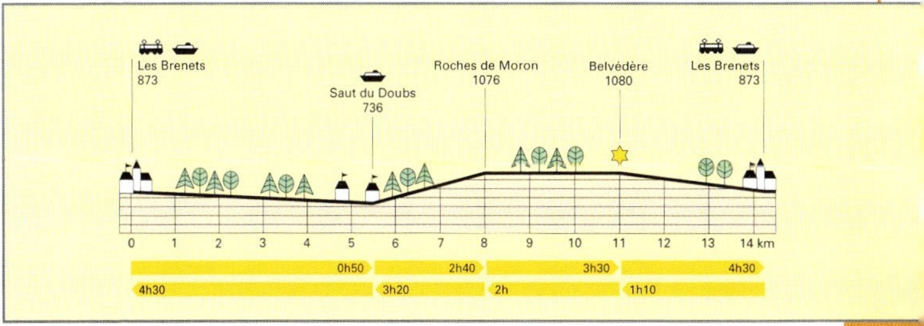

27 Am Lac des Taillères bei La Brévine

**Les Taillères/Le Bout du Lac–
Sur le Pont–L'Armont de Bise–
Le Bout du Lac**

Dauer: 2h

Am Lac des Taillères, im «Sibirien der Schweiz».

Service

Hin und Zurück
Mit der Bahn fahren wir bis Fleurier und mit dem Autobus Fleurier-La Brévine plus 1/2 h zu Fuss nach Bout du Lac. Die in dem Kärtchen angegebenen Haltestellen gehören zur Buslinie La Brévine – Les Bayards mit wenig Kursen und ohne direkten Anschluss an eine Bahnlinie (Autobus-Fahrplan beachten). Mit dem Auto von Fleurier oder von La-Chaux-de-Fonds nach La Brévine, dann nach Le Bout du Lac.

Unterwegs
Absolut problemlose, leichte Rundwanderung um den Lac des Taillères.

Essen und Trinken
Ferme des Cottards
Tel. 032 935 15 55
Restaurant in La Brévine
(2 km von Le Bout du Lac entfernt)

Information
Tourisme neuchâtelois-Montagnes,
La Chaux-de-Fonds
Tel. 032 889 68 95
www.neuchateltourisme.ch

Wanderkarte 1:60 000,
Chasseral–Neuenburg–
Val de Travers–Ste-Croix
Kümmerly+Frey

Das Hochtal von La Brévine ist auch als «Sibirien der Schweiz» bekannt. Immer wieder werden dort die tiefsten Wintertemperaturen gemessen, obwohl es nur auf rund 1050 m ü.M. liegt. Die Begründung dafür steckt in der Form des Hochtals: In der langgezogenen Schüssel gibt es keinen Durchbruch, durch den die angesammelte Kaltluft abfliessen kann. Ein solches Becken, das durch Auflösung von Kalkstein entstanden ist, wird Polje genannt – nach den im kroatischen Karstgebirge typischen und häufigen Poljen. Unser Startpunkt liegt am nordöstlichen Ende des langgestrekkten, 1,7 km langen und 250 m breiten Lac des Taillères: Le Bout du Lac heisst denn auch «Seeende». Wer hier jedoch, wie das bei Seen sonst üblich ist, auch einen Abfluss erwartet, wird ihn vergebens suchen, denn der See entwässert unterirdisch. Das Wasser des Lac des Taillères taucht etwa 6 km weit weg drüben im Val de Travers wieder auf und mischt sich dem Wasser der Areuse bei.

Schon bei der Hinfahrt zum See fällt uns der besondere Charakter des Hochtals von La Brévine auf. Der See wirkt wie ein Juwel, wenn er das Blau des Himmels und das Grün der dunklen Juratannen am Südufer spiegelt. Wir wandern dem Südufer des Sees entlang bis ans andere Seeende. Dort treten wir in die waldlose Talebene hinaus, wo sich der Charakter der Landschaft vollständig ändert. Der Weg führt zur Hauptfahrstrasse des Tals. Bei Sur le Pont legen wir etwa 200 m auf der Strasse zurück, um die Abzweigung nach rechts zu erreichen. Diese führt uns zur ursprünglichen Verkehrsachse auf der Nordseite des Tals, die von Hof zu Hof zieht. Sie stammt aus der Zeit, als die Höfe auf einer natürlichen Grenzzone errichtet wurden: der Grenze zwischen dem fruchtbaren Wies- und Ackerland unten und der hangseitig anschliessenden Waldweide, die noch heute durch die aufgelockerte untere Waldzone bezeugt ist. Hangaufwärts ist der Wald verdichtet. Beim Durchwandern des Talbodens fällt uns auch auf, dass sich in der untersten, d. h. innersten Zone des Tals Moorböden ausbreiten: Das Hochtal war einmal ein bedeutendes Torfabbaugebiet. Nachdem wir auf dem hinteren Strässchen bis L'Armont de Bise gewandert sind, durchqueren wir abermals das Tal bis Le Bout du Lac und erleben noch einmal in umgekehrter Reihe die Abfolge der natürlichen Zonen vom Weide- zum Wiesland und zum Moorgürtel.

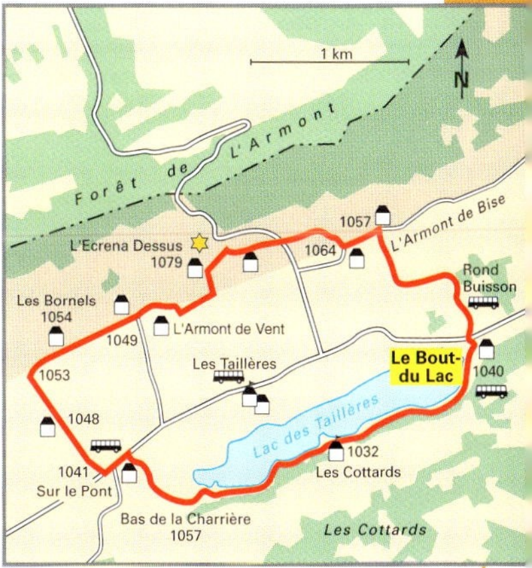

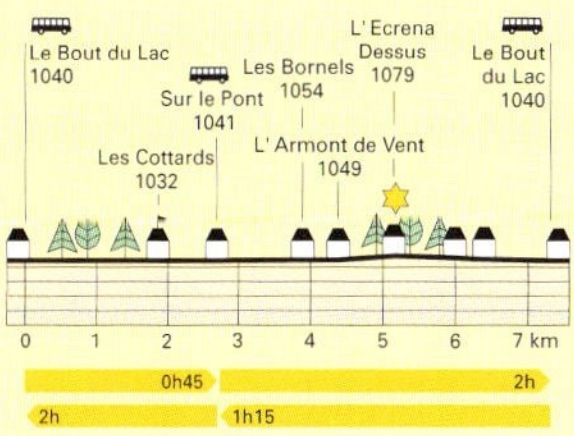

28 **Über Juraweiden zum Mont Racine**

La Tourne–Grande Sagneule–Mont Racine–La Tourne

Dauer: 3h

Im Tal unterhalb von La Tourne durchbricht die Areuse in einer engen Schlucht die Jurakette. An einer der engsten Stellen steht die malerische Brücke.

Service

Hin und Zurück
Mit dem Bus oder dem Auto von Neuchâtel über Corcelles und Montmollin nach La Tourne (17 km).

Unterwegs
Diese Wanderung führt durch eine typische Juralandschaft zum Aussichtspunkt Mont Racine.

Essen und Trinken
Métairie de la Grande Sagneule
Tel. 032 855 11 74
Buvettes du Grand Cœurie
Tel 032 855 11 56
Hotel de la Tourne
Tel. 032 855 11 50

Information
Tourisme neuchâtelois, Neuchâtel
Tel. 032 889 68 90
www.neuchateltourisme.ch

Wanderkarte 1:60 000,
Chasseral–Neuenburg–
Val de Travers–Ste-Croix
Kümmerly+Frey

Unsere Wanderung beginnt zwischen dem Gasthof La Tourne und dem links davon liegenden Bauernhof. Durch lichten Wald steigen wir zum Gehöft Petit Cœurie auf. Hier leitet uns die rot-gelbe Markierung (Jurahöhenweg) in nordöstlicher Richtung über prächtige Weiden nach Petite Sagneule (Pt. 1232). Durch ein kleines Tal erreichen wir bald den Bauernhof Grande Sagneule. Die gemütliche Bergwirtschaft lädt zur Einkehr ein. Als Spezialität wird uns hier ein köstlicher Gâteau à la crème (Rahmkuchen) aufgetischt.
Halbrechts folgen wir dem Hang entlang leicht ansteigend dem Höhenweg und gelangen über Les Arêtes auf den Gipfel des Mont Racine, wo uns bei klarem Wetter eine überwältigende Aussicht auf die Alpenkette erfreut. Unter uns liegt das breite fruchtbare Val de Ruz mit seinen verstreuten Dörfern. Fern im

Westen erkennen wir den französischen Jura, der sich in der Weite verliert.

Für den Abstieg wählen wir bis Grande Sagneule den gleichen Weg. Über Weiden, zum Teil weglos, führt uns die Route alsdann nach Westen in einem leichten Anstieg auf die Krete (Pt. 1336). Auf Wegspuren, durch eine reizvolle Juralandschaft, erreichen wir über Grand Cœurie den Pt. 1262.

Die Rückkehr nach La Tourne erfolgt auf der Aufstiegsroute.

Ein Tipp zum Abschluss des Wandertages: Auf der Fahrt zurück können wir noch die malerische Areuse-Schlucht besuchen. Durch das Val de Travers sind zweifellos einst die Burgunder gekommen, die Neuenburg gründeten. Auch das für die Schweiz wichtige Salz aus Frankreich wurde im Mittelalter über diesen Handelsweg transportiert.

Wegen dem Zeitaufwand kommt dieser Abstecher nur für Automobilisten in Frage.

Auto: La Tourne-Rochefort-Bôle Bahnhof

Bahn: Bôle-Champ de Moulin

Wanderung: Champ de Moulin-Areuse-Schlucht-Bôle Bahnhof, ca. 1,5 h.

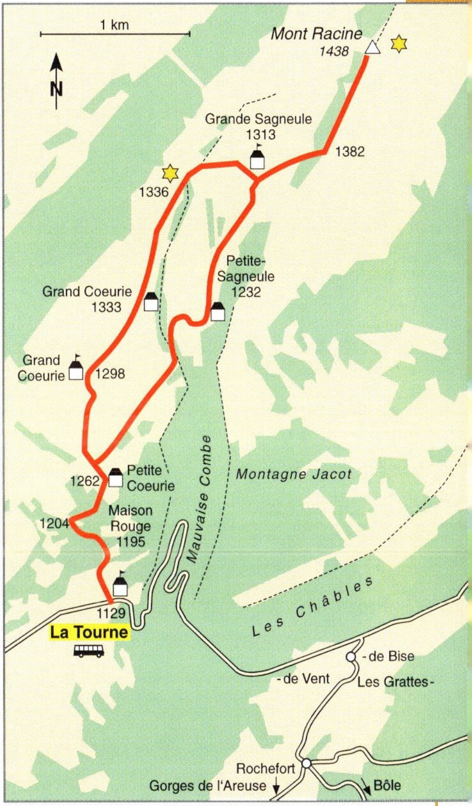

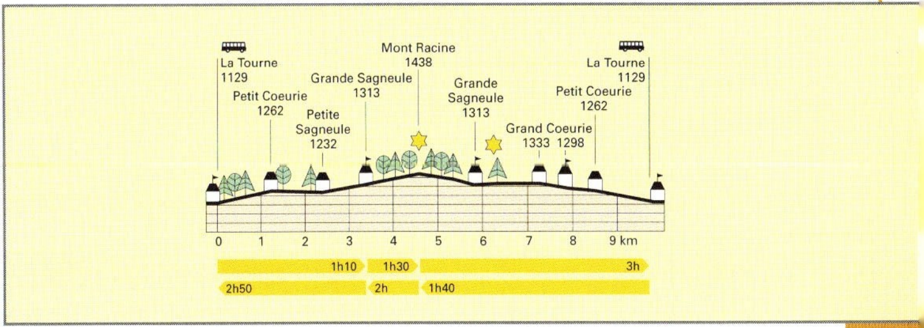

29 Der Felsenkessel Creux du Van

Ferme Robert–Le Soliat–Ferme Robert

Dauer: 3h 10

Am Rand des grossen Felsenkessels des Creux du Van beeindrucken uns die gewaltigen Dimensionen.

Service

Hin und Zurück
Von Neuchâtel mit Bahn oder Auto nach Noiraigue. Mit dem Auto kann man bis zur Ferme Robert fahren.

Unterwegs
Auf- und Abstieg der Wanderung sind steil und verlangen Ausdauer und Trittsicherheit. Vorsicht deshalb mit Kindern!

Essen und Trinken
Ferme Robert
Tel. 032 863 31 40
Café des Œuillons
Tel. 032 863 31 35
Ferme du Soliat
Tel. 032 863 31 36

Information
Office du tourisme du
Val de Travers, Couvet
Tel. 032 889 68 96
www.vdt.ch
www.neuchateltourisme.ch

Wanderkarte 1:60 000,
Chasseral–Neuenburg–
Val de Travers–Ste-Croix
Kümmerly+Frey

Der Creux du Van bildet mit 25,5 km^2 das grösste Naturschutzgebiet des Kantons Neuenburg und das älteste (1876) der Schweiz. Es bietet Gämsen und Steinböcken einen idealen Lebensraum. Mit etwas Glück bekommt man die Tiere auf der Wanderung zu Gesicht. Eher selten dagegen sieht man Murmeltiere, Dachse, Wildschweine, Rehe, Füchse und Hasen. Gleiches gilt für den Luchs, der hier vor rund 20 Jahren wieder angesiedelt wurde. Der Name Creux du Van ist übrigens nicht etwa eine Verformung von Creux du Vent (vent = Wind), sondern stammt vom keltischen Wort «Van», das Felsen bedeutet.
Wer mit dem Zug anreist, muss vom Bahnhof Noiraigue zuerst rund eine Stunde bis zur Ferme Robert hoch wandern, da auf dieser Strecke leider kein Postauto mehr verkehrt. Das typische Bauernhaus stammt aus dem Jahr

1750 und ist heute ein Gasthaus mit Schlafgelegenheit. Von hier nehmen wir den steilen Sentier des 14 Contours (Weg der 14 Kurven) in Angriff, der in knapp zwei Stunden über den Eselsrücken zum höchsten Punkt führt. Das Bergrestaurant Le Soliat ist Ausgangspunkt für zahlreiche Ausflüge im Naturschutzgebiet des Creux du Van.
Am besten verweilt man eine Weile auf Soliat, geniesst die wunderschöne Aussicht auf den Neuenburgersee und die Juratäler und versucht, einige der Tiere zu beobachten, die in den 200 m hohen Felswänden leben. Wasser und Eis haben in vereinten Kräften durch Erosion diesen eindrüklichen Felsenzirkus von einem Kilometer Durchmesser geschaffen. Später wandern wir entlang dem Rand des Felsenkessels weiter. Ungefähr in der Mitte befindet sich eine kleine Plattform, der Falkenhorst, der zu Recht auch Echo-Felsen genannt wird. Am besten, man probiert es selber aus! Am Ende des Felsenhalbkreises beginnt der Sentier du Single («Single» ist Mundart und bedeutet «sanglier», also Wildschwein). Der Weg ist schmal und steil und führt an den Fuss einer Geröllhalde zu einer kleinen Waldlichtung hinab.
Wir treffen hier auf die Fontaine Froide. Der Brunnen ist in der Region sehr bekannt und liefert herrlich kühles Wasser mit einer konstanten Wassertemperatur zwischen 3 und 4 Grad. Dies wird möglich durch den Dauerfrostboden (Permafrost) im innersten Kessel des Creux du Van. Auch die Pflanzenwelt ist hier durch die Bodenkälte oft kleiner und weniger gewachsen als anderswo auf gleicher Höhe. Von der Quelle ist es dann nicht mehr all zu weit und wir erreichen bald wieder den Ausgangsort der Wanderung, die Ferme Robert.

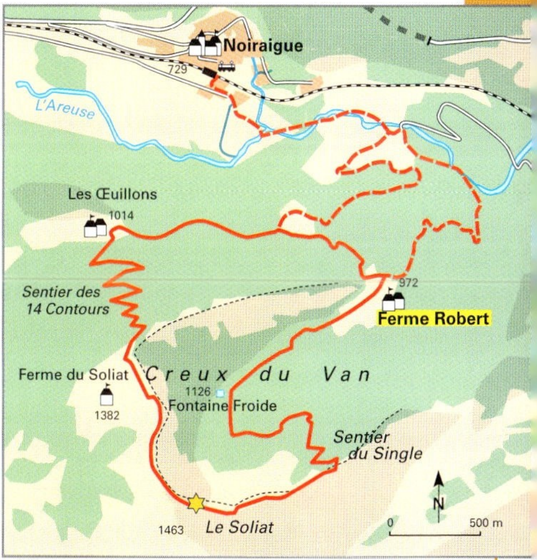

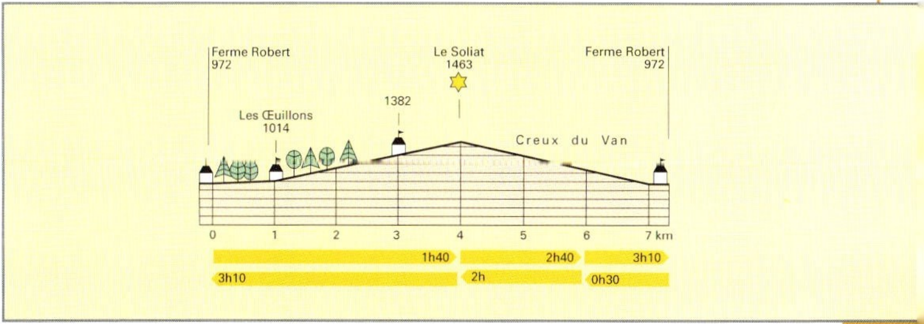

30 In der Schlucht Poëta Raisse

Môtiers–Poëta Raisse–La Combaz–Mauborget

Dauer: 3h 30

Die imposante einstige Markthalle im Zentrum von Môtiers.

Service

Hin und Zurück
Mit dem Auto oder der Bahn bis Môtiers. Von Mauborget mit dem Bus oder PubliCar nach Couvet oder eventuell nach Yverdon.
Auskunft zu Dampfbahn-Nostalgiefahrten St-Sulpice–Môtiers unter Tel. 032 751 38 07.

Unterwegs
Erlebnisreiche Tour mit 600 m Höhendifferenz, die gewisse Anforderungen an die Kondition stellt.

Essen und Trinken
Restaurant La Combaz,
Tel. 024 436 11 53
Weitere Restaurants in Mauborget

Information
Office du tourisme du Val de Travers, Couvet
Tel. 032 889 68 96
www.vdt.ch
www.neuchateltourisme.ch

Wanderkarte 1:60 000,
Chasseral–Neuenburg–
Val de Travers–Ste-Croix
Kümmerly+Frey

Sprudelnde Bäche und tiefe Schluchten kennzeichnen das Val de Travers. Hier lebte von 1762 bis 1765 der Genfer Gelehrte Jean-Jacques Rousseau. Im damals preussischen Neuenburgerland fand er Zuflucht, nachdem ihn seine Heimatstadt Genf geächtet und man seine Schriften öffentlich verbrannt hatte. In der Abgeschiedenheit des Dorfes Môtiers arbeitete Rousseau an seiner Naturphilosophie und unternahm ausgedehnte Wanderungen. Im Val de Travers konnte er sein Motto «Zurück zur Natur» in die Tat umsetzen. Im Rousseau-Museum in Môtiers erfährt man alles über den Aufenthalt des Philosophen. Der Fluss Bied hat in Jahrtausenden eine mächtige Schlucht in den Fels gegraben, die nun die Höhenzüge des Waadtländer Jura mit dem Val de Travers verbindet. Wir erreichen den Eingang der Poëta Raisse vom Bahnhof Môtiers aus in knapp 15 Minuten. Am Fuss des Wasserfalls liegt unter einem Felsvorsprung der Eingang zur grössten Höhle der Poëta Raisse. Sie ist rund 500 Meter tief und birgt zahlreiche Gänge und unterirdische Seen sowie Stalagtiten und Stalagmiten. Zur Zeit als Rousseau im Tal lebte, war die Poëta Raisse noch unpassierbar, sie wurde erst 1874 erschlossen. Heute führen zahlreiche Stege, Leitern und Brücken teilweise in schwindelerregender Höhe durch die Schlucht. Die Stege und Brücken werden gut unterhalten, trotzdem ist mit Kindern etwas Vorsicht geboten. Die wilde Schönheit der vielen Wasserfälle und rauschenden Strudel in tiefen Tobeln ist beeindruckend. Für Kinder sind vor allem die Höhlen interessant.

Nach halbem Weg etwa stösst man auf die grosse Bärenhöhle, die Grotte de l'Ours, die bis zu 50 Personen Platz bietet. Der Name Poëta Raisse stammt übrigens von den Wörtern «pouetta», so wird im Dialekt der Vogelbeerbaum bezeichnet, und «raisse», das ist ein Bach, der eine Sägerei antreibt. Bei der Verzweigung am oberen Ende der Schlucht (Haut des Gorges) sieht man mit etwas Glück Gämse. Wir nehmen den Weg nach links und wandern durch den schönen Juratannenwald bis zum Restaurant von La Combaz. Nach einem letzten Anstieg treten wir aus dem Wald heraus und geniessen die schöne Aussicht über das Mittelland und in die Alpen. Kurz darauf erreichen wir das Ziel der Wanderung, den Ort Mauborget.

Diese Wanderung lässt sich verbinden mit einer romantischen Eisenbahnfahrt. Seit mehr als 10 Jahren setzt sich eine Gruppe von Eisenbahnfans im Val-de-Travers für die Restaurierung von Dampflokomotiven ein. Die Vapeur Val de Travers betreibt ihre Nostalgiefahrten im Tal der Areuse zwischen St-Sulpice und Môtiers an jeweils einem Wochenende pro Monat von Mai bis Oktober.

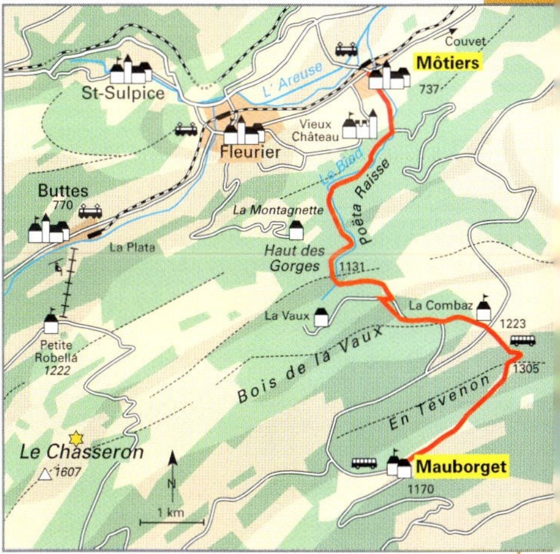

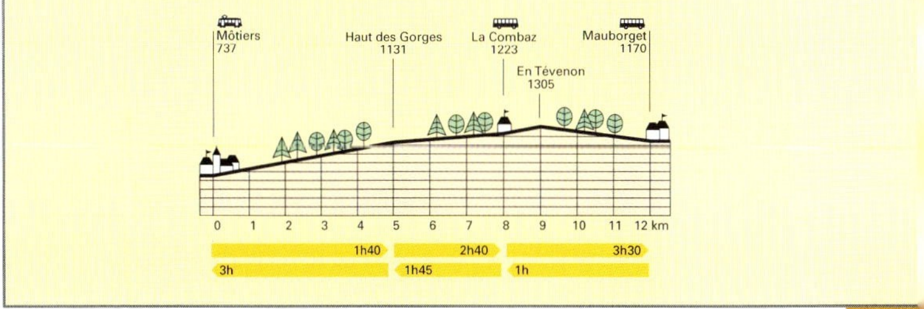

31 Gipfelsturm auf den Chasseron

Ste-Croix–Les Avattes–Chasseron–Les Rasses

Dauer: 2h 45

Der Chasseron streckt seine markante Nase in den Wind: Auf exakt 1607 m ü.M. geniesst man die totale Rundsicht.

Service

Hin und Zurück
Von Yverdon mit der Schmalspurbahn nach Ste-Croix. Von Les Rasses mit dem Bus nach Ste-Croix zurück.

Unterwegs
Wunderschöne Wanderung, die teilweise über den Jurahöhenweg führt. Knapp 600 m Höhendifferenz sind zu bewältigen. Hochblütezeit: Ende Juni-Juli.

Essen und Trinken
Refuge de la Casba
Tel. 079 607 87 92
Restaurant des Avattes
Tel. 024 454 36 83
Petites Roches
Tel. 024 454 16 95
Hotel du Chasseron
Tel. 024 454 23 88
Mehrere Restaurants in
Les Rasses und Ste-Croix

Information
Office du tourisme du balcon du Jura Vaudois, Ste-Croix
Tel. 024 454 27 02
www.ste-croix.ch

Wanderkarte 1:60 000,
Chasseral–Neuenburg–
Val de Travers–Ste-Croix
Kümmerly+Frey

Mächtig und majestätisch steht der Chasseron zwischen dem Neuenburgersee und dem Val de Travers. Er liegt zwar auf Waadtländer Boden, ist aber doch eines der Wahrzeichen des neuenburgischen Val de Travers. Seine Felsnase erreicht eine Höhe von 1607 m ü.M. Damit ist er auf den Meter genau gleich hoch wie der rund 30 Kilometer weiter nördlich stehende Chasseral.

Der Chasseron mit seiner vielseitigen Flora gilt als Paradies für Botaniker. Zahlreiche Bäche sorgen überall für saftiges Grün. Sehenswert sind die Felsblöcke, die vor uralter Zeit vom Berg heruntergestürzt sind und sich in den darunterliegenden Matten festgegraben haben.

Vom Gipfel des Chasseron geniesst man bei klarem Wetter eine unvergleichliche Aussicht: Im Norden über das Naturschutzgebiet des Vallon de Dénériaz und das Juramassiv bis zu den Vogesen und zum Schwarzwald, im Süden über den Genfersee zu den Savoyer und Walliser Alpen.

Vom Bahnhof Ste-Croix aus folgen wir der gelb-roten Markierung des Jurahöhenwegs. Der Weg führt durch das Städtchen aufwärts vorbei an der Kirche.

Wir verlassen den Ort und steigen durch saftige Bergweiden aufwärts zum Bergrestaurant von Les Avattes mit den Skiliften. Bei einer ersten Rast geniessen wir den Ausblick über das Waadtland zu den Alpen.

Der weitere Anstieg gibt uns Einblick in die geologische Struktur der dem Chasseron wie eine Krone aufgesetzten Felszinne. Nach und nach wird der Wald lichter und wir gelangen in das Felsgebiet der Petites Roches. Bald ist nun der Gipfel des Chasseron mit seiner prächtigen Rundsicht erreicht. Etwas unterhalb lädt das Hotel Chasseron zur wohlverdienten Rast. Der Abstieg führt erst durch blumenreiche Alpweiden und anschliessend durch den Tannenwald hinab zur Ferienstation von Les Rasses. Von Les Rasses fahren wir mit dem Bus zurück zum Bahnhof von Ste-Croix. Den Namen hat der Sommer- und Winterferienort vermutlich von dem als Reliquie in der Kapelle von Villette einst aufbewahrten Teil des Kreuzes Christi erhalten. Zusammen mit Genf teilte sich Ste-Croix im 19. Jh. den Titel «Hauptstadt der Musikdose». Die hier zwischen 1770 und 1900 gefertigten Spielautomaten fanden damals reissenden Absatz bei den Reichen und Schönen in aller Welt. Wer damals in Paris, Rom, Wien oder Moskau keine Schweizer Spieldose besass, zählte bestimmt nicht zur «Haute-Volée». Im Museum CIMA, das unweit des Bahnhofs liegt, entdeckt man auf anschauliche Art die 200-jährige Geschichte und die Traumwelt der mechanischen Musik der Spieldosen von Ste-Croix. Mehr als 40 Automaten sind ausgestellt.

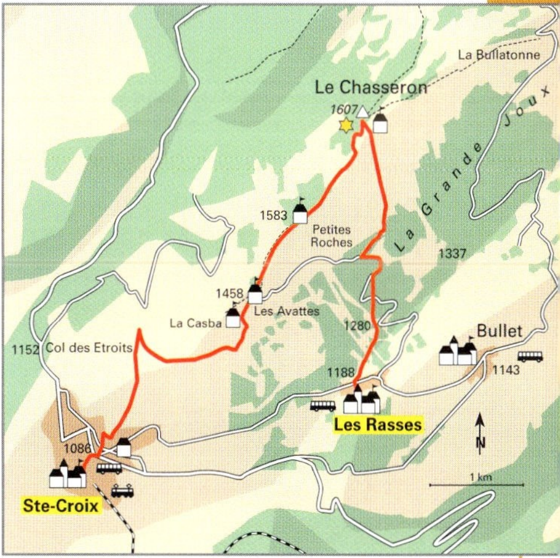

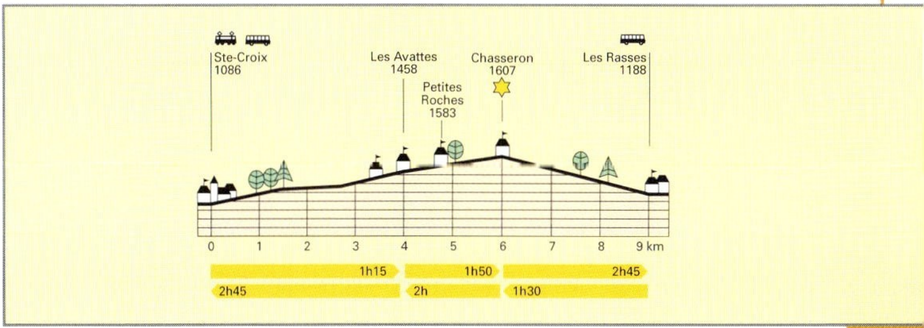

32 Von Ste-Croix ins Tal der Orbe

Ste-Croix–Le Suchet–Vallorbe

Dauer: 6h

Im ältesten Teil des Städtchens Vallorbe, wo das Eisen- und Eisenbahnmuseum die Traditionen anschaulich weiterleben lässt.

Service

Hin und Zurück
Mit der Bahn oder dem Auto bis Ste-Croix. Zurück von Vallorbe mit dem Bus bis Yverdon, dort Anschluss mit der Bahn nach Ste-Croix.

Unterwegs
Landschaftlich reizvolle Wanderung durch den Waadtländer Hochjura.

Essen und Trinken
Café de la Gittaz
La Gite Dessous
Tel. 024 454 38 38
Buvette de Grange-Neuve
Tel. 024 459 11 81
Chalet du Suchet
Tel. 024 441 01 63
Weitere Restaurants in
Ste-Croix, Ballaigues und Vallorbe

Information
Office du tourisme du balcon
du Jura Vaudois, Ste-Croix
Tel. 024 454 27 02
www.ste-croix.ch
Office du tourisme Vallorbe
Tel. 021 843 25 83
www.vallorbe.ch

Wanderkarte 1:60 000,
Chasseral–Neuenburg–
Val de Travers–Ste-Croix
Kümmerly+Frey

Vom Bahnhof Ste-Croix geht es hinauf zur Passstrasse des Col des Etroits. Dort steht ein Gedenkstein für den Musikpädagogen Jaques-Dalcroze (1865–1950), der in Genf die Methode der rhythmisch-gymnastischen Erziehung entwickelte. Wir folgen der Strasse aufwärts und gehen dann scharf links auf einen Fussweg und über die Weide schräg hinauf zu den Häusern von Mont des Cerfs. Vor den Gebäuden geht es in den Wald und über bestockte Weiden nach La Gîte Dessous (auch Gittaz geschrieben).
In gleicher Richtung wandern wir an den Häusern von La Gîte Dessus (rechts Bel Orizon, das ehemalige Zollgebäude) vorbei zum Col de l'Aiguillon hinauf. Der Weg führt im Wald abwärts und um das westliche Ende der Aiguilles de Baulmes herum. Nach dem Waldaustritt verlassen wir die Strasse nach rechts, gehen in die Mulde hinunter und am Gegenhang über die Weide hinauf zur

Grange Neuve. Weiter geht es in gleicher Richtung auf einem Pfad über die Weide und durch den Wald steil hinauf zum Rücken des Suchet. Ab hier bestehen zwei Möglichkeiten: Entweder man macht einen Abstecher hinauf zum aussichtsreichen Gipfel des Suchet oder steigt direkt zum Chalet du Suchet ab.

Nun steigen wir zunächst am Hang leicht an, um dann über Weiden hinunter nach La Poyette zu kommen. Nach der Weidmauer gehen wir über Weiden und queren anschliessend ein Strässchen und einen Waldstreifen und wandern dann auf dem Weg rechts am Hof La Languetine vorbei in den Wald. Kurz vor dem Waldaustritt führt die Route links über einen Fussweg hinunter zu einer Strasse und auf dieser zur Strassenspinne bei La Bessonne. Wir wandern zwischen den Häusern hindurch aufs offene Feld und über Strassenkehren hinab zum Feriendorf Ballaigues.

Am Dorfende biegen wir links ab, gehen auf dem Fahrsträsschen talwärts durch den Wald und queren anschliessend die Autobahn. Bei der scharfen Linkskurve rechts über die Weide in den Wald. Nach einem leichten Anstieg hinunter zum Barrage de la Jougnena. Der Weg führt nun über Damm und Strasse und rechts der Bahnlinie entlang. Nun gehen wir abwärts über die Strassenbrücke und sofort rechts entlang der Geleise zum Bahnhof Vallorbe.

Bereits seit 1258 Standort einer Schmiede, wurden 1899 die bekannten Metallwerke in Vallorbe gegründet.

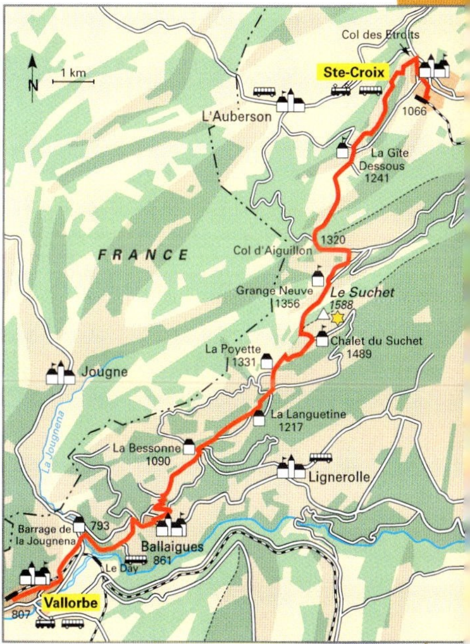

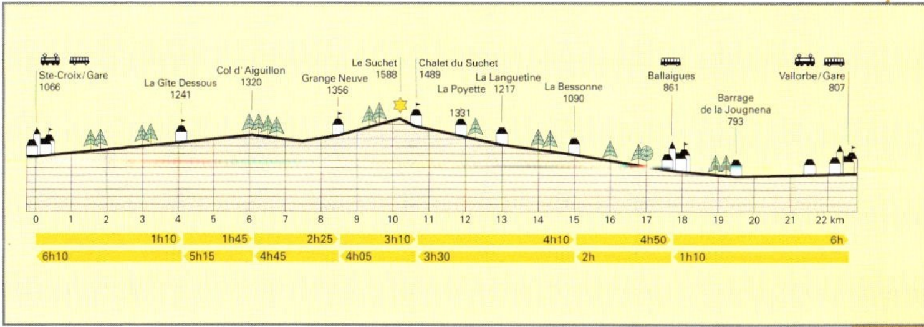

33 Zur Klosterkirche von Romainmôtier

Orbe–Romainmôtier–Agiez–Orbe

Dauer: 5h 45

Dort, wo das Flüsschen Orbe aus den Juraketten in das Flachland hinausströmt, liegt das hübsche Städtchen Orbe, das seine Wurzeln bereits im römischen Urba hat.

Service

Hin und Zurück
Mit der Bahn oder dem Auto nach Orbe.

Unterwegs
Durch die Orbeschlucht zu einem erstrangigen Kulturdenkmal.

Essen und Trinken
Zahlreiche Restaurants in den Orten unterwegs

Information
Office du tourisme d'Orbe & Environs
Tel. 024 441 52 66
www.orbe.ch
Office touristique de Romainmôtier & du Vallon du Nozon
Tel. 024 453 14 79
www.romainmotier.ch

Wanderkarte 1:60 000,
Lausanne–La Côte–St-Cergue–Vallée de Joux
Kümmerly+Frey

Vom Bahnhof Orbe folgen wir dem gut markierten Weg der Orbe entlang aufwärts in Richtung Montcherand und durch die Orbeschlucht. Bald nimmt uns der schattige Mischwald gefangen. Am linken Ufer folgt der Wanderweg in einigem Abstand dem tief unten durch den Kalkstein des Jura rauschenden Fluss. Am Wegrand blühen je nach Jahreszeit eine Fülle von Blumen.

Vor dem befestigten Städtchen Les Clées verlassen wir die Schlucht und steigen nach links südwärts den Wald hinauf. Über Bretonnières erreichen wir durch den Bois de Forel Romainmôtier mit dem ehemaligen Kloster.

Das 450 von den Mönchen Romanus und Lupicinus gegründete Kloster wurde ab dem 10. Jh. ein bedeutender Rastplatz auf dem Jakobsweg nach Santiago de Compostela. Die erhaltene Kirchenanlage aus dem 11. Jh. gilt als eines der wichtigsten Bauwerke der Romanik in der Schweiz. Heute werden die in ihrer schlichten romanischen Harmonie beeindruckenden Gebäude aus hellem Jurastein als Pfarrkirche, ökumenischer Begegnungsort und Konzertraum genutzt. Sehenswert sind vor allem der seltene, ornamental verzierte Ambo (Kanzelbrüstung) aus dem 8. Jh. und die Reste eines Freskos mit der Vogelpredigt des heiligen Franziskus.

Für den Rückweg wählen wir bis Bretonnières den gleichen Weg durch den Bois de Forel. Über Agiez und La Gottale erreichen wir wieder das Orbetal. Dem Fluss entlang abwärts finden wir zurück nach Orbe.

Orbe, der alte burgundische Hauptort, rühmt sich einer stolzen geschichtlichen Vergangenheit. In einer 1841 entdeckten, weitläufigen Villa aus dem römischen Urba des 3. Jh. fanden sich die wohl schönsten Bodenmosaike der Schweiz aus dieser Zeit. Sie sind etwas ausserhalb des Ortes, bei Boscéaz, in ihren Schutzbauten zu bewundern. Die frischen Farben der raffinierten Kompositionen aus Ornamenten und Darstellungen von Tieren, Landarbeitern und Götterfiguren begeistern auch nach bald 2000 Jahren.

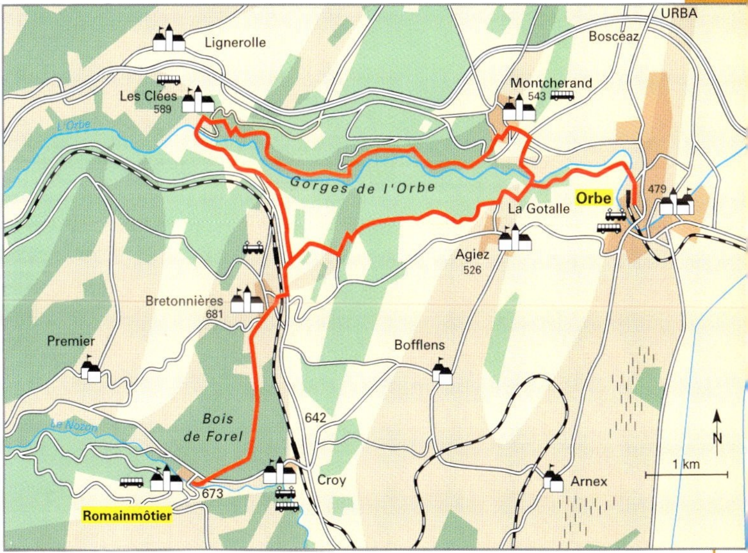

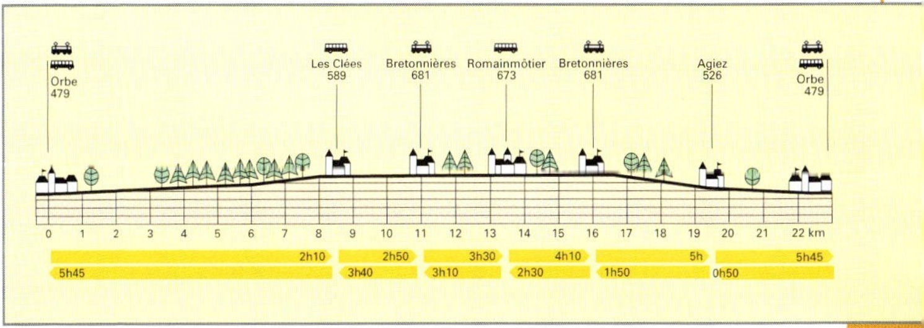

34 Fantastische Unterwelt der Grottes de l'Orbe

**Le Pont–Les Charbonnières–
Le Mont d'Orzeires–Grottes
de l'Orbe–Vallorbe**

Dauer: 2h 20

Die Grottes de l'Orbe sind eine märchenhaft anmutende Welt unter Tag.

Service

Hin und Zurück
Le Pont liegt an der Bahnstrecke Vallorbe–Le Brassus. Mit dem Auto nimmt man die A1, Ausfahrt Vallorbe; Parkplatz beim Bahnhof Vallorbe. Von dort Fahrt mit der Bahn zum Ausgangsort in Le Pont.

Unterwegs
Leichte Wanderung, die flach oder leicht bergab verläuft.

Essen und Trinken
Restaurant Le Mont d'Orzeires
Tel. 021 843 17 35
www.juraparc.ch
Restaurant de la Source, La Dernier
Tel. 021 843 16 86
Weitere Restaurants in Vallorbe

Information
Die Höhlen sind von Ostern bis Ende Oktober täglich von 9.30 bis 16.30 Uhr geöffnet und im Juli und August sogar von 9 bis 17.30 Uhr.
Im Winter dagegen kann man die Höhlen nur auf Voranmeldung besichtigen.
Office du tourisme Vallorbe
Tel. 021 843 25 83
www.vallorbe.ch

Wanderkarte 1:60 000,
Lausanne–La Côte-St-Cergue–
Vallée de Joux
Kümmerly+Frey

Vom Bahnhof Le Pont folgen wir vorerst der Strasse Richtung Le Sentier, queren dann die Bahngeleise und gelangen zu den ersten Häusern von Les Charbonnières. Der Ort am südlichen oberen Ende des Lac Brenet ist berühmt für die hier gezüchteten Weinbergschnecken. Weiter geht es dem Schilfgürtel entlang. Auf der gegenüberliegenden Talseite erhebt sich das Wahrzeichen des Vallée de Joux, die markante Bergspitze Dent de Vaulion.
Wir umrunden das nördliche Seeende, überqueren dann die Bahn und die Strasse. Die gelbe Markierung führt uns im Wald parallel zur Strasse hinauf und erst nach dem Col d'Orzeires berühren wir wieder die Strasse. Unser Weg führt dann hinab und weiter entlang am Juraparc mit den amerikanischen Büffeln (Bisons), Bären und Wölfen. Eintrittskarten sind im Restaurant erhältlich, wo auch verschiedene Teile der Büffel auf den Tellern zu finden sind.

Wir halten nach dem riesigen Gebäude nach rechts, queren die ebene Lichtung und überwinden eine Geländerippe um anschliessend im Tal unten die rot-gelbe Jurahöhenweg-Markierung zu finden, die uns zu den Grottes de l'Orbe führt.

Nachdem die auf französischem Boden entsprungene Orbe den Lac de Joux und den Lac Brenet gespeist hat, verschwindet sie unterirdisch in den Kluftsystemen des Kalksteins, der das Tal gegen Norden abriegelt. Rund 2 km Luftlinie später tritt sie bei Vallorbe mit Macht wieder ans Tageslicht.

Erste Tauchversuche zur Erkundung der Quelle am Ende des 19. Jh. scheiterten. Erst 1961 wurden die Höhlen entdeckt und ab 1964 systematisch erforscht. 1970 wurde oberhalb des Wasseraustritts ein Tunnel gebohrt und das Höhlensystem dem Publikum erschlossen. Am 6. April 1974 konnten erstmals Besucher die wundervolle Welt der Stalagmiten (stehende Tropfsteine) und Stalaktiten (hängende Tropfsteine) und die vielen variantenreichen Sintergebilde bewundern.

Für einen Besuch in der fantastischen Höhlenwelt muss man sich immer warm anziehen, denn die Lufttemperatur im Höhlensystem beträgt ganzjährig lediglich 10°C. Beim Eingang erhält man einen ausführlichen Führer der verschiedenen markierten Stellen im Höhlensystem, den man am Schluss wieder abgibt. So kann man die Höhlenwelt gut selbst erkunden. Führungen werden auf Anmeldung ab 4–5 Personen durchgeführt.

Der Rundgang über rund 600 Treppenstufen und gesicherte Laufstege dauert etwa eine Stunde. Am Ende des Rundgangs erwartet die Besucherinnen und Besucher noch eine faszinierende Mineralienausstellung. Entlang der Orbe wandern wir zum Schluss nach Vallorbe.

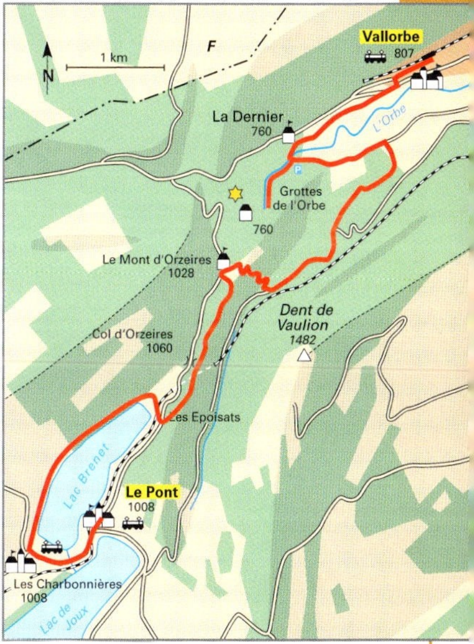

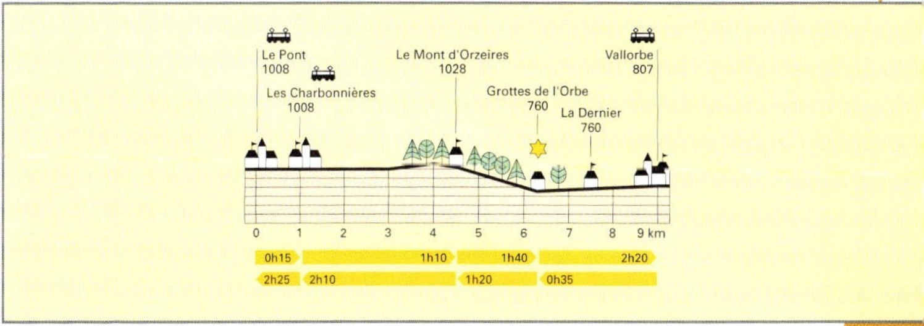

35 Auf dem Grenzkamm im Grand Risoux

Le Sentier–Sentier des Gendarmes–Le Sentier

Dauer: 3h 30

Am Lac de Joux bei Le Sentier

Service

Hin und Zurück
Mit der Bahn oder dem Auto von Vallorbe über Le Pont nach Le Sentier.

Unterwegs
Die Wanderung führt uns vom Lac de Joux in das grosse, wildromantische Waldgebiet des Mont Risoux.

Essen und Trinken
Restaurants in Le Sentier

Information
Vallée de Joux Tourisme, Le Sentier
Tel. 021 845 17 76
www.myvalleedejoux.ch

Wanderkarte 1:60 000,
Lausanne–La Côte–St-Cergue–Vallée de Joux
Kümmerly+Frey

Das Strassendorf Le Sentier am Südwestende des Lac de Joux ist der Ausgangspunkt dieser Waldwanderung in der Nähe der französischen Grenze. Vom Bahnhof geht es ins Dorf hinauf, dort auf der Strasse durch die langgezogene Ortschaft an der Kirche vorbei zur Strassengabelung von La Golisse. Hier steigen wir gegen links auf der Strasse nach Le Lieu hinauf bis etwa 150 m nach einer Garage. Dort zweigt links eine Abkürzung nach Le Solliat ab. Diesen Weiler verlassen wir beim Café Vaudois nordwärts und betreten weiter oben den grössten zusammenhängenden Wald der Schweiz, der Grand Risoux.
Auf dem gemächlich ansteigenden Strässchen kommen wir an den Chalets Chez la Tante vorbei. Bei der Weggabelung des Chemin à l'Ours wandern wir weiter geradeaus, und dasselbe auch bei der nächsten Abzweigung, kurz nach der Schutzhütte Joli Bois. Den

Chemin Chez la Tante, lassen wir links liegen. Erst bei der mit «La Girouette» angeschriebenen Schutzhütte zweigt der Wanderweg (Chemin des Perches) links ab und geleitet uns in den Höhenweg entlang der Landesgrenze.

War die Wanderung mit den vielen Blumen und Beerensträuchern am Weg bereits sehr reizvoll, so bietet der Sentier des Gendarmes, auf dem wir die nächsten 40 min spazieren, ein wohl unvergessliches Erlebnis. Ist es die Abgeschiedenheit, die uns die Natur hier oben bewusster erleben lässt? Der Weg windet sich weiter südwestwärts durch den lichten Wald. Rechts taucht bald eine Schutzhütte für die Grenzwächter auf, La Sauvageonne. Später mündet die Route in den Chemin la Tante ein. Wir zweigen vor dem Grenzwall links ab und wandern weiter über die Höhe bis zum ehemaligen Gendarmerieposten Les Mines in einer grösseren Waldlichtung.

Der Abstieg beginnt unterhalb des Hauses. Er streift weiter unten den Chemin des Mines, überquert den Chemin à l'Ours und kommt in der Waldecke nordöstlich von La Capitaine aus dem Wald. Vor uns liegt über dem südlichen Ufer des Lac de Joux die prächtige Kette des Mont Tendre. Nun folgt die Route eine Weile dem Waldrand und mündet dann in das Strässchen, das uns zur Häusergruppe Chez Grand Joseph und über Chez le Brigadier nach Le Sentier bringt.

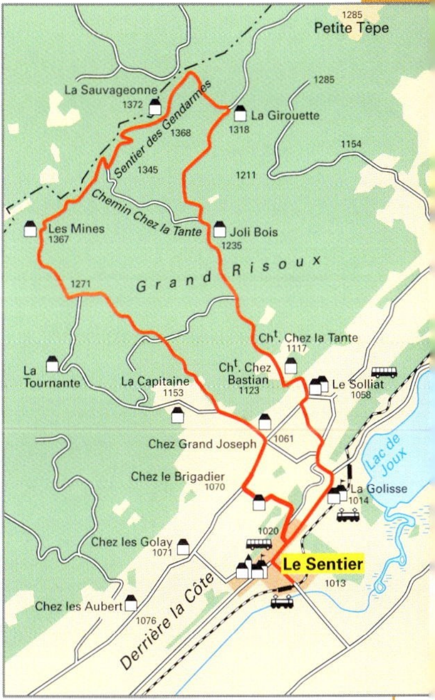

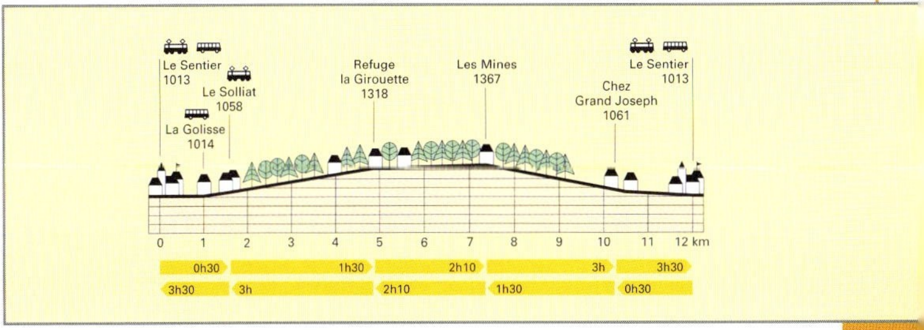

36 In die karge Welt des Mont Tendre

Le Pont–Mont Tendre–Col du Marchairuz

Dauer: 5h 50

Der Aufstieg führt durch die karge Höhenzone zum Gipfel des Mont Tendre.

Service

Hin und Zurück
Mit der Bahn oder dem Auto bis zum Bahnhof Le Pont. Vom Col du Marchairuz zurück mit dem Bus über Le Brassus nach Le Pont (nur Sa/So, Fahrplan beachten).

Unterwegs
Lange Bergwanderung mit fast 700 Höhenmetern Anstieg, die etwas Ausdauer verlangt.

Essen und Trinken
Café-Restaurant Les Croisettes
Tel. 021 841 16 68
Chalet du Mont Tendre, Montricher
Tel. 076 569 50 29
Cabane du Petit Cunay CAS
Tel. 021 845 55 87 (P)
Cabane du Grand Cunay
Tel. 021 845 40 29
Hotel Col du Marchairuz
Tel. 021 845 25 30
www.hotel-marchairuz.ch

Information
Vallée de Joux Tourisme, Le Sentier
Tel. 021 845 17 76
www.myvalleedejoux.ch

Wanderkarte 1:60 000,
Lausanne–La Côte–St-Cergue–Vallée de Joux
Kümmerly+Frey

Von der Station Le Pont gehen wir den Quaianlagen entlang und über den steilen Fussweg durch den Wald auf die Fahrstrasse. Nach dem Engpass bei Sagne-Vuagnard geht es rechts hinauf zur Wegspinne, dann rechts über offenes Gelände. Wir queren die Passstrasse zum Mollendruz und gehen auf der geteerten Strasse geradeaus weiter.

Der Weg führt am Chalet Neuf du Pont vorbei zur Wegspinne unterhalb des Hofes Les Croisettes. Hier gehen wir links, durch eine Waldschneise leicht abwärts und über eine Felsrippe hinunter zur Wegverzweigung von Pré de l'Haut Dessous und Dessus. Dann geht es weiter auf dem nach Le Mazel ansteigenden Strässchen. Dort, wo der östliche Grat des Mont Tendre ins Blickfeld rückt, zweigen wir links ab und steigen auf schwacher Wegspur die Weide empor. Danach führt die Route rechts und zwischen zwei

Waldstreifen, immer in gleicher Richtung, zum Chalet de Pierre, Pt. 1551. Der links ansteigende Alpweg verläuft in einer weiten Kehre auf die andere Gratseite zum Chalet du Mont Tendre. In einer Höhe von etwa 1600 m ü.M. verlassen wir die bewaldete Zone; lange und harte Winter haben Bedingungen geschaffen, die nur vereinzelte Bäume überleben lassen. Nun geht es rechts hinauf über Weiden zum Mont Tendre mit herrlicher Aussicht vom Genfersee bis zu den fernen Vogesen. Unterhalb des Gipfelsignals erinnert eine an einem Felsen angebrachte Tafel an den Naturfreund und Dichter Samuel Aubert.

Der Abstieg erfolgt zunächst über die Weide, quert eine Weidmauer und führt schliesslich schräg abwärts zum Chalet de Yens. Wir wandern weiter über leicht abfallendes Weideland, an der Cabane du Servan vorbei in die Mulde von La Pivette und steigen über schwach sichtbare Wegspuren zu Pt. 1609 auf. Das Gebäude rechter Hand dient der Flugsicherung. An der einige Schritte entfernten Cabane du Cunay vorbei geht es hinunter zur Strasse. Dieser folgen wir rechts durch einen Waldstreifen und benützen links eine Abkürzung über dic Weide. Auf einem begrasten Alpweg hinauf zur Sennhütte Grand Cunay. Der Weg führt hinunter zu einer Zisterne und auf dem jetzt gut sichtbaren Pfad über die mit weissen Felsrippen durchzogene Weide zum Chalet Monts de Bière Derrière. Von dort wandern wir weiter auf dem Fahrweg durch lichten Wald. Später queren wir rechts die Weidmauer und wandern in leichtem Auf und Ab zur Passhöhe des Col du Marchairuz.

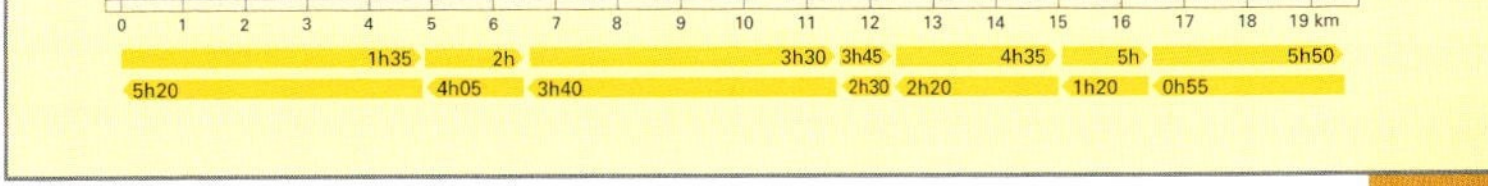

37 Durch lichte Wälder nach St-Cergue

Col du Marchairuz–Crêt de la Neuve–St-Cergue

Dauer: 4h 30

Diese prächtige Wanderung durch eine parkähnliche Landschaft führt zum Teil durch wegloses Gelände, ist aber gut markiert.

Service

Hin und Zurück
Mit dem Bus von Nyon (nur Sa/So, Fahrplan beachten) oder dem Auto bis zum Col du Marchairuz.
Von St-Cergue zurück mit der Bahn nach Nyon bzw. weiter mit dem Bus zum Col du Marchairuz (nur Sa/So).

Unterwegs
Leichte Wanderung auf dem Jurahöhenweg mit teilweise weglosen Abschnitten, die aber gut markiert sind.

Essen und Trinken
Zahlreiche Restaurants in St-Cergue, unterwegs keine Verpflegungsmöglichkeit

Information
Office du tourisme de St-Cergue
Tel. 022 360 13 14
www.st-cergue.ch

Wanderkarte 1:60 000,
Chasseral–Neuenburg–
Val de Travers–Ste-Croix
Kümmerly+Frey

Vom Col du Marchairuz bis La Neuve durchwandern wir das wunderschöne Schutzgebiet des Waadtländer Juraparks, meiden aber den bewaldeten und felsigen Grat. Wir gehen am Hotel vorbei in den Wald und steigen später rechts in eine Lichtung ab. Von nun an hält sich die Route an die immer nach Südwesten gerichteten Lichtungen. In leichtem Auf und Ab, teils auf Wegspuren, Waldsträsschen, Pfaden und auch weglos über Weiden und durch Waldstreifen erreichen wir die Sennhütte La Neuve. Nun folgen wir links zuerst der Asphaltstrasse und wandern dann geradeaus weiter über den mit Felsrippen durchsetzten Hang hinauf zum Kreuz der Crêt de la Neuve, wo sich eine schöne Aussicht auf das Waadtland, den Genfersee und die Alpen bietet (Orientierungstafel).
Wir gehen nun über die Weide, übersteigen eine Weidmauer und gehen rechts die Weide

hinunter zur Sennhütte von Perroude de Marchissy. In gleicher Richtung geht es weiter durch einen Waldstreifen und über eine Lichtung. Von dort führt die Route über eine Weidmauer und auf Wegspuren links über Weideland zur Strasse unterhalb der Sennhütte Perroude du Vaud. Wir folgen nun der geteerten Strasse nach links, biegen später rechts ab und gehen auf einem Weidweg in ein Tälchen hinein. Aus der Ferne grüssen die Gipfel La Dôle und La Barillette. Unterhalb der Hütte von Le Planet gehen wir im Wald steil bergab, queren eine Strasse und wandern hinunter zum Chalet Les Frasses. Weiter geht es nach Le Couvent, wo sich die Ruines d'Oujon befinden. Das Kloster wurde 1146 von Louis Mont-le-Grand gegründet. Im Jahr 1536, d.h. während der Reformation, wurde es aufgehoben und zerfiel fortan. Bis zur Übernahme durch den Kanton Waadt wurden die Ruinen als Steinbruch benützt. Am Weg befinden sich die Überreste der Abtei, eines kleinen Kreuzgangs und der Kapelle. Dahinter steht die Ruine des grossen, von Häusern der Mönche flankierten Kreuzgangs. Nach den Ruinen geht es links, bei der ersten Abzweigung rechts und dann an den Waldrand. Wir queren die Strasse und kommen bei den Höfen La Conriéry und Les Agozats vorbei. Der Weidweg führt rechts zum Wald hinauf, den wir queren. Wir wandern nun erst fast weglos über die Weide und zuletzt auf der Strasse hinab nach St-Cergue.

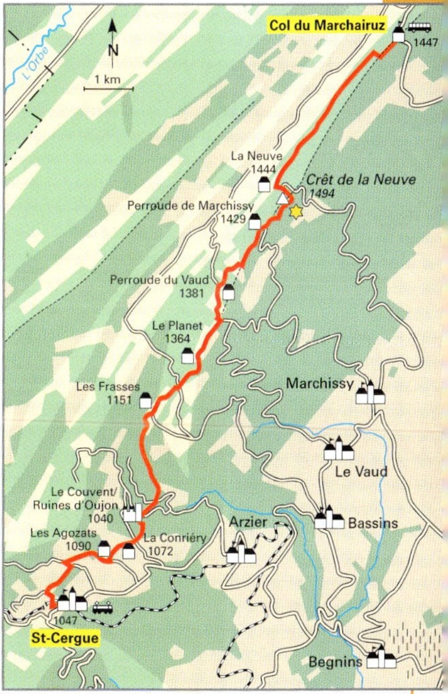

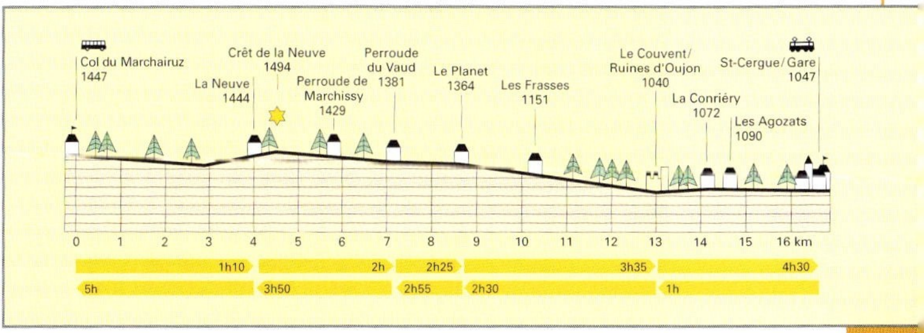

38 Zur Gipfelrast auf die Dôle

St-Cergue–La Dôle–Borex

Dauer: 5h 30

La Dôle steht als wuchtiger Eckpfeiler im äussersten Westen der Schweiz, nahe der Grenze zu Frankreich.

Service

Hin und Zurück
Mit der Bahn oder dem Auto nach St-Cergue. Von Borex zurück mit dem Bus nach Nyon, dort umsteigen in die Bahn nach St-Cergue.

Unterwegs
Prächtige Bergwanderung, die mit 600 Höhenmetern Aufstieg und 1200 m Abstieg allerdings Ausdauer verlangt.

Essen und Trinken
Zahlreiche Restaurants in St-Cergue, unterwegs keine Restaurants

Information
Office du tourisme de St-Cergue
Tel. 022 360 13 14
www.st-cergue.ch

Wanderkarte 1:60 000,
Lausanne–La Côte–St-Cergue–Vallée de Joux
Kümmerly+Frey

Von der Station St-Cergue gehen wir ins Dorfzentrum und rechts auf der alten Strasse taleinwärts. Diese verlassen wir, um links auf einer Abkürzung zum Chalet von La St-Cergue zu gelangen. Kurz danach halten wir uns links und wandern steil über die Weide hinauf. Kurz vor Pt. 1269 betreten wir ein Strässchen und gehen auf diesem über den weiten Boden von Le Vuarne ans Talende.
Weiter geht es auf einem Pfad, dann links steil hinauf in einen Sattel. Die Route führt nun rechts auf dem ansteigenden Hangweg zur Hütte des Skiklubs Nyon am Col de Porte und hinauf zum Gipfel La Dôle mit seiner grossartigen Aussicht. Die Gebäude und die Seilbahnstation dienen dem meteorologischen Dienst und der Flugsicherung.
Schon Goethe legte während seiner Ende 1779 unternommenen zweiten Schweizerreise

eine Gipfelrast auf der Dôle ein: «Wir setzten uns vor der kühlen Luft in Schutz hinter Felsen, liessen uns von der Sonne bescheinen, das Essen und Trinken schmeckte vortrefflich. Wir sahen dem Nebel zu, der sich nach und nach verzog, jeder entdeckte etwas, oder glaubte etwas zu entdecken. Und immer wieder zog die Reihe der glänzenden Eisgebirge das Aug' und die Seele an sich.» Der Name Dôle kommt vermutlich vom keltischen «dol» = Tafel oder Tisch.Topografie und Vegetation des zweithöchsten Gipfels des Schweizer Jura haben alpinen Charakter. So sind z.B. zahlreiche für die französischen Südalpen typische Pflanzenarten anzutreffen.

Der Abstieg erfolgt in einem weiten Bogen hinab zum Chalet de la Dôle. Dort, wo der Weg in die Strasse mündet, wandern wir geradeaus in den Wald hinunter. Von nun an verläuft die Route vorwiegend über Abkürzungen, kreuzt mehrere Male Strassen sowie Waldwege und folgt diesen zuweilen auf kurzen Teilstücken. Die einzige Lichtung betritt man bei Le Bauloz. In mehreren Kehren gehen wir weiter talwärts. In der Nähe des Westeingangs zur Abtei Bonmont erreichen wir den Waldrand. Von der alten ehemaligen romanisch-gotischen Zisterzienserabtei hat nur die Kirche alle Zeitläufe überdauert, weil sie als Scheune jahrhunderte lang nützlich war. Die Park- und Golfanlage der Abtei umgehen wir bis zum Südeingang. Dort blicken wir auf Schloss und den Kirchturm. Schliesslich biegen wir rechts ab und gehen auf der Hartbelagstrasse über die fruchtbare Ebene nach Borex.

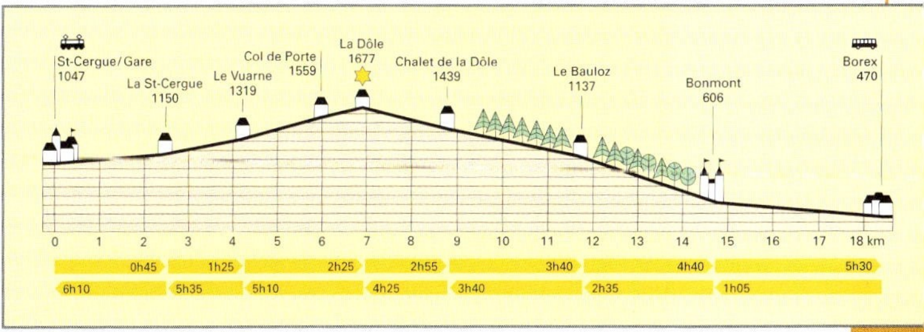

39 Durch Arboretum und Reben zum Lac Léman

Aubonne–Arboretum–Signal de Bougy–Rolle

Dauer: 3h 40

Das Arboretum ist ein botanischer Garten und Museum lebender Bäume und Sträucher in freier Natur. Hier wachsen rund 3000 Pflanzen.

Service

Hin und Zurück
Mit dem Auto oder dem Bus nach Aubonne. Von Rolle mit dem Bus oder PubliCar zurück nach Aubonne (Fahrplan beachten).

Unterwegs
Absolut problemlose, leichte Wanderung, die nach dem Besuch des Arboretums durch die schöne Kulturlandschaft am Genfersee führt. Abschnitte auf Hartbelag.

Essen und Trinken
Restaurant Signal de Bougy
Tel. 021 821 59 30
Auberge communale, Bougy-Villars
Tel 021 808 51 29
Weitere Restaurants in Aubonne und Rolle

Information
Office du tourisme de Rolle
Tel. 021 825 15 35
www.rolle.ch
Arboretum von Aubonne
Tel. 021 808 51 83
www.arboretum.ch

Wanderkarte 1:60 000,
Lausanne–La Côte–St-Cergue–Vallée de Joux
Kümmerly+Frey

Die Gegend um das romantische Städtchen Aubonne in den Weinbergen der waadtländischen Côte war schon vor Urzeiten besiedelt, wie Funde aus der Hallsteinzeit belegen. Das Schloss mit dem prächtigen barocken Arkadenhof stammt aus dem 17. Jh.
Wir beginnen unsere Wanderung im Zentrum der Altstadt und folgen den Wegweisern «Arboretum». Der Weg führt durch den Wald am Talhang des Flüsschens Aubonne. Nach rund einer Dreiviertelstunde erreichen wir das Arboretum. Hier, beim Zusammenfluss von Sandoleyre und Aubonne, liegt auch ein kleiner See mitten in der Anlage des Arboretums. Für einen Rundgang durch die Anlage des Arboretums sollte man eine Stunde Zeit einplanen. (Diese Zeit ist im Profil nicht berücksichtigt.) Das Arboretum ist ganzjährig geöffnet, der Eintritt ist frei. Beim Empfangszentrum steht eine Terrasse mit Tischen

und Bänken fürs Picknick zur Verfügung. In diesem Gebäude befindet sich zudem das Holzmuseum.

Wir verlassen nun das Tal der Aubonne und folgen dem Wanderweg in Richtung Signal de Bougy. Der Weg folgt dem Tälchen der Sandoleyre aufwärts. Vorerst durch Wald, später über Felder wandern wir vorbei an einigen Gehöften und steigen dabei fast unmerklich höher, bis wir schliesslich die Aussichtsterrasse des Signal de Bougy erreichen. Es ist dies unzweifelhaft einer der schönsten Aussichtspunkte über dem Genfersee. Der immense Freizeitpark bietet für Erwachsene und Kinder Erholung und Spass (Picknickplätze, Restaurant, Ruhewiesen, Minigolf, Hoftiere, Kinderspielplätze). Direkt gegenüber steht die mächtige Eisbastion des Mont Blanc, des mit 4807 m höchsten Berges Europas mit den Savoyer Alpen. Weit glitzert die Fläche des Genfersees, und in den unter uns liegenden Rebbergen reifen die Chasselas-Trauben, aus denen im Herbst der spritzige, blumige Weisswein der Côte gekeltert wird. Durch eben diese Rebberge führt nun die weitere Wanderung hinab zum See. Bei Bougy-Villars erreichen wir den ersten Weinberg. Zwischen den renommierten Lagen Féchy und Mont-sur-Rolle folgen wir dem markierten Wanderweg nach Rolle.

Bevor wir schliesslich von Rolle mit dem Postauto nach Aubonne zurükkfahren, werfen wir noch einen Blick auf die mächtige Schlossanlage direkt am Ufer des Genfersees.

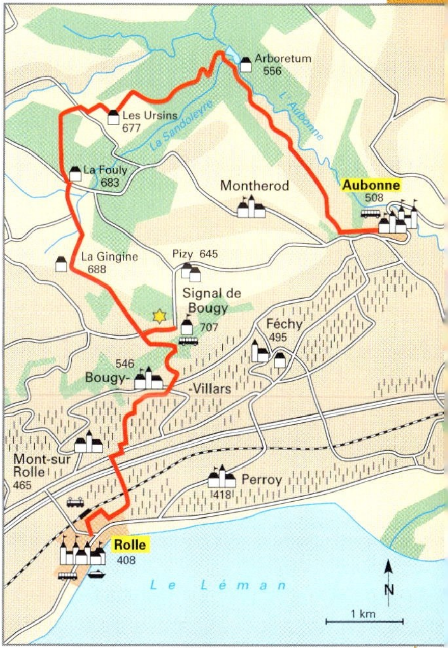

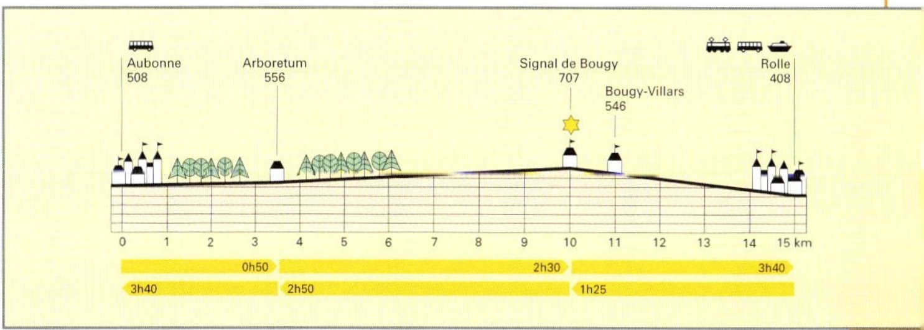

40 Das Reich der Biber im Tal der Versoix

**Céligny–Château Bossey–
La Châtaigneraie–Observatoire–
Sauverny–La Bâtie–Versoix**

Dauer: 4h 20

Besuch in einem der wenigen Biberreservate der Schweiz.

Service

Hin und Zurück
Mit der Bahn oder dem Auto nach Céligny. Von Versoix zurück mit der Bahn nach Céligny.

Unterwegs
Absolut problemlose, leichte Wanderung, die auf der ganzen Strecke flach oder leicht bergab verläuft. Mehrere Wegabschnitte auf Hartbelag.

Essen und Trinken
Zahlreiche Restaurants in den Dörfern am Weg

Information
Genève Tourisme
Tel. 022 909 70 00
www.geneve-tourisme.ch

Wanderkarte 1:60 000,
Genf
Kümmerly+Frey

Vom Bahnhof Céligny folgen wir der Fahrstrasse hinauf zur Dorfmitte. Bei der Kirche zweigt der Wanderweg nach links von der Hauptstrasse ab und führt zum Ort hinaus. Wir queren das Flüsschen Brassu und wandern zuerst geradeaus und dann rechts auf dem baumgesäumten Weg um das Schloss Bossey (heute ein ökumenisches Begegnungszentrum) bis zur Kreuzung am Waldrand.

Als Variante könnten wir von hier über Chavannes-de-Bogis durch das obere Versoixtal nach Sauverny wandern. Dort hätten wir wieder Anschluss an die Tour (2h).

Auf der Hauptroute folgen wir vom Château Bossey weiter dem markierten Weg durch Felder zur Weinbaugemeinde La Châtaigneraie. Mit Vorsicht queren wir die viel befahrene Strasse, die von Versoix zum französischen Kurort Divonne-les-Bains führt. Nun geht es mal ein wenig nach rechts, dann nach links durch Weiden und lichte Wälder, und unter der Autobahn Genf–Lausanne hindurch zum Observatoire de Genève, dem Observatorium von Genf. Vorbei am Ort Chavannes-des-Bois erreichen wir dann den Grenzposten Sauverny bei der Brücke über die Versoix. Hier beginnt der so genannte «Chemin des Castors», der Weg durch das Refugium der Biber im Tal der Versoix. Das Naturparadies zieht sich in vielen Windungen durch den Wald Grand Bois. Der Weg führt romantisch nah am Flussufer entlang.

Da und dort erblicken wir die kunstvollen Dämme der Biber und mit viel Glück die Tiere selbst bei der Arbeit. Der grossartige Schwimmer und Taucher beginnt seine Aktivitäten allerdings erst in der Dämmerung. Tagsüber verbleibt er in seinem Bau.

Nach rund 1h Wanderung durch diese Natursehenswürdigkeit erreichen wir das ehemalige Ausflugsrestaurant La Bâtie. Als Abkürzung können wir von hier nach Collex mit Anschluss an das Verkehrsnetz Genfs wandern. Durch den unteren Teil des Versoixtales gelangen wir in einer weiteren Stunde nach Versoix mit seinen Bahn- oder Schiffsverbindungen nach Genf und Lausanne.

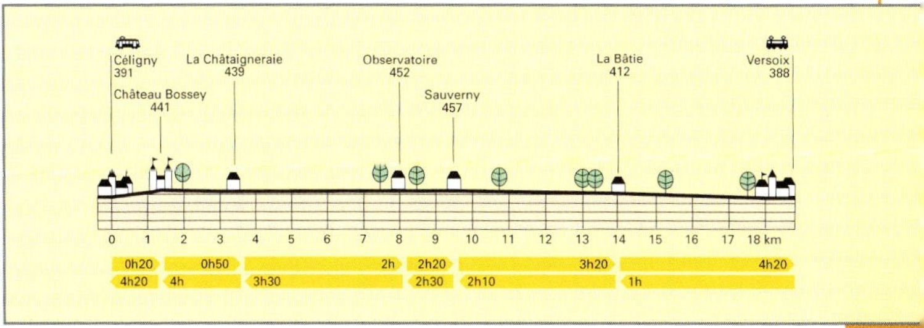

Impressum

Wanderwelt Jura

Herausgeber:	Hallwag Kümmerly+Frey AG
Redaktion/Layout:	Hallwag Kümmerly+Frey AG
Druck:	Benteli Hallwag Druck AG
Titelfoto:	© Christophe Carisey
Mitarbeit:	Schweizer Wanderwege SAW Geotechnisches Institut

Erstauflage 2004

ISBN 3-259-03699-7

Alle Angaben wurden sorgfältig geprüft. Dennoch kann eine Gewähr für Vollständigkeit und Richtigkeit nicht übernommen werden. Der Verlag freut sich über jede Anregung und Berichtigung zu dieser Wanderwelt.

Kümmerly+Frey

Hallwag Kümmerly+Frey AG
Grubenstrasse 109
CH-3322 Schönbühl
www.swisstravelcenter.ch
info@swisstravelcenter.ch